Canaries

Aux Anciens, elles apparaissaient comme l'extrême limite du monde connu. Aujourd'hui encore, ces rivages espagnols ultramarins, ancrés au milieu de l'Atlantique, à 100km des côtes africaines, exercent un puissant sentiment d'exotisme. Les Canaries, archipel de Macaronésie. Sept îles, sept volcans, sept promesses d'un printemps éternel, de soleil, de plages de sable fin caressées par les alizés ; sources de dépaysement absolu. Sous le ciel le plus pur de l'hémisphère nord, cratères lunaires et champs de lave, canyons brûlants et cordons de dunes et toute une flore tropicale et subtropicale, à l'incroyable endémisme, façonnent un décor d'aube du monde, sublime rencontre des terres sauvages plongeant dans des eaux transparentes, parées de toutes les nuances de bleu. Larguez les amarres !

Que fuerte ventura !
"Quelle grande aventure !"
Exclamation attribuée aux premiers colons

SOMMAIRE

Préparez votre voyage

Volcan de la Corona, Lanzarote

EN UN CLIN D'ŒIL

Les Canaries vues d'un satellite ou par le petit bout de la lorgnette : des chiffres et des données pour cerner l'identité de cet archipel volcanique.

PETITES MAIS PEUPLÉES !

7 493km^2 : la superficie des sept îles réunies est inférieure à celle de la Corse (8 680km^2) pour 2 millions d'habitants (322 120hab. sur l'île de Beauté) ! Une population très dense, de 220hab./km^2, la moyenne espagnole étant de 80hab./km^2.

PRINTEMPS ÉTERNEL

L'archipel jouit du meilleur climat du monde (300 jours d'ensoleillement par an) et le printemps dure toute l'année (20°C l'hiver, 24°C l'été) !

AU-DESSUS DES NUAGES

3 715m : le Teide est le toit de l'Espagne, et le 3e plus grand volcan du monde.

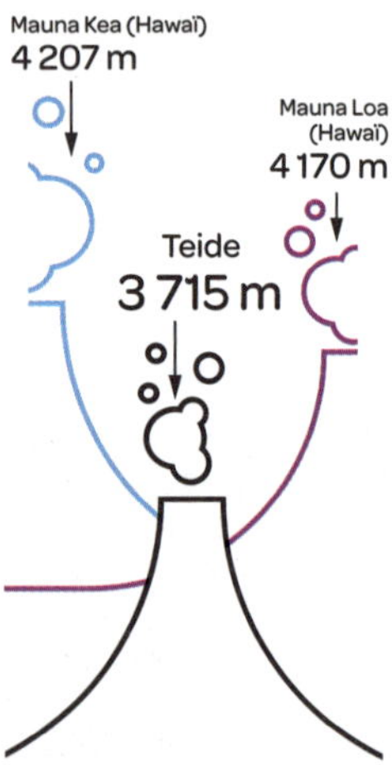

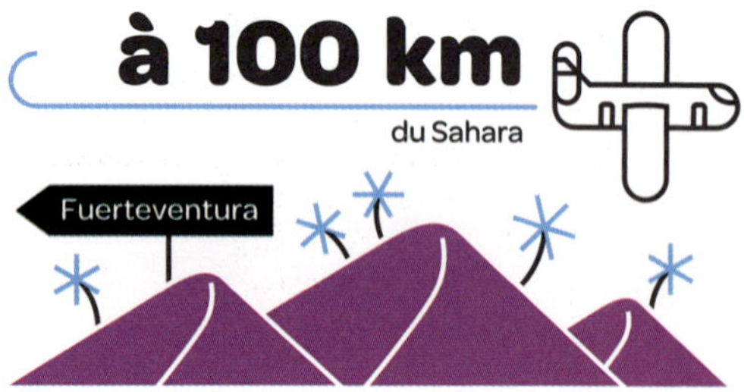

À 100KM DES CÔTES AFRICAINES

À 1 250km de la péninsule ibérique, l'archipel se situe au large du Maroc. À moins de 100km de Fuerteventura, c'est déjà le grand désert saharien.

POSSIBILITÉ D'UNE ÎLE

En mars 2012, l'éruption sous-marine de La Restinga, au sud d'El Hierro, a laissé derrière elle un volcan dont la cime est à 120m de la surface de l'océan.

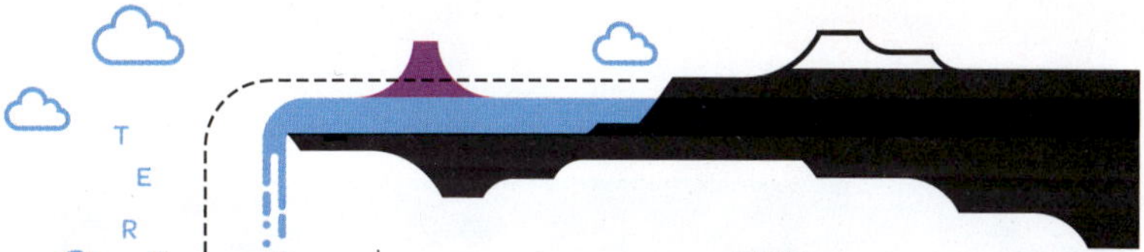

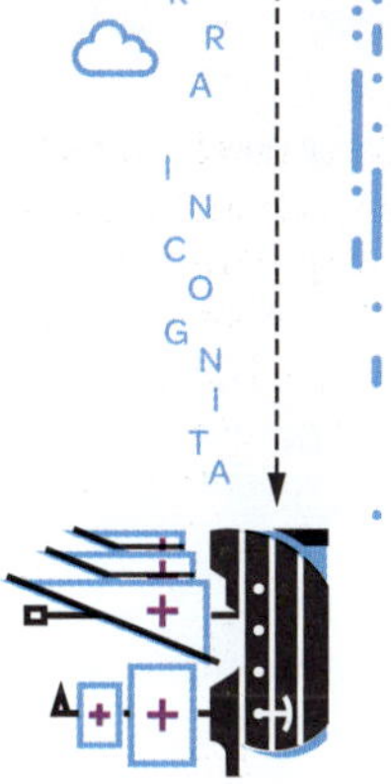

1492

Jusqu'à ce que Christophe Colomb quitte l'archipel le 6 septembre 1492, El Hierro constituait la limite géographique du monde connu.

500

Va a la playa ! Choisissez parmi 500 plages et plus de 60 piscines naturelles.

DES ÎLES NATURE

4 parcs nationaux,
3 réserves marines
7 réserves de biosphère : les îles totalisent 40% d'espaces protégés.

DESTINATON ÉTOILÉE

3 000 étoiles observables à l'œil nu font de l'archipel l'un des meilleurs spots mondiaux d'où les chasser. La pureté du ciel y est préservée par une loi sur la qualité astronomique des observatoires et l'existence de trois réserves Starlight.

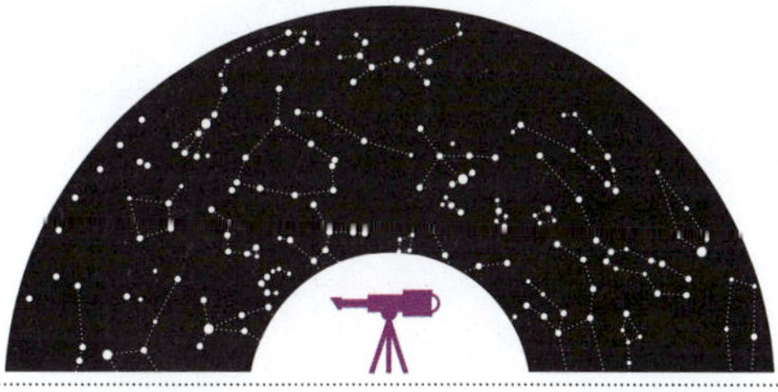

TRÉSOR LINGUISTIQUE

6km de portée, 2 voyelles, 4 consonnes : La Gomera possède l'un des rares langages non-verbaux du monde, le *silbo*, langue sifflée classée patrimoine culturel immatériel de l'humanité.

★ LES INCONTOURNABLES

★ **LA GERIA**, Lanzarote (p.123). Empruntez la route des vins pour découvrir les singuliers paysages de cette vallée volcanique... et pour le plaisir de déguster un verre dans une pimpante *bodega* au beau milieu des vignes.

★ **PARQUE NACIONAL DE LA CALDERA DE TABURIENTE**, La Palma (p.190). C'est en marchant que l'on apprécie le mieux les somptueux escarpements rocheux, verdis de pins et sillonnés de cours d'eau, de cette spectaculaire caldeira.

★ **TEJEDA ET LE ROQUE NUBLO,** Gran Canaria (p.63). Superbe village perché tutoyant le plus haut sommet de l'île, le "rocher" de Nublo, Tejeda réserve un panorama époustouflant. L'occasion d'une exquise escapade pour goûter aux douceurs locales : massepain et *bienmesabe*.

★ **PARQUE NATURAL LAS DUNAS DE CORRALEJO**, Fuerteventura (p.85). 2 700ha de dunes ourlées d'immenses plages aux eaux turquoise et de criques sauvages où jouer à cache-cache derrière les collines de sable blanc...

★ **EL HIERRO** (p.226). La plus petite et la moins connue des îles de l'archipel est entièrement classée réserve de biosphère pour l'inestimable diversité de ses trésors naturels.

★ **LAS PALMAS**, Gran Canaria, (p.44). Une ville dynamique et animée. Bordée de deux belles plages, elle a su composer avec un riche héritage historique et culturel et préserver le charme de son cœur ancien au parfum colonial.

★ **LA LAGUNA**, Tenerife (p.148). Palais, nobles demeures, églises et couvents… La capitale historique et culturelle de l'île ne se contente pas de jouer les belles intellectuelles. C'est aussi une ville étudiante animée, de jour comme de nuit.

★ **SANTA CRUZ DE LA PALMA**, La Palma (p.186). Cerné de profonds *barrancos*, ciselé d'étroites ruelles bordées de maisons colorées aux balcons de bois ouvragés, son centre historique est un véritable joyau d'architecture coloniale.

★ **PARQUE NACIONAL DE TIMANFAYA**, Lanzarote (p.124). Un décor fantasmagorique sous un ciel d'azur : de paysages lunaires en maquis aux couleurs chaudes, les "montagnes de feu" déploient une insolente beauté.

★ **PARQUE RURAL DE ANAGA**, Tenerife (p.150). Un petit air de bout du monde souffle sur ces reliefs tourmentés drapés d'une luxuriante forêt primaire. Mais, çà et là, des sentiers mènent à des hameaux isolés et de délicieuses criques désertes.

★ **PARQUE DEL TEIDE**, Tenerife (p.166). Une route panoramique traverse ses paysages lunaires exceptionnels, mais c'est en téléphérique puis à pied, que vous accéderez à la cime du volcan... point culminant de toute l'Espagne !

★ **ŒUVRE DE CÉSAR MANRIQUE**, Lanzarote (p.111) et (p.113). Artiste passionné autant qu'engagé, Manrique a fait de son île natale, de ses terres volcaniques, des traditions qui la nourrissent, et même des alizés qui la balayent des œuvres d'art grandeur nature.

EN VOILÀ DES IDÉES !

Personnalisez votre séjour en multipliant vos expériences selon vos goûts et vos envies.

La mer pour seul horizon

Dunes blondes, longues étendues de sable blanc ou noir, criques rocheuses : les îles de l'éternel printemps offrent des écrins variés aux avancées du grand bleu.

Playa de Las Canteras (p.49) et **Playa de Maspalomas et Playa del Inglés (Gran Canaria)** (p.71) Plaisirs de bord de mer en version urbaine ou sauvage.

Dunas de Corralejo-Grandes Playas (p.85), **Cofete** (p.96), **Playa de Sotavento (Fuerteventura)** (p.98) Station balnéaire, vastes étendues sauvages ou spot de loisirs nautique ?

Criques d'Órzola (Lanzarote) (p.120) Pour lézarder sur un rocher et piquer une tête dans l'eau turquoise.

Playa de Papagayo (Lanzarote) (p.125) Environnement sauvage, criques de sable fin et eau translucide.

Playa Jardín, à Puerto de la Cruz (Tenerife) (p.161) Du sable noir et une mer propice à la baignade.

Punta Mujeres, Lanzarote

Piscines naturelles

Profitez des nombreux *charcos*, ces bassins naturels qui émaillent les côtes de l'archipel et protègent leurs eaux limpides des rouleaux de l'Atlantique. Pour des baignades aussi insolites que délicieuses.

Piscinas naturales de Agaete (Gran Canaria) (p.60) On s'y baigne, on s'y dore...

El Puertito, Isla de Lobos (Fuerteventura) (p.88) Pour une escapade à la Crusoë.

Charco del Palo et **Piscinas naturales de Punta Mujeres (Lanzarote)** (p.120) Vous préférez tomber le maillot ou la compagnie des "textiles" ?

Mesa del Mar (p.162), **Charco El Pris** (p.163), **El Caleton (Tenerife)** (p.163) Superbes baignades et ambiance villageoise.

La Fajana (p.195) et **Charco Azul (La Palma)** (p.195) Petits et grands y trouvent leur bonheur.

Pozo de las Calcosas (p.233) et **Charco Azul (El Hierro)** (p.233) Des écrins volcaniques. Magiques !

Surf trip dans les îles

Surnommées le "Hawaï européen", les Canaries – Fuerteventura, Lanzarote et Tenerife en tête – offrent des spots praticables pour tous les niveaux. Droite, gauche, pic, tube, *beach break, reef break*... Pour surfer sur la *vibe*, été comme hiver !

Playa del Hombre (p.50), **Surf Camp Las Palmas** (p.49), **Playa del Inglés** (p.71) Impossible de résister à l'appel des vagues à Gran Canaria.

El Cotillo (p.87) et **Isla de Lobos** (p.87) Fuerteventura ? Une des meilleures destinations surf de l'Atlantique d'octobre à mai.

Caleta de Famara (p.122), **La Santa** (p.125), **Caleta de Caballo** (p.125), **Playa de San Juan** (p.125) *Beach* ou *reef break*, Lanzarote offre des spots pour les surfeurs débutants comme pour les plus expérimentés.

Playa Martiánez et Playa El Socorro, à Puerto de la Cruz (p.163) Vous pouvez oublier la combi, à Tenerife l'eau est délicieusement tempérée toute l'année.

Les Canaries à portée de pas

Randonner dans une forêt exubérante, longer les bords d'un volcan, crapahuter au fond d'un ravin verdoyant, fouler des dunes de sable doré... Quel que soit votre niveau, pour une heure ou trois jours, vous aurez toujours de bonnes raisons de vous mettre en marche.

Barranco de Los Cernícalos (Gran Canaria) (p.49) Au fil de l'eau.

Parque Natural de Tamadaba (Gran Canaria) (p.58) Au cœur de la réserve mondiale de biosphère.

Caminos Reales (Gran Canaria) (p.65) Des sentiers historiques.

Pico de la Zarza (Fuerteventura) (p.98) Pour les bons marcheurs.
La Graciosa (Lanzarote) (p.120) Sur des pistes de sable.
Pico del Teide (Tenerife) (p.167) Un sommet mythique.
Barranco del Infierno (Tenerife) (p.172) Au cœur de paysages époustouflants.
Parque nacional de la Caldera de Taburiente (La Palma) (p.190) Pour prendre de la hauteur.
Bosque del Canal y Los Tilos (La Palma) (p.194) À l'ombre d'une forêt millénaire.
Ruta de los Volcanes (La Palma) (p.201) Sur la crête des volcans.
Parque Nacional de Garajonay (La Gomera) (p.217) Au cœur de la forêt primaire.

Panoramas XXL

Vues du haut d'un village perché, d'un belvédère suspendu entre ciel et terre, du sommet d'un volcan, d'un promontoire rocheux avançant dans l'océan, les îles canariennes ne manquent jamais une occasion de s'afficher en grand format !
Pozo de las Nieves (Gran Canaria) (p.64) À 1 949m, une vue superbe sur les îles voisines.
Mirador del Río (Lanzarote) (p.119) Un belvédère conçu par Manrique comme une proue de bateau.

Pico del Teide, Parque Nacional del Teide, Tenerife

Pico del Teide (Tenerife) (p.167) Un sommet mythique à découvrir en téléphérique.
Los Brecitos et Roque de los Muchachos (La Palma) (p.192) Un panorama 5 étoiles
Mirador de Abrante (La Gomera) (p.216) En apesanteur...
Mirador del Palmarejo (La Gomera) (p.220) et **Mirador de la Peña (El Hierro)** (p.227) Deux belvédères superbement intégrés dans l'environnement, signés Manrique.

Avec les enfants

Parce qu'il n'y a pas que des châteaux de sable (noir) à faire dans la vie d'un petit, les Canaries réservent aux *bambinos* moult activités et surprises. Balades à dos de dromadaire, jeux aquatiques, parcs animaliers, jardins de cactus, etc. sauront piquer leur curiosité.

Museo de la Pirateria, à Teguíse (Lanzarote) (p.112) Dans la peau de Barbe Noire.
Jardín de Cactus (Lanzarote) (p.118) Il n'y a pas que les orties qui piquent.
Parque Nacional de Timanfaya (Lanzarote) (p.124) La magie des montagnes de feu.
Parque Marítimo César Manrique (Lanzarote) (p.145) et **Lago Martiánez, à Puerto de la Cruz (Tenerife)** (p.163) Tout l'art d'un artiste visionnaire.
Loro Parque, à Puerto de la Cruz (Tenerife) (p.161) Avec nos amies les bêtes.
Forestal Park Tenerife, à Las Lagunetas (Tenerife) (p.169) Pour jouer les petits singes.
Observatorio del Roque de los Muchachos (La Palma) (p.196) "C'est doux, la nuit, de regarder le ciel..."
Lagartario (El Hierro) (p.229) Sur les traces du lézard géant.

Stations balnéaires de charme

Exit le tourisme de masse et cap sur les petites stations plus familiales, s'inscrivant dans un environnement encore sauvegardé, où profiter de la plage en toute tranquillité.

Puerto de Mogán (Gran Canaria) (p.70) On la surnomme la "petite Venise" canarienne.
Corralejo (Fuerteventura) (p.82) Un village de pêcheurs préservé.
Costa Teguise (Lanzarote) (p.112) Une station trendy.
Puerto de la Cruz (Tenerife) (p.154) Du caractère et un charme rétro.
Puerto de Tazacorte (La Palma) (p.190) Le lieu idéal pour un séjour en famille.
Valle Gran Rey (La Gomera) (p.218) Mi-rurale, mi-balnéaire.

Sur les traces des Guanches

Les colons espagnols ne furent pas les premiers à poser le pied dans l'archipel. Sur l'île de Grande Canarie l'histoire et l'âme des populations aborigènes se manifestent à chaque pas !

- **Museo Canario, à Las Palmas (Gran Canaria)** (p.45) Un musée captivant.
- **Cenobio de Valerón** (p.56), **Cueva Pintada** (p.57), **Cuatro Puertas (Gran Canaria)** (p.68), **Roque Bentayga** (p.64) Greniers, lieux de cultes, habitations... aménagés dans la roche.
- **Museo de la Naturaleza y el Hombre, à Santa Cruz (Tenerife)** (p.141) Parmi les riches collections, des momies guanches.
- **Parque Cultural La Zarza y La Zarcita (La Pälma)** (p.194) Un remarquable site d'art rupestre.
- **Parque Arqueológico de El Julan (El Hierro)** (p.231) Au cœur d'un site occupé par les Bimbaches.

Saveurs canariennes

Que vous préfériez le *tapeo* ou vous attabler dans un bon restaurant, la cuisine canarienne n'a pas fini de titiller vos papilles. N'hésitez pas à flâner sur les marchés pour goûter aux spécialités locales et aux nombreux produits d'appellation d'origine.

- **Mercado del Puerto, Las Palmas (Gran Canaria)** (p.50) On en repart rassasié et le cabas plein !
- **Le rhum d'Arucas (Gran Canaria)** (p.61) Une distillerie historique.

***Torrijas conejeras* (beignets anisés), Lanzarote**

Mercado de Santa María de Guía (Gran Canaria) (p.61) Pour le fromage parfumé a la fleur de chardon.
Dulceria Nublo (Gran Canaria) (p.67) Des douceurs à base d'amandes.
Mercadillo de Teror (Gran Canaria) (p.67) La charcuterie y est réputée.
Salinas del Carmen (p.93) La fleur de sel de Fuerteventura.
Finca Pepe (Fuerteventura) (p.95) Un irrésistible fromage de chèvre *majorero*.
La Geria (Lanzarote) (p.123) et **Bodegas Teneguía (La Palma)** (p.203) Des vins de caractère à déguster dans les *bodegas*.
Quesadilla La Authentica (El Hierro) (p.234) Un gâteau fondant à base de fromage.

Artisanat canarien

Il existe dans tout l'archipel une tradition artisanale bien vivante, certaines activités étant héritées des Guanches ou de la période coloniale. De belles idées de souvenirs à rapporter dans vos bagages.
Les artisans de Telde (Gran Canaria) (p.53) Où trouver un beau couteau traditionnel.
Fataga (Gran Canaria) (p.65) Un charmant *pueblo* réputé pour ses vanneries et ses châles.
Mercadillo de Teror (Gran Canaria) (p.67) De beaux travaux d'aiguilles.
Mercadillo de Teguise (Lanzarote) (p.117) Un rendez-vous folklorique.
Villa de Mazo (La Palma) (p.198) Un village dédié à l'artisanat.
Las Loceras (La Gomera) (p.218) Des poteries traditionnelles.

Te quiero...

Admirer un coucher de soleil sur la mer ou un panorama grandiose du haut d'un volcan, siroter un cocktail, flâner dans un opulent jardin : rien ne manque pour se sentir seul au monde avec l'élu(e) de son cœur.
Playa de Güi Güi (Gran Canaria) (p.58) Une crique paisible où se faire déposer en bateau.
Parque Natural Las Dunas de Corralejo (Fuerteventura) (p.85) Pour un moment romantique au coucher de soleil.
Isla de Lobos (Fuerteventura) (p.87) Pour vivre heureux, vivons cachés.
Aljibe de la Cueva (p.88) et **Cofete (Fuerteventura)** (p.96) Des plages immaculées baignées d'eaux calmes.
La Graciosa (Lanzarote) (p.120) Un paradis (presque) secret.
La Laguna (Tenerife) (p.148) Pour trinquer et s'initier à deux au rite du *tapeo*.
Parque Rural de Anaga (Tenerife) (p.150) Dans la solitude de paysages grandioses.
Mirador de la Peña (El Hierro) (p.227) En tête à tête, on ne sait plus où donner de la tête.

ITINÉRAIRES

Cinq itinéraires pour vous laisser guider selon vos inclinations
et le temps dont vous disposez.

Playa de Sotavento de Jandía, Fuerteventura

Une semaine à Lanzarote et Fuerteventura

Sillonnez Lanzarote la volcanique et Fuerteventura la désertique, reliées en une demi-heure de ferry, pour une semaine inoubliable.

LANZAROTE

Jour 1

Atterrissage à l'aéroport de Lanzarote près d'Arrecife (p.110), la capitale de l'île et votre point de chute. Posez-vous dans l'un des bars du Charco San Ginés : le Tasca Lemon (p.117) est un spot privilégié d'où observer les manœuvres des pêcheurs. Longez ensuite l'océan en voiture, marchez sur le front de mer à Costa Teguise (p.112) et profitez de ses eaux paisibles pour faire trempette. Puis gagnez Teguise (p.112), village coquet : un verre dans l'ancienne résidence d'Omar Sharif, Lagomar (p.116), et un dîner au restaurant la Cantina Teguise (p.115) s'imposent !

Jour 2

Rejoignez la fondation César Manrique à Tahiche (p.111), puis promenez-vous à Guatiza et dans son fameux jardin de cactus (p.118). Il sera temps ensuite de découvrir les délicieuses criques d'Órzola (p.120) pour un bain de mer bien mérité, et de prendre de la hauteur au mirador del Río (p.119), si la vue est dégagée. Grignotez quelques tapas apéritives à Arrieta chez El Amanecer (p.121), puis dînez sur la plage à Casa de la Playa (p.121).

Jour 3

Un peu plus au sud, visitez les grottes volcaniques, joyaux de Jameos del Agua (p.119), et la Cueva de los Verdes (p.118). Promenez-vous à Haría (p.118), village immaculé planté de palmiers, puis goûtez la douceur de vivre de Caleta de Famara (p.122), petit port de pêche hors du temps aux rues recouvertes de sable. Amateur de surf ? Vous trouverez ici votre spot idéal (p.125).

Jour 4

À vous le parc volcanique de Timanfaya (p.124) ! Découvrez

ensuite l'étonnante couleur du Charco de Los Clicos (p.124), puis visitez les salines de Janubio toutes proches (p.124). Déjeunez au restaurant La Era (p.128), à Yaiza, avant de flâner dans ce paisible village. Sillonnez la magnifique région vinicole de La Geria (p.123). Un dîner sur la terrasse du Costa Azul "Casa Tato" (p.129) pour sa vue superbe sur la mer.

FUERTEVENTURA

Jour 5

Avant de prendre le ferry pour Fuerteventura le matin à Playa Blanca, prévoyez une baignade à la sublime plage de Papagayo (p.125). À votre arrivée à Corralejo (p.85), visitez le petit port puis les magnifiques dunes et criques du parc naturel du même nom (p.85), ainsi que les vastes étendues de Grandes Playas (p.85). Puis, prenez la direction de Betancuria (p.92). Dînez chez Pepe (p.65), où ce dernier poussera peut-être la chansonnette !

Jour 6

Visitez l'église de Betancuria (p.92) et faites un tour à la ferme : les petites chèvres de la *finca* de Pepe (p.95) sont à l'origine d'un fromage à la réputation fort méritée. Mettez ensuite le cap sur les plages de Sotavento (p.98), où l'on peut passer des heures dans la mer turquoise, avec ou sans aile de kite ! Déjeunez face au grand bleu à La Laja (p.99), à Morro Jable. Puis prospectez les montagnes de lave noire de Cofete (p.96) pour dénicher de plages exceptionnelles et tester le ragoût de chèvre du seul restaurant du village, cf. Cofete Restaurant (p.99) !

Jour 7

Un dernier bain à Morro Jable (p.96) ou quelques tapas à Mis Abuelos (p.99), puis prenez la direction de Puerto del Rosario (p.84) pour embarquer dans l'avion du retour, à l'aéroport de Matorral (Aéroport de Matorral p.262) !

À SAVOIR

Ces parcours contournent volontairement les zones urbanisées touristiques. Si, le soir, vous souhaitez davantage d'animation à Lanzarote, visez Puerto del Carmen (p.129) et surtout Arrecife (p.117) ; à Fuerteventura, découvrez Corralejo, station balnéaire emplie de pubs (p.91). Une tout autre ambiance !

Parque Nacional del Teide, Tenerife

Six jours à Tenerife et à La Palma

Il faudrait disposer de trois semaines pour faire le tour des paysages et des sites incontournables des îles occidentales canariennes. Idéales pour un aperçu initiatique d'une semaine, voici quelques escales sur la plus grande île de l'archipel et sur l'*isla bonita*... pour vous donner déjà l'envie d'y revenir.

TENERIFE

Jour 1

Arrivez aux aéroports Tenerife Nord ou Sud (Aeropuerto de Tenerife Sur-Reina Sofía p.263), si possible tôt dans la matinée et louez une voiture. Pour une première immersion sensorielle, direction le marché de Santa Cruz de Tenerife, Nuestra Señora de África (p.142), avant 14h ! Pour un aperçu plus pédagogique, et néanmoins impressionnant, le Museo de la Naturaleza y del Hombre (p.141) s'impose, avec ses momies guanches. Découvrez le charme d'une traditionnelle *guachinche* , typique de l'île, en allant dîner à El Puntero (p.146). Cuisine populaire garantie !

Jour 2

Imprégnez-vous de la vie rurale de l'Anaga dans les décors de carte postale de la vallée de Taganana (p.150). Baignez-vous à la plage de Benijo (p.150), peut-être la plus belle de l'archipel, et déjeunez de poisson, de poulpe ou de

Plaza de España, Santa Cruz de la Palma

conejo à la Casa Paca (p.152). Prenez la route d'El Monte de Las Mercedes pour redescendre à La Laguna (p.148). Berceau intellectuel, la vieille cité ajoute au charme d'une éblouissante architecture coloniale celui d'une vie étudiante trépidante. D'ailleurs, ici, un tour en ville se prolonge forcément en classique *tapeo* au fil de bars et comptoirs aussi gourmands que festifs.

Jour 3

Quittez La Laguna par la TF-24 pour une approche progressive du Teide (p.166) : vous profiterez de panoramas à couper le souffle, avec la montée en téléphérique au pied du cône volcanique en point d'orgue. Fin d'après-midi et soirée à La Orotava (p.156), autre ville patrimoniale d'exception. Régalez-vous d'une vue sublime et d'un excellent menu à la Cafetería Liceo de Taoro (p.164).

Jour 4

Matinée aquatique au Lago Martiánez (p.163) de Puerto de la Cruz, puis petit tour de la ville et visite du jardin botanique (p.156) ou de la Cueva del Viento (p.158) à Icod de los Vinos, selon les goûts et les plages de réservation disponibles. Si votre portefeuille le permet toujours, passez la nuit dans l'un des hôtels 17e s. ou 18e s. de Garachico.

Jour 5

Trajet de liaison jusqu'au port de Los Cristianos (p.170), avec arrêt à Masca (p.161) ou à Punta de Teno (p.161), en fonction du timing, et embarquement au même port pour une traversée en ferry vers La Palma. On aura pris soin de réserver une chambre et de prévenir de son arrivée, généralement tardive. La Casa Indianos (p.189) sert tard.

LA PALMA

Jour 6

Réveil matinal pour découvrir la Caldera de Taburiente avant midi, au mirador de Los Brecitos. Déjeuner tardif à El Jardín de la Sal (p.184) face aux salines de Fuencaliente, ou, dans les terres, à la bodega La Casa del Volcán (p.202) puis retour dans le centre ancien de Santa Cruz de La Palma (p.186) pour une déambulation diurne.

Jour 7

Hormis le dimanche, le ferry pour Los Cristianos part très tôt le matin.

Dunas de Maspalomas

Cinq jours à Gran Canaria

L'*isla ronda* (l'île ronde) passe pour un continent miniature. De la vieille ville de Las Palmas aux bananeraies, des petits ports de pêche aux sentiers de randonnées en passant par des plages aux microclimats si différents, vous changez d'univers et d'ambiance, en quelques minutes.

JOUR 1

Flânez dans Vegueta et Triana (p.44), quartiers historiques de Las Palmas. Déjeunez d'un ceviche chez Allende dans Triana (p.50) avant de découvrir le Museo Canario et la vie des Guanches (p.45) et le CAAM, musée d'art moderne (p.46). À l'heure du cocktail, profitez de la vue à La Azotea de Benito (p.54) et des tapas de Tasca Siete Viejas (p.54) ou de La Perpleja (p.54).

JOUR 2

Bordée de cafés et de restaurants, la plage de Las Canteras, qui reste la plus belle promenade urbaine de l'île, attire les foules (p.49). Partez de l'imposant Auditorio Alfredo Kraus (p.54) pour fouler ce long ruban de 3km, ou mettez-vous en appétit parmi les étals des vieilles halles réhabilitées du marché du port, Mercado del Puerto (p.50). Déjeunez d'un poisson grillé sur le promontoire rocheux d'Amigo Camilo (p.50). Ou offrez-vous une leçon de glisse au Surf Camp (p.49) avant de faire des emplettes vers l'Avenida Mesa y López (p.53). Avec sa terrasse sur la promenade, le Mumbai Sunset (p.54) est le spot idéal où profiter du coucher de soleil. Pour le dîner, vue sur le large et

poissons d'exception au bien nommé Marinera (p.52) avant un jam-session au Terraza Kopa (p.55).

JOUR 3

Direction le petit port paisible d'Agaete, Puerto de Las Nieves, où s'achève la route du nord (p.58). Barques de pêcheurs vous y attendent. Déjeunez d'une spécialité canarienne les pieds au-dessus de l'eau et prenez le bateau-taxi pour aller vous baigner à la plage de sable noir Güi Güi (p.58). Retour à Agaete et apéro au coude à coude avec les habitués à El Perola (p.60), suivi d'un dîner sur la presque poétique terrasse à fleur de plage du Dedo de Dios (p.60).

JOUR 4

Au sud, les dunes de Maspalomas vous réservent un soleil radieux (p.69). Pourquoi ne pas les parcourir à dos de dromadaire (p.71) ? Profitez de l'agréable atmosphère de Puerto de Mogán (p.70), de ses canaux, de ses petits ponts et de ses bougainvilliers pour vous attabler dans une *cofradía* de pêcheurs typique. Le soir, on choisit la Cofradia de pescadores (p.73) pour son ambiance nautique !

JOUR 5

Exploration de l'intérieur de l'île avec l'indispensable visite de Teror (p.62), pour son marché où chiner de l'artisanat local et se régaler de gourmandises, préalablement à la découverte des jolis villages perchés d'Artenara (p.63) et de Tejeda (p.63). Goûtez à la cuisine d'Armando à la Casa del Caminero (p.66). De Cruz de Tejeda, ralliez Roque Nublo, cf. Caminos Reales (p.65), et vibrez devant ces paysages dignes du Far West...

Agulo, village typique de La Gomera

Une journée à La Gomera

Une journée pour vous mettre au vert et larguer les amarres : la *isla colombina*, où Christophe Colomb mouilla ses caravelles en route vers le Nouveau Monde, est aussi réputée pour sa nature luxuriante et exceptionnellement variée, un héritage dû à l'absence d'activité volcanique récente.

JOURNÉE

Départ matinal pour une randonnée dans le parc national de Garajonay (p.222). Passage par les necks de Los Roques, puis le centre d'accueil de Laguna Grande (p.218) pour vous renseigner sur le meilleur parcours à suivre selon votre âge et vos envies. La descente d'El Contadero à El Cedro est l'idéal. Pour ceux qui ne marchent pas, petite pause possible chez Doña Efigenia (p.224), "monument de l'île", dont le *mojo de queso* est sans doute le meilleur de tout l'archipel.

SOIRÉE

S'il faut casser votre tirelire pour l'hébergement, c'est bien au Parador (p.223), au-dessus de San Sebastián. Vous pourrez y profiter au dîner d'une table chic et gourmande dans un cadre unique, idéal aussi pour un simple verre (p.225).

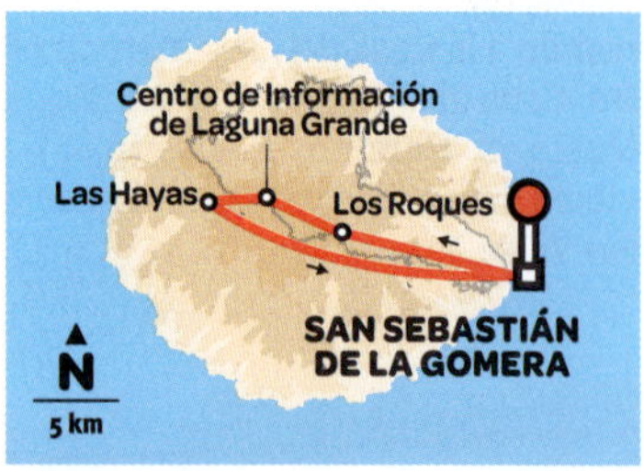

Charco Manso, près de La Maceta, El Hierro

Une journée à El Hierro

Voyage buissonnier dans cet écrin de verdure perdu dans le grand bleu pour une petite leçon de choses : ce "caillou" qui marqua longtemps l'extrémité du monde brandit haut les couleurs très écolos d'un mode de vie durable.

JOURNÉE

Descendez à Pozo de las Calcosas (p.227), hameau niché au fond d'une crique, puis rendez visite aux descendants des lézards géants d'El Hierro au Lagartario (p.229). Achetez un pique-nique avant un tour de la sauvage pointe occidentale pour rejoindre Orchilla (p.230), longtemps considérée comme... la lisière du monde ! Retour à l'est par la sublime route forestière HI- 400 (El Julan), puis HI-4 vers Valverde, avec un arrêt au mirador de Las Playas, et s'il n'est pas trop tard, au centre d'interprétation de la réserve mondiale de biosphère d'El Hierro (p.228). Repos des yeux éblouis dans les brumes de Valverde (p.226).

SOIRÉE

Dîner au Mirador de la Peña (p.235) qui surplombe El Golfo, nuit à l'hôtel Villa (p.284) avant d'embarquer sur le ferry pour Los Cristianos.

Canyons luxuriants, dunes de sable blond, plages de galets, stations balnéaires et ports de pêche... la diversité des paysages ne cesse de surprendre. Si l'île a été très affectée par le tourisme de masse, le dynamisme de sa capitale, l'authenticité des villages du centre, les témoignages laissés par les aborigènes et la qualité de ses villégiatures rurales lui confèrent un charme immense.

Gran Canaria

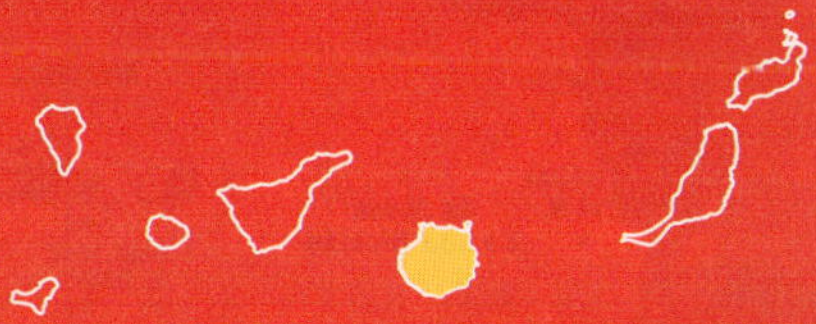

Jardín de la Marquesa de Arucas, Las Palmas, Gran Canaria

Plan 1

1
2
3
4
A
B
PUNTA DE GUANARTEME
NECRÓPOLIS DE LA GUANCHA
PUNTA DE SARDINA
Sardina
La Atalaya
Puerto de Sardina
Gáldar
CENOBIO DE VALERÓN
San Andrés
Bañaderos
CUEVA PINTADA
20
GC-2
San Isidro
45-46
Santa María de Guía
El Pagador
GC-20
Cabo Verde
ALMAGRO
501 M
GC-2
Arucas
44
TENERIFE
GC-2
PISCINAS NATURALES
CUEVAS DE LAS CRUCES
El Palmital
Firgas
GC-20
GC-43
Puerto de las Nieves
Agaete
GC-70
Moya
2-18
GC-220
GC-160
GC-30
Los Portales
VALLE DE AGAETE
LOS TILOS DE MOYA
Huertas
Lajares
Zumacal
GC-200
TAMADABA
1 444 M
Teror
Miraflor
PUNTA DE GONGORA
PINAR DE TAMADABA
EMBALSE DE LOS PÉREZ
Valleseco
47
El Alamo
Arbejales
JUNCALILLO
PARQUE NATURAL DE TAMADABA
Lanzarote
GC-42
PUNTA DE LA ALDEA
CRUZ DE TEJEDA
1 580 M
Artenara
Vega de San Mateo
GC-15
ALTAVISTA
1 376 M
ROQUE BENTAYGA
1 404 M
21-48
Las Lagunetas
Tejeda
AMURGAR
790 M
GC-210
EMBALSE DE EL PARRALILLO
RUTA
Tenteniguada
La Aldea de San Nicolás
POZO DE LAS NIEVES
1 949 M
EMBALSE DE EL SIBARIO
ROQUE NUBLO
1 813 M
GC-600
GC-130
Ayacata
ROQUE RODONDO
PLAYA DE GÜI GÜI
MONTAÑA DE HOGARZALES
1 065 M
INAGUA
1 126 M
MORRO PAJONALES
1 434 M
GC-60
PUERTO DE CRUZ GRANDE
San Bartolomé de Tirajana
C
Tartasico
Tasarte
EMBALSE DE CUEVA DE LAS NINAS
49
Santa Lucía
LAS TETAS
GC-204
MOGARENES
892 M
Veneguera
EMBALSE DEL MULATO
MIRADOR DE SAN BARTOLOMÉ
GC-205
EMBALSE DE SORIA
EMBALSE DE CHIRA
EL AULA DE LA NATURALEZA DE LAS TIRAJANAS
MONTAÑA DE TAURO
1 226 M
Fataga
Mogán
PARQUE NATURAL DE PILANCONES
GC-65
AMURGA
1 131 M
BARRANCO DE FATAGA
GC-200
Arteara
RUTA
PALMITOS PARK
27-28
GC-60
Puerto de Mogán
GC-500
MONTAÑA TABAIDAS
409 M
Tauro
GC-505
Montaña la Data
Puerto Rico
Cornisa del Suroeste
D
El Tablero
San Agustín
PLAYA ANFI
GC-1
GC-500
Arguineguín
26
PLAYA DE MONTAÑA DE ARENA
3-17
Playa del Inglés
PUNTA DEL PARCHEL
DUNAS DE MASPALOMAS
PLAYA DE LAS MELONERAS
PHARE
MASPALOMAS

PAUSES (n°2 et 3)

RESTAURANTS (n°10 à 29)

SHOPPING (n°40 à 49)

SORTIES (n°60 à 66)

RENDEZ-VOUS AVEC...

Les adresses des championnes de surf Iballa et Daida Moreno

Sorties

HUIT BONNES RAISONS...

... de se laisser envoûter par cette île aux multiples visages.

LES DUNES DE MASPALOMAS (p.69) pour en explorer les sublimes arabesques dorées, se reposer à l'ombre de la palmeraie, y jouer à cache-cache jusqu'au coucher du soleil...

ARTENARA (p.63), et les émouvants témoignages des Guanches, pour voyager dans le temps.

LA PLAGE DE LAS CANTERAS (p.49) pour s'offrir une escale farniente ou une session de glisse.

☀ **VEGUETA ET TRIANA** (p.44) pour une balade dans ces quartiers historiques, que ce soit pour les rues commerçantes, les musées, les bars à tapas mais aussi l'atmosphère enjouée. À Las Palmas, il n'y a pas que la plage...

☀ **LE JARDÍN CANARIO** (p.62), un parc qui veille à la préservation de centaines de plantes des îles de la Macronésie depuis les années 1950, pour prendre un grand bain de verdure. Enchanteur !

☀ **LES RUES D'AGÜIMES** (p.68) pour musarder et repartir les bras chargés d'emplettes : dentelles, poteries, sans oublier les produits du terroir des marchés.

☀ **PUERTO DE MOGÁN** (p.70) pour s'offrir une escale iodée dans l'ambiance yacht club à la marina ou traditionnelle sur le quai des pêcheurs...

☀ **LE ROQUE NUBLO** (p.63), pour ses paysages dignes du Far West qui exercent un attrait magnétique. La mer oui... mais de nuages !

RENDEZ-VOUS AVEC...

Elles dominent leur catégorie depuis l'âge de 18 ans. Nées en 1977, les sœurs **Iballa** et **Daida Moreno** nous racontent leur Pozo Izquierdo, la petite station balnéaire où elles ont grandi et appris à triompher en planche à voile. Exploration du sud-est de l'île à deux voix de jumelles championnes du monde, qui cumulent 28 titres internationaux.

Notre plage

A Playa del Arenal

C'est l'une des rares plages de Santa Lucía (plan 1, C4). Elle est mondialement reconnue pour la force de ses vents et pour ses rouleaux de plus de 5m qui déferlent sur les côtes, surtout l'été. Chaque année, avec notre club sportif Moreno Twins, nous y organisons l'une des épreuves majeures du circuit mondial, la PWA. Quant à Pozo Izquierdo , c'est notre QG, le petit village de pêcheurs où nous sommes nées, où nous avons toujours vécu et pratiqué notre sport, la planche à voile. Nous avons voyagé dans le monde entier, mais il n'y a rien de mieux que la *casa* !

www.pwaworldtour.com

Notre bar à jus

B La Ola Surf Bar

À 100m de la plage (plan 1, C4), Mila et Suso ont toujours des recettes magiques grâce auxquelles on récupère après de longs sets de windsurf : jus de mangue, de banane, papaye-avocat, papaye-fraise... Et nous avons droit à notre recette spéciale Moreno Twins : œuf au plat, viande, frites maison et salade de fromage (canarien) aux tomates !

POZO IZQUIERDO Calle el Cabracho, 5
928 121 095 Mar.-dim. 11h-21h

Spéciale dédicace de Daida

C Playa de Güi Güi

(plan 1, A3) J'ai eu l'occasion de me rendre sur cette plage en bateau sur le tard, c'est vraiment l'idéal, et toute cette côte qui part d'Anfi del Mar jusqu'à La Aldea de San Nicolás est à découvrir (p.58) !

À 35km au sud-ouest d'Agaete

Notre beach club où "chiller"

D Maroa Club

Nous sortons deux fois par an mais nous aimons bien le Maroa Club de Mar, à Anfi. Parfait pour un verre le midi ou le soir, pour

Playa de La Aldea, Caserones

un chill-out face à la mer. C'est un coin tranquille de l'île, avec 25°C de moyenne toute l'année !

ARGUINEGUÍN Barranco de la Verga
638 49 06 70 Tlj. 8h30-23h

Nos recoins nostalgiques

Autour des Salinas de Tenefé

Moi, Daida, quand j'étais petite, j'aimais marcher au gré des Salinas avec ma mère, j'adorais les couleurs de la Casa del Salinero, un exemple d'architecture canarienne devenu un centre d'interprétation dédié au sel des Canaries. Et pour moi, Iballa, c'est aussi le musée de la Zafra qui évoque les réalités agricoles, notamment la culture de la tomate, mais aussi le centre El Pastoreo qui revient sur le passé pastoral local, sans oublier El Aula de la Naturaleza de las Tirajanas, complexe rural situé dans la réserve naturelle de Tirajana. Tous font partie du patrimoine historique et environnemental de Santa Lucía.

SI GRANDE CANARIE ÉTAIT...
Un parfum Des effluves d'essence de pin relevés des odeurs de terre des bananiers.

E Salinas de Tenefé

828 013 018 www.salinasdetenefe.com
Mar.-jeu. 9h-16h, lun. 9h-16h30, ven. 9h-23h, sam. 10h-23h, dim. 10h-18h Visite sur rdv

F Museo de la Zafra

Calle Isla de la Graciosa, 33 928 759 706
Mar.-ven. 10h-17h30, w.-e. et j. fér. 10h-14h30 € 2,50 euros

G Centro de interpretación El Pastoreo

928 759 706 Visite sur rdv

H El Aula de la Naturaleza de las Tirajanas

618 039 549 www.imidauen.wixsite.com/tirajana

Vous initier au windsurf ?

I Bahía de Formas

La plage est à 5min en voiture de Pozo Izquierdo. Pour apprendre la planche dans des écoles comme Pozo Winds, LPWS, etc.

LAS PALMAS ★

C'est l'une des principales destinations touristiques des Canaries. Enserrée entre deux larges baies à la pointe nord-est de l'île, la capitale de Gran Canaria est la plus grande ville de l'archipel et compte l'un des plus importants ports de commerce d'Espagne. Dynamique, vibrionnante, cosmopolite, elle a la beauté métissée des villes ibériques imprégnées des cultures européenne, africaine et sud-américaine.

À VOIR

Malgré une approche déroutante – de grandes autoroutes longeant la mer, un quartier proche du port très construit et sans verdure – vous serez vite séduit par les quartiers historiques de **Vegueta** et **Triana**. Plus au nord, la ville moderne et le port s'étendent sur le pan est de la péninsule, tandis que sur la côte ouest s'étire l'immense plage urbaine de Las Canteras, cadre idéal pour un apéritif face aux flots engageants.

ACCÈS ET INFOS

- De l'aéroport comptez 35min pour rallier le centre touristique de La Palmas par le réseau des bus municipaux (guaguas) ou la compagnie Global (www.guaguasglobal.com).
- Socomtaxi Cette société dessert l'aéroport, ainsi que les villes de Telde, Ingenio, Agüimes, Santa Lucía, San Bartolomé de Tirajana et Mogán. 928 15 47 77 www.socomtaxi.com
- Office de tourisme de Las Palmas Parque Santa Catalina 928 44 68 50 www.lpavisit.com Tlj. 9h-15h et 16h-18h

VEGUETA ET TRIANA

Dans ces deux quartiers mitoyens bat le cœur historique de La Palmas. Les rues pavées de galets, les placettes, la grande concentration de musées, de lieux culturels et autres bars pour festoyer ravissent les promeneurs. De Vegueta, la médiévale, ponctuée de superbes monuments et demeures, on glisse sans transition vers Triana. Dans ce quartier élevé au 19e s., la rue commerçante Calle Mayor et la grand-place de la bibliothèque sont devenues les forums de la vie de la cité.

Pour prendre de la hauteur

Catedral de Santa Ana

Fleuron de la place et glorieuse signature de la ville conçue par Diego Nicolás Eduardo, la cathédrale Santa Ana fut la première église des Canaries, commencée dès le 16e s. mais achevée au 19e s. Siège de l'évêché, cette imposante cathédrale grise mélange les genres et cache derrière sa façade néoclassique trois impressionnantes nefs de style gothique classique. Dans l'aile sud, les dépendances du Patio de los Naranjos (patio des Orangers) abritent un petit **musée diocésain d'art sacré**. Ne manquez pas de vous hisser au sommet de la tour sud (ascenseur) où un **mirador** révèle une belle vue sur la ville.

Lun.-ven. 10h-16h30, sam. 10h-13h30 € cathédrale + musée 2,40€ , mirador 1,50€

À NE PAS MANQUER

- Les quartiers de Vegueta et Triana (Las Palmas)
- Centro Atlántico de Arte Moderno (Las Palmas)
- Risco de San Juan et Risco de San José (Las Palmas)
- Ciudad Jardín (Las Palmas)
- Aquarium Poema del mar
- Playa de Las Canteras (Las Palmas)

Plaza Santa Ana

Le cœur de la vieille ville
Plaza Santa Ana

Cette vaste et belle place rectangulaire (16e s.), plantée de palmiers et gardée par cinq chiens en bronze, aligne plusieurs bâtiments administratifs et religieux – les Casas Consistoriales, le Palacio Episcopal à l'élégant balcon, la Casa Regental – qui illustrent divers styles architecturaux (gothique tardif, moderniste, Renaissance). Véritable QG de la ville, elle rassemble les foules lors des festivals et de maintes manifestations culturelles et sportives.

Le musée archéologique des Canaries
Museo Canario

Au travers de ses riches collections couvrant une période allant de 500 av. J.-C. au 15e s., cet émouvant musée d'archéologie met en lumière les us et coutumes ainsi que la vie quotidienne de la population aborigène des îles Canaries, les Guanches. Poteries, vaisselle, vêtements, outils, statuettes et idoles, reproductions d'habitats (cavernes, maison de pierre) et de grottes funéraires (momies, crânes) sont ainsi dévoilés au fil d'un parcours captivant.

C/ Dr. Verneau, 2 ☎ 928 33 68 00 www.elmuseocanario.com ⌚ Lun.-ven. 10h-20h, w.-e. et j. fér. 10h-14h € 5€

Retour en 1492
Casa de Colón

Christophe Colomb y aurait fait étape en 1492 : ce petit palais andalou aux portes sculptées et aux balcons ornementés fut la demeure du premier gouverneur de l'île. Il accueille un musée dédié à l'explorateur et aux civilisations précolombiennes : instruments de navigation, cartes marines, maquettes, peintures flamandes et mexicaines, ainsi que des objets type vannerie, harpons et flèches de culture amazonienne, mais aussi la reconstitution d'une pièce de la *Niña* et, plus palpitant encore, le carnet de bord de Christophe Colomb. Un joli voyage !

C/ Colón, 1 928 31 23 73 www.casadecolon.com Lun.-sam. 10h-18h, dim. et j. fér. 10h-15h 4€

Un centre pour trois continents

Centro Atlántico de Arte Moderno (CAAM)

Un bel espace clair, avec terrasse et ravissant patio, d'où rayonne l'art moderne des continents baignés par l'Atlantique : l'Afrique, l'Europe et l'Amérique. La sélection généreuse et la diversité des expressions plastiques (peinture, sculpture, dessin, photo) témoignent de la vitalité de la production artistique espagnole et latino-américaine. À visiter absolument.

C/ Los Balcones, 11 928 31 18 00 www.caam.net Mar.-sam. 10h-21h, dim. 10h-14h Entrée libre

Salons de toute beauté

Gabinete Literario

Ce monument classé (1844) est l'un des plus beaux immeubles de la ville, un ancien théâtre converti en centre culturel canarien, où officie une très ancienne société littéraire. Coiffé de deux tours aux allures orientalistes, orné de larges fenêtres aux corniches travaillées, il rayonne de toute sa majesté devant une place fleurie plantée de palmiers. Son vaste escalier, sa splendide salle de bal à la française, ses salons et ses plafonds peints par Manuel González Méndez sont admirables. Sa riche programmation artistique et son restaurant en terrasse, O'Clock, en font un lieu très élégant.

Plaza de Cairasco, 1 928 36 91 46 www.gabineteliterario.com Selon programmation

Dans l'intimité d'un grand homme

Casa Pérez Galdós

Vous ne connaissez pas Benito Pérez Galdós (1843-1920), écrivain réaliste canarien, député et grand voyageur ? C'est l'occasion de vous y intéresser en visitant sa maison natale ! Mobilier, peintures, tapis, objets qu'il a lui-même façonnés, photos des acteurs de ses pièces et bibliothèque emplie d'œuvres originales vous familiariseront avec son univers.

C/ Cano, 2-6 928 36 69 76 www.casamuseoperezgaldos.com Tlj. sf lun. 10h-19h (18h d'oct. à juin) 3€

Les *casas de colores*

Risco de San Juan et Risco de San José

On s'en voudrait de manquer des quartiers si typiques, oubliés des circuits touristiques et à deux pas de la vieille ville ! Situé au sud-ouest de Vegueta, le **Risco de San Juan** compte une cinquantaine de chemins et de ruelles étroites barrées d'escaliers, où d'anciens agriculteurs et pêcheurs du coin ont installé leurs maisons, tirant parti des petites niches et grottes naturelles. Perdu dans cet empilement de cubes colorés, on se croirait en balade à Rio ou à Cuba... Un peu plus bas, le **Risco de San José**, perché au sommet d'une falaise, dévoile une vue impressionnante. Pendant deux siècles, les ouvriers, marins, maçons, barbiers et autres petits artisans y ont construit en dépit des lois. Il est plus prudent de visiter ces quartiers en journée.

Une oasis au cœur de la ville

Ciudad Jardín

À mi-chemin entre la vieille ville et le port, cette élégante cité-jardin à la végétation luxuriante offre une respiration bienfaisante au sein d'une Las Palmas aride et bétonnée. Fondé au 19e s. par les colons britanniques, c'est un quartier résidentiel huppé où se dressent ambassades et belles demeures bourgeoises fleuries, mais qui compte également un port de plaisance et la plage de Las Alcaravaneras. Joyau de verdure parsemé de petits lacs, de cascades et de fontaines, le **Parque Doramas** (5ha) abrite dragonniers, palmiers et diverses espèces endémiques... pour une pause enchanteresse.

Parque Doramas C/ Emilio Ley, Paseo Chil et Alfonso el Sabio ⏲ Tlj. 7h-23h

Parque Doramas

LA VILLE MODERNE ET ISLETA

Palmiers et air marin

Santa Catalina

Ce quartier dense et animé s'étend entre le Puerto de la Luz à l'est, et l'immense plage urbaine de **Las Canteras** à l'ouest. Côté port, l'agréable **Parque de Santa Catalina**, une vaste place piquée de palmiers, bordée de restaurants, de bars et de clubs, s'éveille particulièrement en soirée. Les accros du shopping trouveront leur bonheur sur l'**Avenida José Mesa y López**, où s'élève le grand magasin El Corte Inglés, ou au centre commercial El Muelle. Le Muelle (quai) Santa Catalina qui le longe est le point de départ des ferries, et à deux pas de là se déploie la fabuleuse façade de l'**aquarium Poema del Mar**, vaste vaisseau contemporain en forme de vague qui réserve aux visiteurs une fabuleuse plongée dans le monde marin.

Une ode à la mer

Aquarium Poema del mar

Inauguré en 2018, l'aquarium de Las Palmas déroule un superbe parcours qui débute dans une jungle peuplée de reptiles, de tortues, de caméléons et d'espèces aussi surprenantes que la salamandre axolotl. Passé ce paysage tropical, place aux récifs coralliens et ses raies, requins et poissons multicolores évoluant dans d'impressionnants tunnels transparents ou tubes verticaux. Le clou de la visite ? "Deep Sea", un exceptionnel aquarium doté d'une vitre incurvée de 36m de longueur sur 7m de hauteur... un spectacle immersif et fascinant à souhait !

Muelle del Sanapù, 22 09 28 01 03 50 www.poema-del-mar.com Tlj. 9h-18h 17,50-27,50€

Repaire de pêcheurs

La Isleta

Changement d'ambiance plus au nord ! Heureuse surprise que cet ancien quartier de pêcheurs au caractère volontiers suranné, occupant l'isthme situé au-delà de Las Canteras. Au gré d'une flânerie dans ses ruelles étriquées, ne manquez pas le **Castillo de la Luz**, la plus ancienne forteresse de l'île, qui abrite un **centre d'art contemporain** consacré aux œuvres du sculpteur Martín Chirino, natif de Las Palmas.

Fundación de Arte y Pensamiento Martín Chirino C/ Juan Rejón lun.-sam. 11h-19h, dim. et j. fériés 11h-14h (fermé lun. de mai à sept.) 4€

AUX ENVIRONS DE LAS PALMAS

Maisons blanches sur galets noirs

Telde (plan 1, C2)

Située dans la partie est de l'île, Telde (102 000 hab.) est la deuxième ville de Gran Canaria par la taille. Elle recèle toutefois un attrayant centre historique aux maisons basses blanchies à la chaux, aux églises et aux ruelles de dodus galets de basalte. Dans le quartier San Juan, la belle place homonyme, ombragée d'arbres vénérables, ceinte de maisons coloniales aux balcons de bois, est dominée par l'imposante **Basílica de San Juan Bautista**. Suivez ensuite la Calle Inés Chemida, le long d'un élégant aqueduc, pour rejoindre le quartier San Francisco et l'**Iglesia Conventual de San Francisco** (ouverte ponctuellement). À l'intérieur, repérez les trois retables de pierre polychromes et la puissance évocatrice du Christ agonisant.

20km au sud de Las Palmas

Archéologie sur la plage

Playa de Tufia (plan 1, C3)

Toute de roches et de sable noir, elle n'est pas une plage incontournable, mais elle devient une halte sympathique si vous combinez farniente et visite des petites grottes de lave sous-marine du **site archéologique de Tufia**. Il s'agit d'une nécropole guanche bâtie sur la falaise, dont il reste des ruines, des chemins pavés et des caveaux.

10km au sud-est de Telde (prendre la GC-10 et tourner à droite sur la GC-1, sortir à Tufia)

À FAIRE

Offrez-vous un *surf trip* !

Surf Camp Low Cost (plan 1, C1)

Un Surf Camp "low-cost" a ouvert sur la plage de Las Canteras, avec cours et hébergement sous forme de packages à prix dérisoires (115€ pour 5 leçons de surf), variables en fonction des saisons.

Paseo Las Canteras, 57 www.surfcamp-lowcost.com

Playa de Las Canteras

Surf Camp Las Palmas (plan 1, C1)

Propose des packs, avec ou sans hébergement, incluant diverses activités en plus du surf, comme des randos à vélo et des visites nocturnes de la ville. Cours collectifs 30€ la journée (50€ pour les cours privés), location de matériel à partir de 15€ la journée.

Paseo Las Canteras, 58 643 48 01 60 www.surfcamplaspalmas.com Tlj. 9h-21h

Randonnez "au fil de l'eau"

Barranco de Los Cernícalos (plan 1, C2)

Long de 12km, ce *barranco* où l'eau s'écoule en formant des retenues et des cascades, est classé Reserva Natural Especial. La richesse de ses paysages, de sa végétation (vipérines, sauge des Canaries, genêts, oliviers sauvages, saules et mauves) et de sa faune (oiseaux, insectes, amphibiens et mollusques) en fait l'un des buts de randonnée les plus intéressants de l'île. La première partie du parcours, qui présente une difficulté moyenne jusqu'à la cascade, n'est guère recommandée aux enfants.

À 5km au sud de Valsequillo (13km à l'ouest de Telde)

Lézardez sur la plage

Playa de Las Canteras (plan 1, C1)

Les Palmenses sont très fiers de leur immense plage (3km). Souvent bondé, piqueté de parasols multicolores, ce beau ruban de sable doré est d'autant plus fréquenté que le récif de la Barra le protège des vagues. Le front de mer, borné d'immeubles serrés, aurait pu prétendre à davantage d'élégance, mais il est si agréable de grignoter poissons ou tapas face à la plage, ou en surplomb, près des rochers. Sur la partie méridionale, des surfeurs se frottent aux plus grosses vagues (spot de La Cicer).

LAS PALMAS

Playa de Melenara (plan 1, C2)

Cette plage de sable volcanique est plutôt urbaine, les immeubles s'élevant en couronne à l'arrière. Assez peu touristique, elle compte tout de même quelques bars et restaurants qui en font une bonne destination pour une journée balnéaire d'autant qu'elle a été récompensée par le label européen Pavillon bleu pour son engagement en faveur de l'environnement.

À 5km à l'est de Telde (prendre la GC-10 pour rejoindre la GC-1 vers le sud, puis la GC-18-13 dir. "Playa de Melenara")

Playa del Hombre (plan 1, C2)

Cette autre plage de sable noir est réputée pour ses vagues propices au surf. Elle est assez peu fréquentée, sinon par les amateurs de sports nautiques.

À 6km à l'est de Telde (rejoindre l'avant-dernier rond-point de la GC-10 vers l'est puis tourner à droite dir. "Playa del Hombre")

NOS ADRESSES

RESTAURANTS

L'apéro au marché

Mercado del Puerto ♥€

Les élégantes halles du port de la Luz se sont offert une cure de jouvence, versant dans la tendance street-food. Toujours ouvertes en journée, elles font le plein en fin de semaine, à l'heure de l'after-work. Tapas ultra appétissantes, cocktails et bières artisanales rassemblent une foule branchée et tutti quanti.

LAS PALMAS (plan 1, C1 n°10) C/Albareda, 76 928 47 02 08 Mar.-sam. 12h-0h, dim. 12h-20h, lun. 12h-16h

Bistrot branché et gourmet

Allende Triana €€

Cuisine élégante mais sans prétention, cadre net et chaleureux fourmillant de bonnes idées déco, vaisselle design, dressage esthétique et soigné... un endroit agréable pour déguster d'excellentes tapas ou un repas plus élaboré. La carte lorgne vers la cuisine canarienne en adoptant des accents fusion créatifs. Tapas à partir de 3€, plats à partir de 8€. Plusieurs adresses en ville.

LAS PALMAS (plan 1, C1 n°11) C/ Domingo J. Navarro, 16 – C/ Viera y Clavijo, 28 (Triana) 928 38 09 48 www.allenderestauracion.com Dim.-jeu. 13h30-16h30 et 20h-23h30, ven.-sam. 13h30-16h30 et 20h30-0h

Familial

Amigo Camilo ♥€€

Perchée sur un rocher au nord de Las Canteras, cette institution attire les familles, alléchées par l'odeur du poisson grillé. À votre arrivée, une serveuse vous emmène en cuisine choisir l'animal reposant sur un lit de glace... Fraîcheur garantie ! Calamar, rascasse, *cherne* ? Le poisson servi avec des pommes de terre et leur sauce *mojo*.

LAS PALMAS (plan 1, C1 n°12) C/ Caleta, 1 (La Puntilla) Page FB Mar.-sam. 12h30-16h et 20h-23h, dim. 12h30-17h

Paella et cætera

Arrocería La Marea €€

Sur la grande avenue maritime de Las Palmas, cet établissement s'est fait une spécialité des préparations à base de riz (paella, riz aux fruits de mer, etc.), mais on trouve aussi à la carte des plats typiques de la cuisine canarienne, comme les pommes de terre ridées et leur sauce *mojo* ou le *gofio*, à base de céréales grillées. Bon rapport qualité-prix, accueil et service agréables.

LAS PALMAS (plan 1, C1 n°13) Av. Alcalde Ramírez Bethencourt, 14 928 29 00 79 Tlj. 13h-23h

Un parfum d'Italie

La Dolce Vita €€€

Une trattoria discrète nichée dans une ruelle de Vegueta. Sur les murs, les affiches de films des maestros

LA RECETTE

BIENMESABE

Ce sirop d'amandes ressemblant à du miel se tartine sur des toasts ou complète les ingrédients de certains desserts, gâteaux et glaces.

- 500g d'amandes
- 750g de sucre
- 3 jaunes d'œufs
- 50cl d'eau
- 1/2 c. à c. de cannelle en poudre
- Le zeste d'un citron vert

Émondez et broyez les amandes (vous pouvez aussi employer des amandes en poudre). Préparez le sirop en délayant le sucre dans l'eau chaude puis ajouter les amandes, la cannelle et le zeste du citron. Passez à la cuisson sur feu doux et remuez sans cesse jusqu'à ce que la préparation soit bien épaisse. Laissez refroidir puis ajoutez les jaunes d'œufs battus et remettre sur le feu. Remuez le mélange jusqu'à ébullition, puis retirez du feu et laissez refroidir.

Le *Bienmesabe* se déguste tout simplement sur une tartine de pain ou accompagne une glace, un flan ou un autre dessert.

Enseigne de La Marinera

italiens ou des photos noir et blanc d'actrices voluptueuses et, dans l'assiette, des pâtes aux *vongole* (palourdes) délicieuses, de la mozzarella généreuse, du succulent tiramisu au citron... Rosanna et son chef de mari sont attentifs et parlent français. Que demander de plus ? Réservation conseillée en haute saison, pensez-y !

LAS PALMAS (plan 1, C1 n°14) C/ Agustín Millares, 5 (Vegueta) 928 31 04 63 Lun.-sam. 13h-15h30 et 20h30-22h30

Poissons et crustacés

La Marinera €€€

À l'extrémité nord de Las Canteras, ce restaurant très fréquenté ouvre sur la mer par de larges baies vitrées. À vue d'exception, cuisine de qualité avec une farandole de produits de la mer (bar à l'ail et aux herbes, clams, soupes, croquettes, poulpe, crevettes, paella, *tacos de cherne*) préparés de mille manières... Plat à partir de 12€. Compter 32€ le repas par pers., vin inclus. Réservation conseillée.

LAS PALMAS (plan 1, C1 n°15) Paseo de Las Canteras, 1 (La Puntilla) 928 46 88 02 www.restaurantelamarineralaspalmas.com Tlj. 12h30-0h30

Gastronomique

Deliciosa Marta €€€

Le nom n'est pas usurpé : cette Marta est l'un des meilleurs restaurants de Las Palmas. Dans les assiettes fines, sur de belles nappes blanches, paradent des mets d'exception : cochon de lait croustillant, agneau fondant, gnocchis à la truffe... Le cadre romantique invite au tête-à-tête. Plats à la carte uniquement, comptez 45€ le repas sans les vins. Réservez bien une semaine à l'avance !

LAS PALMAS (plan 1, C1 n°16) Pérez Gáldos, 23 (Triana) 928 37 08 82 Lun.-ven. 13h30-15h30 et 21h-23h30

SHOPPING

Shopping à la chaîne

Avenida José Mesa y López

Sur cette artère s'alignent un grand nombre d'enseignes de décoration et de prêt-à-porter... La chaîne ibérique **El Corte Inglés** a ouvert ici un grand *mall* réunissant diverses marques. Pas vraiment original, mais pratique. Soldes en janvier, février et août.

LAS PALMAS (plan 1, C1 n°40) www.mesaylopez.net El Corte Inglés (plan 1, C1 n°41) 928 26 30 00 www.elcorteingles.es Lun.-sam. 9h30-21h30, dim. 10h30-20h

Artisanat local

Les artisans de Telde

Au fil des rues de la vieille ville de Telde, vous pourrez voir les artisans en activité : poterie, travail du métal, broderie, *timple* (ukulélé local)... Le fleuron de la production est l'élégant couteau canarien, au manche fuselé de métal ornementé d'os. Pour faire le plein de souvenirs, rendez-vous également au marché de Telde (lun.-sam. 7h-13h30) ou, le dimanche (7h-14h) au village de **Jinámar** (8km au nord de Telde par la GC-10 et la GC-1).

TELDE (plan 1, C2 n°43)

Timple

Charcuterie de qualité

Bochinche Los Jamones ♥

Déniché dans le dédale de ruelles de La Isleta, un décor kitsch à souhait de mosaïques vert d'eau pour d'alléchantes charcuteries : jambon fumé, saucisses de Teror, pommes de terre ridées... Une sélection impeccable de produits gastronomiques de l'île.

LAS PALMAS (plan 1, C1 n°42) C/ Luján Pérez, 62 828 90 73 16 Lun.-jeu. 12h-0h, ven.-sam. 12h-1h

SORTIES

Pour grignoter des tapas
Tasca Siete Viejas

Si Vegueta ne manque pas de bars de qualité, on apprécie celui-ci pour ses savoureuses tapas, ses vins frais, sa déco rustico-chic : épais et nobles murs de pierre, plafond sombre strié de poutres, lustres de cristal et bougies nimbant la pièce d'un éclairage feutré... On s'y sent bien, surtout quand on accompagne son verre de tortilla, jambon *pata negra* (le meilleur !), fromage à la confiture... Comptez 8-9€ pour un verre de vin avec tapas.

LAS PALMAS (plan 1, C1 n°60) C/ Pelota, 6 692 05 45 05 Ven.-sam. 19h30-2h

Au couchant face à la mer
Mumbai Sunset

Ce bar-resto *lounge*, type loft-duplex, accueille une clientèle jeune et branchée. Il déploie sa terrasse sur la promenade de Las Canteras et fournit un poste privilégié pour observer le soleil couchant devant un mojito (6,50€). Concerts le samedi soir, DJ...

LAS PALMAS (plan 1, C1 n°62) C/ Sagunto, 7 661 24 48 44 Lun.-jeu. 12h-1h, ven. 12h-2h, sam. 11h-2h, dim. 11h-1h

Cocktails en terrasse
La Azotea de Benito

Heureuse surprise que ce bar à cocktails classieux, situé au dernier étage d'un centre commercial. Son exquise terrasse, appréciée de toute la bonne société de Las Palmas, offre une vue sur la cathédrale, les toits de Vegueta et les lumières de la ville. Ambiance lounge avec sofas et tables basses, pour siroter des cocktails inédits.

LAS PALMAS (plan 1, C1 n°63) Centro Comercial Monopol 2e étage Plaza Hurtado de Mendoza, 1 928 36 74 50 Tlj. 17h-1h30 Fermé lun. en été

Mojito & co
La Perpleja

Comment accompagner un mojito frappé aux fruits de la passion (6€) ? Poulpe en vinaigrette, *huevos rotos* (spécialité espagnole d'œufs brouillés aux pommes de terre, 5,80€), mini *arepitas* (crêpes de maïs) ou encore croquettes fromage-citron... les spécialités de ce bar à tapas se dégustent en terrasse, à deux pas de la plage de Las Canteras.

LAS PALMAS (plan 1, C1 n°64) Calle la Naval, 5 722 51 49 25 Mer.-sam. 13h-23h30, dim. 13h-17h

Artistes de haute volée
Auditorio Alfredo Kraus

L'imposant palais des Congrès de Las Palmas, forteresse géométrique conçue par Oscar Tusquets (1997), greffé d'un phare et constellée de sculptures en bronze de Juan Bordes, mérite à lui seul le coup d'œil. Mais on y vient surtout pour écouter l'Orchestre philharmonique de Las Palmas interpréter Mozart et Rachmaninov, ou de grands artistes

LA FIÈVRE DU JEUDI SOIR

La traditionnelle sortie du jeudi soir galvanise la vieille ville. Les jeunes envahissent les bars des rues de Pelota et Mendizábal. Bouchées aux crevettes, jambons fumés, tortilla... chaque maison a sa spécialité et on aurait envie de tout goûter ! On conseille le célèbre bar **Tagoror**.

(plan 1, C1 n°61) C/ Mendizábal, 23 928 93 36 39

de musique du monde, de pop ou de jazz comme Al Di Meola ou Pat Metheny. Consultez le programme !

LAS PALMAS (plan 1, C1 n°65) Playa de Las Canteras, s/n 928 49 17 70 www.auditorioteatrolaspalmasgc.es

Jusqu'au bout de la nuit

Terraza Kopa

Un bar lounge pour écouter un groupe live en se lovant dans de confortables canapés blancs, sous de vastes parasols ou les palmiers sertis de guirlandes lumineuses. À l'intérieur, dans un immense club zébré par des rayons laser, des *performers* s'agitent au son de DJ dance/techno/house internationaux.

LAS PALMAS (plan 1, C1 n°66) Centro Comercial El Muelle 928 26 86 79 Lun.-mar. 12h-3h, mer.-sam. 12h-5h30, dim. 12h-2h

LA RECETTE

ROPA VIEJA

Comme son nom l'indique, "vieux vêtements", cette spécialité permettait de "recycler" les restes d'un ragoût. Aujourd'hui on le consomme en entrée, en tapas ou en plat princpal.

500g de pois chiches
500g de bœuf
500g de poulet
1kg de pommes de terre
3 gousses d'ail
1 poivron
1 oignon
1 tomate
1 petite tasse de vin blanc
1 petite tasse d'eau ou de bouillon
Condiments/aromates paprika, poivre, thym, laurier, clous de girofle, sel et de l'huile.

Faites tremper les pois chiches la veille.
Le lendemain, mettez-les à cuire dans un fait-tout avec la viande, le sel et l'eau. Quand le tout est cuit, égouttez et émiettez la viande.
Faites frire la viande avec les pois-chiches jusqu'à ce qu'ils soient croustillants, et mettez de côté. Émincez l'oignon, et coupez le poivron, la tomate pelée, l'ail en petits dès et faites revenir ces légumes dans l'huile.
Ajoutez le poivre, les clous de girofle, le paprika, le vin, le thym, le laurier et une petite tasse de bouillon, puis enfin la viande et les pois chiches. Laissez sur le feu quelques minutes.
Enfin, faites frire les pommes de terre coupées en petits cubes, et ajoutez-les au plat.

LE NORD

Un peu à l'écart de l'agitation du reste de l'île, la côte nord recèle quelques villages authentiques et paisibles et des sites archéologiques majeurs, témoignages exceptionnels de l'histoire préhispanique de Gran Canaria. Ses routes étroites et sinueuses comme ses sentiers de randonnée vous réservent d'admirables points de vue sur ses reliefs abrupts et sur l'océan.

À VOIR

Balade architecturale

Arucas (plan 1, B1)

Arucas constitue une étape plaisante, ne serait-ce que pour ses bâtisses colorées illustrant divers styles architecturaux (17e-20e s.) : la **Casa de la Cultura** et son patio traditionnel, l'hôtel de ville, les Casas Consistoriales, ou la maison de la famille Gourié, dans l'agréable parc de la ville, et qui abrite le **Museo municipal**. À voir aussi : l'élégant **Jardín de la Marquesa**, riche de 500 espèces subtropicales, et l'impressionnante **Iglesia de San Juan Bautista**, de style néogothique, achevée seulement en 1977. Enfin, pour jouir d'un beau point de vue, montez au mirador de la **Montaña de Arucas** (1,5km au nord de la ville), qui culmine à 412m.

À 14km à l'ouest de Las Palmas par la GC-2 puis GC-20 **Jardín de la Marquesa** Prendre la GC-330 à la sortie de Arucas, longer le parking 928 60 44 86 Lun.-ven. 9h-18h, sam. 9h30-17h 6€ **Iglesia de San Juan Bautista** C/ Párroco Morales, 2 928 60 56 22 Horaires variables

Architecture et artisanat

Santa María de Guía (plan 1, B1)

Cette ville mérite une halte, notamment pour son élégant centre classé monument historique, son église paroissiale et ses édifices comme le **Museo de Néstor Álamo** et l'ermitage de San Roque (ne se visite pas). Mais on la connaît aussi pour ses activités artisanales florissantes : meubles en bois taillé, couteaux canariens, malles, travail de l'osier (p.61)...

À 20km à l'ouest d'Arucas par la GC-20 puis GC-2 **Museo Néstor Álamo** C/ San José, 7 928 55 30 43 Lun.-sam. 10h-15h Entrée libre Entrée libre

Un site archéologique d'exception

Cenobio de Valerón (plan 1, B1)

Les Guanches, qui misaient sur l'agriculture pour assurer leur subsistance, trouvèrent à l'intérieur de cette grotte naturelle creusée dans un cône de lave le lieu idéal pour entreposer les céréales, cf. Grenier communautaire (p.248). La roche, assez meuble pour être percée facilement, leur permit de fabriquer un vaste grenier à grains constitué de centaines de niches, de silos et de chambres

À NE PAS MANQUER

- Cenobio de Valerón (Santa María de Guía)
- Cueva Pintada (Gáldar)
- Parque Natural de Tamadaba (Agaete)

Santa María de Guía

de tailles variables, ainsi que d'escaliers pour accéder de l'une à l'autre loge. La face nord inaccessible aux regards protégeait la récolte des assauts de pirates.

Cuesta de Silva, Santa María de Guía (7km au nord de Santa María de Guía par la GC-700 puis la GC-291) 618 60 78 96 www.arqueologiacanaria.com Oct.-mars : mar.-dim. 10h-17h ; avr.-sept. : mar.-dim. 10h-18h € 3€

Un beau patrimoine

Gáldar (plan 1, B1)

Fondée en 1484 au pied du volcan Pico de Gáldar, la ville fut le siège d'un roi guanche, comme en témoignent de nombreux vestiges. Elle conserve des traces de son glorieux passé de capitale de l'île, notamment la très belle **Plaza Grande**, plantée de ficus et d'araucarias, et sa splendide **Iglesia de Santiago de los Caballeros** (1778-1826), fusionnant les styles baroque et néoclassique. La **Casa-Museo Antonio Padrón** rend hommage à l'enfant du pays, Antonio Padrón Rodríguez (1920-1968), plasticien emblématique de l'île.

À 27km à l'ouest de Las Palmas par la GC-2 Casa-Museo Antonio Padrón C/ Capitán Quesada, 3 928 45 40 35 www.antoniopadron.com Juil.-sept. : mar.-dim. 10h-19h ; oct.-juin : mar.-dim. 10h-18h € 2€

Sur les traces des Guanches

Cueva Pintada (plan 1, B1)

Décorée de motifs géométriques par les aborigènes, la Cueva Pintada ("grotte peinte") est la pièce maîtresse d'une cinquantaine de cavités naturelles et artificielles creusées dans la roche volcanique. Le musée attenant expose divers objets découverts sur le site (idoles, sceaux, céramiques, pièces de monnaie) et propose plusieurs films sur l'histoire des Guanches.

C/ Audiencia, 2 928 89 54 89 www.cuevapintada.com Juin-sept. : mar.-sam. 10h30-19h30, dim. et j. fér. 11h-19h ; oct.-mai : mar.-sam. 10h-18h, dim. et j. fér. 11h-18h € 6€

Un village canarien typique

Agaete (plan 1, B1)

À l'extrémité de la route du nord, la région d'Agaete, escarpée et piquée de cactus et de palmiers, a des airs exotiques évoquant le Mexique ! Le village est quant à lui sillonné de ruelles blanches articulées autour de la vaste et majestueuse **Plaza de la Constitución**, où s'impose l'église **Nuestra Señora de la Concepción**. À voir à proximité, la **Casa Manrique de Lara**, qui abrite le centre culturel, et la mairie, bâtiments emblématiques de l'architecture du 19e s. Dans cette paisible bourgade, vous apprécierez certainement le luxuriant jardin botanique **El Huerto de las Flores**.

33km à l'ouest de Las Palmas par la GC-2 Huerto de las Flores (plan 1, B1) C/ Huertas
Mar.-sam. 10h-16h

Un petit air de bout du monde

Puerto de Las Nieves (plan 1, A1)

Le front de mer de ce petit port pittoresque regorge de restaurants modestes où s'attabler avec les habitants. Ermitage, vieux moulins, palmiers, plage de galets... tout ici respire la paix. Peut-être parce que Las Nieves est protégé par le **Dedo de Dios** (doigt de Dieu), formation rocheuse à l'image d'un poing avec un doigt dressé – et qu'une tempête a amputé de l'index en 2005 !

36km à l'ouest de Las Palmas par la GC-2

Réserve mondiale de biosphère

Parque Natural de Tamadaba (plan 1, A2-B2)

Perché à 1 200m d'altitude, ce superbe massif (7 538ha) unit les falaises grandioses de l'Andén Verde et les pentes de Guayedra. De sa pinède canarienne très préservée, propice aux oiseaux (pic épeiche de Tenerife, pinson bleu), émerge le Pico de La Bandera (1 444m). En bordure, profitez de panoramas enchanteurs sur plusieurs lacs-réservoirs artificiels : Presa de los Pérez, Los Lugarejos... Pour parcourir le parc, vous pouvez emprunter le sentier balisé reliant Agaete et Artenara.

À 38km d'Agaete par la GC-220, puis la GC-217, ou en roulant à l'ouest d'Artenara sur 12km

À FAIRE

Vamos a la playa

Playa de Güi Güi (plan 1, A3)

Lassé des côtes trop fréquentées des alentours ? Cette plage de sable sombre encadrée de hautes falaises noires est toujours quasi déserte... pour la simple raison qu'elle n'est accessible que par bateau-taxi au départ de Puerto de Las Nieves (55€ l'aller-retour), ou à pied en partant du sentier de Tasartico, sur la route entre San Aldea de San Nicolás de Tolentino et Mogán (comptez 2 à 3h de marche et prévoyez de l'eau et de bonnes chaussures).

À 35km au sud-ouest d'Agaete

LE PATRIMOINE GUANCHE

Les premiers habitants de Gran Canaria étaient au nombre de 30 000 avant la conquête espagnole. Leur société reposait sur un système de classes dominées par une caste de nobles. Si les Guanches, présents sur chacune des îles de l'archipel, logeaient habituellement dans des niches creusées dans les grottes, les sites de Gran Canaria, notamment de la **Cueva Pintada** (p.57) et de **Guayadeque** (p.68), témoignent d'un autre mode d'habitat, organisé autour de vraies maisons troglodytiques. Si les Guanches des autres îles vivaient de l'élevage, ceux de Gran Canaria avaient développé l'agriculture, cultivant le blé, l'orge et des pois.

Le site archéologique d'Artenara

Barbotez face au Teide

Piscinas Naturales de Agaete (plan 1, A1)

À l'est de Puerto de las Nieves, le charmant port d'Agaete (p.58), les habitués déambulent une serviette sous le bras, direction les anciennes salines ! Ici, la fougue océanique se brise sur une barrière de lave surmontée de piles de béton ménageant trois piscines naturelles de belle taille. On s'y baigne, on s'y dore, on y vient aussi bien pour de spectaculaires couchers de soleil, le pic du Teide en toile de fond ! Il ne reste plus après qu'à remonter la promenade maritime jusqu'aux excellents restaurants de poisson du village, comme le Dedo de Dios.

Salinas de Agaete Puerto de las Nieves

NOS ADRESSES

PAUSES

Authentique

El Perola

Comme on fait ici, décortiquez vos cacahuètes et jetez les épluchures par terre, au coude à coude avec les habitués, plus très jeunes, éclusant des demis. Le patron vous accueille avec bonhomie dans un décor rustique ; un lieu typique et authentique sur la place principale d'Agaete où palper l'âme canarienne.

AGAETE (plan 1, B1 n°2) Plaza Tomás Morales, 9 606 88 30 96 Mar.-ven. 12h-15h et 19h-23h, sam. 12h-2h, dim. 12h-23h

RESTAURANTS

Tradition canarienne

Dedo de Dios ♥€

C'est l'un des endroits les plus typiques de las Nieves. On aime sa terrasse affleurant la plage, un peu brute, plantée de maigres palmiers... Toute la poésie d'un port de pêche ! *Gofio*, paellas, assiettes de poisson, crevettes à l'ail... Plat 12€, menu midi 10€.

PUERTO DE LAS NIEVES (plan 1, B1 n°18) 928 89 80 00 Mar.-ven. et dim. 11h-22h, sam. 11h-23h, dim. 11h-20h

Un lieu d'exception

Locanda El Roque ♥€€€

Un des restaurants les plus magiques et les plus raffinés de l'île, pour son emplacement couronnant un rocher au-dessus d'une mer obsidienne où les vagues se chahutent, comme pour sa cuisine vibrant d'inspirations espagnoles et italiennes. Filet

Le rendez-vous des pêcheurs de Las Nieves

mignon fondant (18€), gambas ou exquis jambon de *bellota* (15€). À la carte uniquement.

EL PAGADOR (plan 1, B1 n°20) San Felipe C/ El Roque, 58 928 61 00 44 Mar.-dim. 13h-0h

SHOPPING

Un rhum plus que centenaire

Arehucas

Cette prestigieuse distillerie fondée en 1884 est la *fábrica de ron* la plus grande et la plus ancienne... d'Europe ! Utilisant majoritairement la canne à sucre locale, elle affiche une production annuelle de 4 millions de litres. La visite (en anglais ou en espagnol) révèle les modes de fabrication des rhums blanc, ambré, vieilli ou au miel.

Fûts de rhum, Arehucas

ARUCAS (plan 1, B1 n°44) C/ Era de San Pedro, 2 928 62 49 00 www.arehucas.net Juil.-août : lun.-ven. 9h-13h ; sept.-juin : lun.-ven. 9h-14h

Goûter au "fromage de fleur"

Mercado de Santa María de Guía

Le village de Santa María de Guía est réputé pour son subtil *queso de flor de Guía*, à base de lait cru de vache et de brebis caillé avec des boutons de fleur de chardon. Il est ensuite lentement affiné dans des grottes. Le goût ? Crémeux, avec des pointes d'amertume.

SANTA MARÍA DE GUÍA (plan 1, B1 n°45) Plaza Grande Dim. 8h-14h

Produits et objets artisanaux

Quesera de Guía ♥

Cette adorable boutique est dotée d'une chapelle où ont parfois lieu des événements artistiques, et d'un jardin propice à la dégustation de fromages. On y achète également des douceurs, des vins canariens et autres produits d'épicerie fine, ainsi que des poteries traditionnelles et des objets en bois.

SANTA MARÍA DE GUÍA (plan 1, B1 n°46) Casa y Ermita de San Antonio C/ Pérez Galdós 928 55 81 64 Mar.-jeu. et sam.-dim. 10h-14h

POTERIE

Si on trouve des poteries couleur terre, d'aspect assez brut, sur la plupart des marchés de l'île, elles sont surtout produites à Artenara, **Gáldar** (p.57) et Santa Brígida. L'argile, qui contient des composants volcaniques, est cuite dans des fours de plein air. Quant aux pigments d'origine minérale, appelés *almagre*, ils étaient déjà utilisés à la préhistoire !

LE CENTRE

Loin des stations balnéaires, les spectaculaires reliefs escarpés du cœur montagneux de l'île ne sont accessibles que par des routes étroites et sinueuses. C'est assurément là que vous vivrez les expériences les plus authentiques, dans ses charmants villages perchés ou sur ses sentiers de randonnées qui ménagent des vues à couper le souffle sur l'ensemble de la Grande Canarie.

À VOIR

Jardin d'Eden

Jardín Botánico Canario Viera y Clavijo 👍 (plan 1, C2)

Venez vous égarer sous les frondaisons du plus grand jardin botanique d'Espagne (27ha), dont la mission est de compiler la diversité végétale des Canaries et des îles de Macaronésie (Madère, Açores, Cap-Vert) et d'en préserver les espèces menacées. Créé en 1952 par le botaniste suédois Eric Sventenius, ce vaste jardin en terrasses est sillonné de chemins de galets, troué de grottes, parsemé de pinèdes et de massifs aux couleurs chamarrées, offrant un cadre enchanteur.

Ctra del Centro Tafira Alta (8km au sud de Las Palmas par la GC-110 Km7) 928 21 95 80
Tlj. 9h-18h (19h en été) Réservation préalable obligatoire € Entrée libre

> **BON À SAVOIR**
> Faites les lacets ! Des centaines de routes de montagnes à pic, aux virages en épingle à cheveux, sillonnent l'arrière-pays. Si le plus simple pour se rendre du nord au sud est d'emprunter l'une des deux autoroutes, passer par le centre reste conseillé pour les amateurs de paysages grandioses.

Gardienne de l'âme canarienne

Teror (plan 1, B2)

Avec son architecture typique et ses spécialités gastronomiques, Teror (12 500 hab.) se place comme un point de référence de l'identité insulaire. Son centre historique, entièrement protégé afin de conserver l'essence de l'âme canarienne, recèle un grand nombre d'édifices religieux comme le monastère del Cister ou le palais épiscopal. Sa **basilique**, ses vastes places paisibles (Plaza del Pino, Plaza de Teror) et ses petites maisons aux balcons de bois lui confèrent un charme envoûtant. Ne manquez pas la **Casa-Museo**, demeure traditionnelle au mobilier intact, ni la **Calle Real de la Plaza**, enfilade de bâtiments multicolores.

À 22km au sud-ouest de Las Palmas par la GC-23, puis GC-3 et GC-21

À NE PAS MANQUER

- Jardín Botánico Canario Viera y Clavijo
- Le site archéologique d'Artenara
- Le panorama de Tejeda
- Pozo de las Nieves
- Fataga

Teror

Basílica de Nuestra Señora del Pino (plan 1, B2)
La capitale religieuse de l'île ne pouvait que prétendre à un ouvrage de cette importance. Admirez ses portes gothiques et sa tour octogonale, ses vitraux illustrant les mystères du Rosaire et ses peintures rococo... Mais sa pièce maîtresse reste le vaste autel baroque sur lequel trône une vierge de bois (15e s.) richement vêtue, la **Virgen del Pino**, sainte patronne de l'île et l'objet d'un important pèlerinage le 8 septembre.

Plaza de Nuestra Señora del Pino, 3 928 63 01 18 Tlj. 9h-21h chapelle 1,50€ **Casa-Museo de los Patronos de la Virgen** Plaza de Nuestra Señora del Pino Lun.-ven. 11h-16h, dim. 10h-14h

Un village troglodytique

Artenara (plan 1, B2)
Le plus haut village de Gran Canaria (1 270m) est aussi un site archéologique d'exception dont les nombreuses grottes ont servi de résidence ou de lieux funéraires aux Guanches. Certaines sont toujours habitées et disposent du confort moderne ! On distingue le complexe d'Acusa et les grottes de Caballero, qui constituaient une halte pour les bergers aborigènes. À voir également la **Cueva de los Candiles**, dont les murs sont ornés d'émouvantes gravures rupestres dédiées à la féminité, et l'**Ermita de la Virgen de la Cuevita** (18e s.), lui aussi creusé dans la roche.

À 26km à l'ouest de Teror par la GC-21

On vous promet monts et merveilles

Tejeda ★ (plan 1, B2)
Ce village arrimé à 1 000m est aussi petit qu'animé. On y vient pour se détendre et jouir de la nature environnante, car il est situé près des **Caminos Reales**, des

pistes de randonnées dont les tracés furent créés par les Guanches. On en profite bien sûr pour goûter son massepain (*mazapán*) et surtout son exquise crème d'amandes, le *bienmesabe*. Le site **Cruz de Tejeda**, une croix de pierre sculptée fichée sur un col à 1 560m d'altitude, matérialise le centre géographique de Gran Canaria et offre un panorama exceptionnel. Mais la randonnée mythique est celle qui conduit au mégalithe volcanique de 80m, le **Roque Nublo**, avec ses vues sur l'océan et Tenerife... cf. Caminos Reales (p.65).

À 27km au sud-ouest de Teror par la GC-21 puis GC-230 et GC-60

Roque Bentayga

Une forteresse naturelle

Roque Bentayga (plan 1, B2)

Ce piton (1 404m) est l'une des formations rocheuses les plus symboliques de l'île, car lié à la culture guanche. Cette forteresse naturelle compte en effet plusieurs grottes creusées par les aborigènes pour leur servir d'habitat, de greniers à grains et de nécropole, et conserve des gravures et peintures rupestres. Un chemin conduit au sommet du rocher, d'où se révèle une vue imprenable. Le **centre d'interprétation du Roque Bentayga** renseigne sur le patrimoine ethnographique de la région.

À 7km à l'ouest de Tejeda

Toujours plus haut !

Pozo de las Nieves 👍 (plan 1, B2)

Planté au cœur de l'île, il en est le point culminant (1 949m d'altitude) et offre bien évidemment des panoramas à couper le souffle sur les îles avoisinantes : Tenerife, Fuerteventura, La Palma et La Gomera. La glace et la neige qui se déposaient dans ses cuvettes naturelles étaient autrefois découpées et vendues à Las Palmas. Le nom est resté.

À 13,5km au sud-est de Tejeda par les GC-15 et GC-150

Un village de montagne à deux pas de la mer

San Bartolomé de Tirajana (plan 1, B3)

Las de l'animation de Playa del Inglés ? À quelques lacets et ravines de la côte sud, le village agricole de San Bartolomé propose une alternative authentique, au cœur d'une nature foisonnante. Après avoir admiré son église et ses ruelles pavées de galets, sillonnez les chemins de randonnée alentour pour apprécier la beauté de ces paysages exceptionnels conjuguant précipices, forêts de pins, cimes et cratère.

À 23km au sud-est de Tejeda par la GC-60

Une oasis en balcon sur le ravin

Fataga (plan 1, B3)

Installé dans la "vallée des mille palmiers", Fataga est assurément un petit *pueblo* bucolique et préservé, considéré comme l'un des plus charmants de l'île. Ses maisons traditionnelles coiffées de tuiles et aux pierres cerclées de chaux émergent entre palmiers et bananiers le long d'étroits chemins. Fataga est réputée pour son artisanat (vannerie, châles).

À 7km au sud de San Bartolomé par la GC-60

Coulée verte

Barranco de Fataga (plan 1, B3)

À 7km de Maspalomas sur la GC-60, le belvédère de la Degollada de la Yegua (487m) donne sur une spectaculaire entaille du relief, un *barranco* de 16km regorgeant de cactus, d'euphorbes, de figuiers de Barbarie, de pins des Canaries et de palmiers... En tout, 80 espèces endémiques peuplent ce paradis naturel à découvrir aussi à pied ! Une excursion à dos de dromadaire est possible dans la vallée des palmiers (adressez-vous au **Camel Safari Park**). Pour d'autres points de vue magnifiques sur le *barranco*, bifurquez sur la GC-602 qui vous mènera de l'autre côté du canyon.

Prendre la GC-60 à Maspalomas **Camel Safari Park La Baranda** Lieu-dit Arteara (entre Fataga et Arteara) 650 95 17 65 www.camelsafarigrancanaria.com Lun.-sam. 9h-17h € Excursion 36€/h avec barbecue (18€ enfant)

Cimetière aborigène

Nécropole d'Arteara (plan 1, B3)

Ne manquez pas, non loin de Fataga, cette nécropole préhispanique abritant des milliers de tombes de l'époque guanche, structures tubulaires en pierres ou tumulus et qui occupe une zone de 2km de long sur 1km de large.

À 4,5km au sud de Fataga par la GC-60 638 81 05 91 www.arqueologiacanaria.com Avr.-juin, sept. : mar.-dim. 10h-14h ; oct.-mars : mar.-dim. 10h-14h Fermé juillet-août € 4€

À FAIRE

Randonnez sur les chemins royaux

Caminos Reales (plan 1, B2)

Créés par les Guanches, ces chemins étaient empruntés par les paysans et les pèlerins pour se rendre d'un village à l'autre. Le réputé **Camino de Santiago** reliait à l'origine San Bartolomé de Tirajana à Gáldar, dans le nord-ouest de l'île, mais il a été prolongé jusqu'à Playa del Inglés (comptez 3 jours pour le circuit entier). Pour ceux qui disposent de moins de temps (quelques heures à peine), une randonnée au départ de Cruz de Tejeda mène au **Roque Nublo**.

D'Artenara, prendre la GC-210 puis la GC-216 Trouvez le panneau de randonnée Difficulté : facile Dénivelé : faible

Initiez-vous à la botanique

Nature canariensis

Guide française passionnée, Valérie Deweirder-Barbier, vous accompagne à la découverte des plus beaux sites au fil de sorties naturalistes offrant une vulgarisation captivante des milieux naturels. Comptez autour de 60€/pers. pour une journée à la carte, incluant le transport, une rando de 3-4h adaptée au groupe (4 pers. max.), arrêts photos, interprétation du paysage, découverte de la flore... tout en prenant son temps !

06 36 74 76 08 www.naturecanariensis.com

> **BON À SAVOIR**
> Randonnez "tempéré" : aventurez-vous plutôt d'octobre à mars, lorsque les températures sont plus basses, pour éviter les coups de chaleur, et prévoyez toujours plusieurs types de vêtements, car il peut rapidement faire frais en altitude.

Osez la chevauchée fantastique

Centro Hípico San Mateo (plan 1, B2)

Installé en pleine nature à 30mn à peine de Las Palmas, ce centre équestre invite à découvrir des paysages de toute beauté, le long de chemins qui traversent les canyons et gravissent les montagnes. Pour conjuguer les plaisirs de la découverte et de l'équitation !

VEGA DE SAN MATEO Entrada Mirador Montaña Cabreja (25km au sud-ouest de Las Palmas) 928 66 19 32 www.vegadesanmateo.es Mar.-dim. 9h-13h30 et 16h30-19h30

NOS ADRESSES

RESTAURANTS

Cuisine artistique

Casa del Caminero €€

Si un slogan "Art, fromage et vins" vous accueille, c'est que le sympathique chef Armando est peintre. Mais il travaille également sa cuisine avec inspiration et talent dans un cadre épuré, élégant. Soupe de potiron au gingembre, *garbanzas* (ragoût de pois chiches), escalope de thon, viande de porc en sauce, glace de *gofio* accompagnée de *bienmesabe*. Tout est succulent, aromatique, généreux... Comptez 20€ avec le vin. Pas de CB.

TEJEDA (plan 1, B2 n°21) Av. de Los Almendreros, 5 609 16 69 61 Mer.-dim. 12h-21h

Une adresse pour œnophiles
Casa-Museo del Vino de Gran Canaria €€€

Quel bonheur de s'attabler sur la terrasse de cette demeure traditionnelle canarienne deux fois centenaire, au cœur de Santa Brígida. L'établissement se distingue par sa cuisine créative et, bien évidemment, ses vins de Gran Canaria, puisque le restaurant prolonge le musée. Comptez entre 25 et 40€ pour un repas complet.

SANTA BRÍGIDA (plan 1, C2 n°22) C/ Calvo Sotelo, 26 ☎ 928 64 44 84 Page Facebook ◷ Jeu. 13h-17h et 20h-0h, mer. et dim. 13h-17h ; ven.-sam. 13h-0h

SHOPPING

Vous me connaissez ?
Dulceria Nublo

Impossible de quitter Tejeda sans goûter à sa grande spécialité, le *bienmesabe*, une délicieuse pâte à base d'amandes pilées, de sucre et de jaune d'œuf, relevée d'un zeste de citron et de cannelle. On la déguste étalée sur du pain mais elle entre aussi dans la composition de certains gâteaux... que vous pourrez acheter dans cette pâtisserie renommée !

TEJEDA (plan 1, B2 n°48) C/ Dr. Hernández Guerra, 15 ☎ 928 66 60 30 ◷ Lun.-sam. 9h-20h, dim. 9h-18h

Mercadillo de Teror

Découvrir les vins locaux
Bodega Las Tirajanas

Installée à Tunte (890m d'altitude), centre administratif de San Bartolomé de Tirajana, cette *bodega* propose huit vins (rouges, blancs et rosés) au caractère affirmé, issus de divers cépages et provenant de différents vignobles. Outre l'incontournable dégustation, vous pourrez, sur demande, visiter la cave accompagné d'un guide (compter 1h, 10 euros) et suivre le processus d'élaboration du vin.

SAN BARTOLOMÉ DE TIRAJANA (plan 1, B3 n°49) Lagunas ☎ 928 15 59 78 ou 628 21 66 83 www.bodegaslastirajanas.com ◷ Lun.-ven. 10h-16h, w.-e. 10h-14h

Pour faire le plein de souvenirs
Mercadillo de Teror

Une centaine de stands pour un artisanat local original et de qualité (sculpture sur bois, poterie, vannerie, macramé, broderie, crochet) et des gourmandises salées ou sucrées : boudin noir (*morcillas dulces*), chorizo du cru, confiseries fabriquées par les nonnes...

TEROR (plan 1, B2 n°47) À côté de la basilique ◷ Dim. 9h-15h

LE SUD

Attendu l'exceptionnelle beauté des plages du sud de l'île – elles comptent parmi les plus belles de l'archipel – les promoteurs ont beaucoup construit... Il en résulte une succession quasi-ininterrompue de stations balnéaires bétonnées sans grand charme. Heureusement, la réserve naturelle des dunes de Maspalomas et le petit village de Puerto de Mogán offrent un visage plus attrayant et une alternative séduisante aux plages surpeuplées.

À VOIR

ACCÈS ET INFOS

- Les bus de la compagnie Globalsu sillonnent toute l'île et les lignes 66, 90 et 91 relient l'aéroport au sud (www.globalsu.net).
- Deux compagnies de taxis desservent l'aéroport (comptez 34€ pour Maspalomas, 50€ pour pour Arguineguín et 72€ pour Puerto de Mogán).
- Socomtaxi 928 15 47 77 www.socomtaxi.com
- Taxi Gran Canaria 828 04 80 10 www.taxigrancanaria.com
- Centre insulaire de tourisme Playa del Inglés Av. de España - Esquina Av. EEUU Playa del Inglés 928 77 15 50

Lieu de culte guanche

Cuatro Puertas (plan 1, C3)

Creusées par les Anciens dans la roche volcanique de la montagne de Bermeja, quatre ouvertures convergeant vers une chambre centrale, lieu de culte où les *faycanes*, prêtres ou conseillers, organisaient des rituels, probablement de fécondité. Au-dessus, l'esplanade circulaire servait de réceptacle pour les libations.

Telde À 6km au sud de Telde par la C-812, puis la C-816 928 13 90 50 (visite guidée)

Verte vallée

Barranco de Guayadeque (plan 1, C3)

Entre les villages d'Agüimes et d'Ingenio, cet impressionnant ravin dessine une coulée verdoyante semée d'amandiers, d'oliviers, de cactus, palmiers, pins des Canaries et d'autres espèces endémiques et rares. S'il était très peuplé durant la préhistoire, vous y goûterez aujourd'hui à une douce sérénité. La promenade mène à l'étonnant village troglodytique de la **Cueva Bermeja** ("grotte vermeille"), puis à la chapelle **San Bartolomé Apóstol**, creusée dans la roche. Ne manquez pas le **Centro de Interpretación de Guayadeque**, installé dans une grotte, et qui retrace l'histoire du *barranco*.

Guayadeque À 9km à l'ouest d'Agüimes et d'Ingenio par la GC-103 **Centro de Interpretación de Guayadeque** 928 17 20 26 Mar.-dim. 9h-17h 3€

Trop beau pour être vrai ?

Agüimes (plan 1, C3)

Ce village radieux à l'atmosphère presque irréelle bichonne son *harmonieux casco antiguo*. Églises, ermitages, maisons et ateliers colorés aux angles

À NE PAS MANQUER

- Barranco de Guayadeque
- Les dunes de Maspalomas
- Une excursion en mer à partir de Puerto de Mogán

Agüimes

incrustés de pierres apparentes et statues en bronze s'alignent sagement le long des ruelles pavées de cette ancienne seigneurie épiscopale. Sa fière **basilique** ne fut terminée qu'au 20ᵉ s., d'où ses allures à la fois néoclassiques et orientales. À l'intérieur, statues signées de l'éminent José Miguel Luján Pérez. Le **centre d'interprétation** vous livrera les clés de cet ensemble urbain médiéval et de ses évolutions architecturales.

À 25km au sud de Telde Basílica de San Sebastián Plaza Párroco Parer ⌚ Lun.-ven. 9h-13h et 17h-19h, sam.-dim. 9h30-11h30 et 17h-19h (horaires sujets à modifications) Centro de Interpretación del Casco Histórico Plaza de San Antón, s/n ☎ 928 12 41 83 ⌚ Mar.-ven. 8h30-18h ; lun. 8h30-16h, sam. 9h-13h € Entrée libre

Todo incluido

Playa del Inglés (plan 1, B4)

Clubs de vacances et hôtels s'alignent à perte de vue derrière l'immense Playa del Inglés : une concentration d'hébergements pour un tourisme de masse peu exigeant. Il est même quasi impossible de trouver un restaurant digne de ce nom ! Le Yumbo Centrum, qui compte plus de 200 boutiques, est le rendez-vous incontournable des noctambules venus faire la fête jusqu'au petit matin dans une ambiance très débridée. Il compte un ou deux bars agréables et quelques spectacles de travestis ouverts à tous, mais réunit surtout les clubs, réservés pour certains aux *gays*.

À 30km au sud d'Agüimes par la GC-1

Un bout de Sahara aux portes de la ville

Dunas de Maspalomas ★ (plan 1, B4)

Dans le prolongement de la Playa del Inglés, ces dunes de sable blond à l'exceptionnelle beauté ont miraculeusement échappé à l'avidité des promoteurs.

Dominée au sud par le **phare de Maspalomas** (55m), qui commença à clignoter en 1890, la réserve naturelle de Maspalomas (400ha) compte trois zones : les dunes, le Charca, une lagune sauvée in extremis des constructions où nichent de nombreux oiseaux migrateurs, et la palmeraie qui l'entoure. Vous pourrez les parcourir à pied ou à dos de dromadaire, et trouverez facilement quelque recoin isolé pour profiter de ce lieu magique en toute tranquillité. L'endroit attire d'ailleurs de nombreux nudistes.

Maspalomas Au sud de Playa del Inglés

Puerto de Mogán

La (toute) "petite Venise" des Canaries

Puerto de Mogán 👍 (plan 1, A4)

Ses petits ponts, ses bâtiments blancs surlignés de couleurs vives et ses explosions de bougainvilliers rendent ce port de pêche, converti en une marina plutôt chic, tout à fait plaisant. Il doit son surnom de "petite Venise" en raison de ses (modestes) canaux. La plage aménagée est assez avenante.

À 26km à l'ouest de Maspalomas par la GC-1

À FAIRE

Hissez les voiles !

Karolka Yacht (plan 1, A4)

Il serait dommage de ne pas sillonner la côte à bord d'un beau voilier. Ce yacht de 15m vous balade une demi-journée (5h) vers le sud-ouest de Mogán. Vous pourrez nager à l'abri d'une baie et peut-être apercevoir des dauphins, voire des baleines !

PUERTO DE MOGÁN Berth, 172 (en face du port, en contournant la zone de réparation des bateaux) 650 12 18 69 www.sailingcanary.com € 79€, déjeuner et boissons inclus

Prenez le large à bord d'un maxi catamaran

Super Cat Magic Vision (plan 1, B4)

Moins intime (jusqu'à 150 pers. !), ce catamaran longe la côte de Puerto Rico jusqu'à Mogán et fait escale sur certaines plages selon la météo. Départ les vendredis. Guichets sur le port. Paiement uniquement en espèces.

ARGUINEGUÍN Sur le port 928 15 02 48 Départ des excursions ven. 10h (rdv à 9h45) € 43€ (enfant 20€)

Chevauchez tel Lawrence d'Arabie

Camello Safari Duna Oasis (plan 1, B4)

Même si cela paraît un peu cliché, il est toujours agréable de visiter les dunes de Maspalomas avec une caravane !

MASPALOMAS Paseo Charca de Maspalomas (près de l'av. Oceanía) 609 52 02 33 www.camellosafari.com Tlj. 9h-14h30 12€/30mn.

Centre équestre El Salobre (plan 1, B4)

Excursions dans la région montagneuse d'El Salobre, avec vue sur les dunes ou la mer. Niveau débutant ou expérimenté. On vient vous chercher à votre hôtel à Playa del Inglés ou à Maspalomas.

EL SALOBRE C/ Islas Malvinas, 3 616 41 83 63 www.elsalobrehr.es 30€ (1h) et 49€ (2h)

Surfez à Playa del Inglés

Surf Canaries (plan 1, B4)

Cours de surf sur diverses plages, en fonction de la météo. À partir de 55€, transport et casse-croûte compris. Possibilité d'hébergement à partir de 310€ la semaine (seulement en été). Location de planche.

PLAYA DEL INGLÉS Centro Comercial Anexo II Av. Alféreces Provisionales 677 70 49 81 ou 686 21 19 96 www.surf-canaries.com Horaires d'ouverture variables, appeler avant de s'y rendre

Pédalez, pagayez, skiez, et plus si affinités

AquaSport (plan 1, B4)

Du pédalo, du kayak (10€/1h), mais également du *wake*, du parachute ascensionnel, du ski nautique, du paddle... ce centre de sports aquatiques installé à Playa del Inglés propose une large gamme d'activités.

PLAYA DEL INGLÉS Près du centre commercial Anexo II 928 56 69 94 ou 697 34 08 65 www.aquasports.es

Lézardez au soleil

Playa de Maspalomas et Playa del Inglés (plan 1, B4)

Ce long ruban de sable doré (8km) passe pour être l'une des plus belles plages du sud... si vous faites abstraction des constructions en toile de fond ! Pour les activités nautiques, dirigez-vous près du centre commercial Anexo II. Une zone est réservée aux familles, une autre aux nudistes, une autre encore aux gays (près du kiosque n°7 où flotte le drapeau arc-en-ciel).

Playa de Meloneras (plan 1, B4)

On ne peut s'y baigner au risque de se blesser gravement sur les rochers. Profitez-en pour bronzer en toute tranquillité, d'autant que le cadre est plutôt agréable, avec ses élégants aménagements à l'arrière.

À 7km à l'ouest de Playa del Inglés

Playa Montaña de Arena (plan 1, B4)

Loin des plages surpeuplées, avec sa bande de sable gris dominée par une dune un peu rocailleuse, cette plage sauvage est prisée des locaux et des nudistes !

De Maspalomas, prendre la GC-500 vers l'ouest, dépasser Pasito Blanco Marina, rouler durant 5min, repérer les deux parkings improvisés, trouver le petit chemin et le suivre durant 10min

Offrez-vous une fantaisie tropicale

Playa Anfi (plan 1, B4)

Pour une plage très aménagée, avec palmiers et sable plus blanc que blanc, où pratiquer moult activités nautiques, vous pouvez toujours choisir la plage artificielle d'Anfi, conçue par un Suédois et intégrée à un complexe touristique en *time share*. Il y a toujours des amateurs...

Barranco de la Verga Arguineguín À 16km à l'ouest de Playa del Inglés

NOS ADRESSES

PAUSES

On dirait le sud

Sunset Café ♥

Au sein d'un centre commercial “upgradé”, vous trouverez de jolis bars *lounge*, qui ont compris quelque chose au mouvement mondialisé de l'art de vivre à la plage... Au Sunset Café, sorte de promontoire d'allure *sixties* surmonté d'une voile en étoile, vous aurez aussi la vue sur le large et le coucher du soleil.

MELONERAS (plan 1, B4 n°3) Centro Comercial (1er étage) 928 14 68 59 Tlj. 9h-23h

Voir aussi **Ola Surf Bar** à Pozo Izquierdo (p.42) et **Maroa Club** à Anfi (p.42)

RESTAURANTS

Déjeuner troglodytique

Tagoror €

L'option la plus intéressante de Guayadeque est celle de Tagoror, tout au bout de la route de la vallée, qui offre une vue grandiose. Murs, tables et alcôves emplies de poteries sont sculptés dans la roche et forment un ensemble labyrinthique. On y déguste des spécialités canariennes (ragoût de chèvre, poivrons grillés, *gofio*, pain à l'ail). Menu midi 11€.

GUAYADEQUE (plan 1, C3 n°23) Montaña Las Tierras, 21 928 17 20 13 Lun.-mar. 10h-20h, mer.-jeu. et dim. 10h-0h, ven.-sam. 10h-1h

Au centre de la terre

El Centro €€

Cet autre restaurant du village de Guayadeque est tenu par un chef connu pour ses prestations télévisuelles. Vous vous laisserez bien tenter par des *pimientos de Padrón*, une *sopa de marisco*, du porc frit, de l'*arroz con lecche* ou un flan maison ! Vivez une expérience hors du commun en vous attablant dans une grotte !

GUAYADEQUE (plan 1, C3 n°24) Barranco de Guayadeque, 25 928 17 21 45 www.restauranteelcentro.com Lun.-jeu. 11h-1h, ven.-dim. 11h-2h

Table panoramique

Señorío de Agüimes €€

Installé dans une demeure bicentenaire, cet établissement dispose d'une terrasse exceptionnelle avec vue panoramique sur le sud-est de l'île. À la carte, plats traditionnels et nouvelle cuisine créative des îles. L'une des spécialités de la maison est le jambon *pata negra* cuit en croûte de sel. Comptez 20-25€ le repas.

AGÜIMES (plan 1, C3 n°25) C/ Juan Ramón Jiménez, 1 928 78 97 66 Mar.-jeu. et dim. 13h-16h, ven.-sam. 13h-16h et 20h-23h

La mer sur un plateau

La Proa-Casa Reyes €€

Parmi les restaurants du front de mer, la Casa Reyes fait la différence. Vous pouvez compter sur des poissons savoureux (18€), des croquettes croustillantes, une paella de bon aloi (20€/2 pers.), des salades, des fruits de mer... à prix décents.

MELONERAS (plan 1, B4 n°17) Centro Comercial Meloneras Playa, Local 103 928 14 24 03 Tlj. 9h-23h

Adresse de bon goût

La Bahía del Pajar €€

Un très joli emplacement pour ce petit restaurant de plage où des canots se dorent au soleil. On s'attable sous la pergola pour déguster de bons plats produits de la mer : poissons frais et crustacés, *gazpacho*, *ceviche*... Comptez 20-25€ le repas.

ARGUINEGUÍN (plan 1, B4 n°26) C/ El Pajar, 2 928 15 05 00 Jeu.-dim. 12h-21h30

Confrérie de pêcheurs

Cofradía de Pescadores €€

Un vrai resto typique, où observer le ballet des pêcheurs. Dans une ambiance très nautique, cette *cofradía* propose une large variété de poissons (merlu, thon, *cherne*), du calamar, des langoustines, etc. Préférez d'ailleurs la pêche locale, plus fraîche ! Comptez de 15 à 25€ l'assiette.

PUERTO DE MOGÁN (plan 1, A4 n°27) Callejón Explanada del Castillete (à l'extérieur du port, contournez la zone de réparation des bateaux) 928 15 09 63 Mar.-dim. 12h-23h

100% italien

N'enoteca €€€

Dans un décor d'une juste sobriété s'enchaînent des plats italiens sans reproches. Greta et Alessandro sélectionnent soigneusement leurs ingrédients pour confectionner d'irrésistibles carbonaras, des *sacchetti* au fromage et des planches de charcuterie... Une vraie alternative, pour fuir les restaurants insipides du port. Six tables seulement, pensez à réserver. Comptez 35€.

PUERTO DE MOGÁN (plan 1, A4 n°28) Local 380/381 928 56 53 57 www.nenoteca.it Dim.-ven. 18h30-22h

Puerto de Mogán

Audaces culinaires

Restaurante Nelson €€€

Un restaurant de plage qui ose la créativité, voilà qui n'est pas banal ! Cuisine canarienne revisitée, ouverte aux spécialités étrangères : *gofio* à la coriandre, tarte tatin... Pas mal du tout ! Comptez 45€ le repas.

ARINAGA (plan 1, C3 n°29) Playa de Arinaga Av. Polizón, 47 (9km à l'est d'Agüimes par la GC-100) 928 18 08 60 www.restaurantenelson.com Mer.-sam. 11h30-16h30 et 20h-23h, dim. 11h30-16h30

À 100km du Sahara qui lui souffle l'air chaud du sirocco, c'est la deuxième plus grande île de l'archipel. Que vous soyez davantage séduit par ses étonnants paysages dunaires, par l'étrange beauté de ses champs de lave, par l'authenticité de ses vieux ports de pêche ou par l'animation de ses spots de surf, vous repartirez de Fuerteventura avec l'image inoubliable de ses 150km de plages de sable blanc baignées d'eaux turquoise.

Fuerteventura

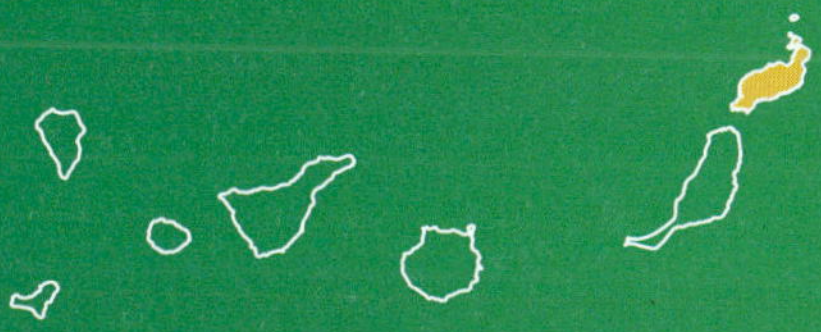

Rouleaux ou lagons bleus, Fuerteventura possède votre plage de rêve.

Plan 2

1
2
3
4
A
B
OCÉAN ATLANTIQUE
EL COTILL
ALJIBE DE LA CUEVA
PUNTA DE PASO CHICO
7
Los Molinos
ECOMUSEO LA ALCOGIDA
Aguas Verdes
Llanos de la Concepción
Valle de Santa Inés
MIRADOR CORRALES DE GUIZE
8-22
BETANCURIA
BETANCURIA 724 M
Puerto de la Peña-Ajuy
Vega de Río Palmas
GRAN MONTAÑA 708 M
Agua de Bueyes
Toto
PÁJARA
Tiscamanita
Tuineje
TESEJERAGUE
FV-605
Cardón
Juan Gopar
Puerto Nuevo
FV-618
FV-617
FV-2
Las Hermosas
La Pared
FV-56
Giniginámar
ISTHME DE LA PARED
LA LAJITA
TARAJALEJO
DUNES
FV-2
EL JABLE
COSTA CALMA
PLAYA DE BARLOVENTO DE JANDÍA
PLAYA DE SOTAVENTO
Risco del Paso
12
Cofete
PÉNINSULE DE JANDÍA
PICO DE LA ZARZA 807 M
Puerto de la Cruz
FV-2
GRAN CANARIA, TENERIFE
MORRO JABLE
PHARE DE JANDÍA
9-10-11

Restaurants (n°1 à 12)

7	Casa Pon - *p.94*	B2
8	Casa Santa María - *p.94*	B2
12	Cofete Restaurant - *p.99*	A4
6	El Moral - *p.89*	C1
11	La Laja - *p.99*	B4
1	La Playita - *p.90*	C1
4	La Vaca Azul - *p.90*	C1
10	Leo's - *p.99*	B4
5	Mahoh - *p.90*	C1
9	Mis Abuelos - *p.99*	B4
2	Rompeolas - *p.89*	C1
3	Sottovento - *p.90*	C1

Shopping (n°21 à 24)

23	Aloe Vera Fresca di Fuerteventura - *p.95*	B2
22	Finca Pepe - *p.95*	B2
21	Pulaumi - *p.91*	C1
24	Verde Aurora - *p.95*	C3

Sorties (n°30 à 34)

31	Banana Beach Club - *p.91*	C1
33	Blanco Café - *p.91*	C1
32	Buena Onda - *p.91*	C1
34	Pepe's Bar - *p.95*	B2
30	Swami Ocean Lounge - *p.91*	C1

RENDEZ-VOUS AVEC...
Les adresses de Luciano Candelotto

Restaurants

B	El Azzurro - *p.82*	C1
C	Olivo Corso - *p.83*	C1

Pauses

D	Pasticceria Mil Deseos - *p.83*	C1

SEPT BONNES RAISONS...

... de séjourner sur l'île du "printemps éternel".

LAS PLAYITAS (p.82), village au charme irrésistible, pour lézarder des heures sur la plage de sable noir et dîner les pieds dans l'eau. Paradisiaque...

CORRALEJO (p.85), pour vivre la *fuerte aventura* ! Un océan de sable, une mer turquoise...

BETANCURIA (p.92), un bijou au cœur d'une oasis verdoyante, pour musarder dans les rues.

☀ **EL COTILLO** (p.87) pour se la couler douce et savourer la *surf attitude* sur les plages comme sur les terrasses des bars et restaurants du vieux port.

☀ **PROFITER DU JUS OU DE LA PULPE DE L'ALOE VERA** (p.86), pour s'offrir une cure revitalisante. L'or vert des Canaries a mille vertus !

☀ **COFETE** (p.96)... pour sa plage, l'une des plus belles de l'archipel, immense et baignée par une mer bleu cobalt. Un spectacle grandiose au bout d'une piste éprouvante de désert de bout du monde.

☀ **ANTIGUA, SON ÉCOMUSÉE ET SES MOULINS** (p.92), pour déguster du *queso Majorero* ou du chèvre au *gofio* et devenir incollable sur la vie rurale de l'île du vent.

RENDEZ-VOUS AVEC...

Né à Milan en 1977, **Luciano Candelotto** s'est laissé séduire il y a plus de dix ans par la quiétude de Fuerteventura, une île où ses enfants grandissent à quelques mètres d'une longue plage de sable fin. Fondateur d'Aloe Vera di Fuerteventura, il loue les vertus de cette plante extraordinaire et confie son coup de cœur pour le village de bord de mer El Cotillo.

Ma petite entreprise

www.aloeveraonlineshop.com

Mon entreprise compte aujourd'hui plus d'une quinzaine de points de vente aux Canaries. Son succès est en grande partie dû à cette plante fabuleuse qu'est l'aloe vera *barbadensis miller*, cf. Au pays de l'aloe vera (p.86). Les mille vertus thérapeutiques et cosmétiques de sa pulpe soulagent bien des maux et renforcent le système immunitaire. Plus encore que sur les autres îles de l'archipel, le climat sec et ensoleillé de Fuerteventura profite à l'épanouissement de ce végétal qui concentre ainsi un maximum de propriétés.

Mon havre de paix

A El Cotillo

J'ai un faible pour ce lieu authentique et préservé qui a su rester à l'écart des sentiers battus (p.82). J'aime la partie nord de la petite station balnéaire, là où la route devient chemin de terre. Ce chemin part d'El Cotillo pour rejoindre Corralejo (compter 35-45 min de marche) ; on l'appelle "Camino de los lagos" (chemin des lacs) à El Cotillo car il est semé de piscines naturelles. Le paysage est relaxant,

il n'y a personne à part quelques adeptes de kitesurf...

38km au nord-ouest de Puerto del Rosario par la FV-10 et à 20km de Corralejo par la F-101 et la FV-10 ou le bus 8

Mon village de pêcheurs

E Las Playitas

Ce petit port, dans l'est de l'île, est un enchantement. Il fait penser à l'Italie du sud d'il y a trente ans : un village de pêcheurs joyeux, avec des enfants qui courent partout et deux petits restos de plage.

Ma cantine familiale

B El Azzurro

J'aime me rendre en famille dans ce restaurant pour le coucher du soleil et les poissons frais (le menu, original, change tous les jours). À gauche, la grande plage de los

Plantation d'aloe vera

Lagos, à droite, la naissance des piscines naturelles.

EL COTILLO Av. los Lagos, 1 928 17 53 60 www.azzurro.es Mar.-dim. 10h-0h

Ma table gourmande

C Olivo Corso

Dans ce restaurant j'apprécie l'ambiance cosy et la cuisine très originale. Le chef se concentre sur une carte assez courte et ses plats sont toujours une réussite : associations raffinées, saveurs parfaites et présentations soignées. Les prix sont un peu plus élevés qu'ailleurs (35-40€) mais les repas toujours mémorables.

EL COTILLO Calle mallorquín, 34
928 53 89 22 www.olivocorso.eatbu.com
Mar.-dim. 11h-0h

Ma pâtisserie *dolce vita*

D Pasticceria Mil Deseos

J'adore cette pâtisserie, également tenue par des Italiens ! Le propriétaire des lieux fait cela depuis toujours et sa fille prépare de délicieuses focaccias. Ils ont des douceurs et des tartes qu'on commande pour tous les événements importants, baptêmes ou anniversaires. Leur pièce maîtresse : le mille-feuille.

EL COTILLO C/ Gomera, 3
693 81 64 25 Mer.-lun. 8h-18h

SI FUERTEVENTURA ÉTAIT...

Une couleur Ce serait le brun, plus précisément 50 tonalités de brun : ici, vous pouvez vous rendre chaque jour au même endroit, votre photo ne donnera jamais le même résultat.

LE NORD

Au-delà de Puerto del Rosario, la paisible capitale de l'île, on sent bien que le continent africain n'est pas loin... En arpentant les sublimes dunes blondes du parc naturel de Corralejo, on s'y croirait déjà ! Quant aux villages disséminés dans la région, devenus pour certains le repaire des surfeurs, ils constituent d'agréables lieux de villégiature pour profiter des splendides plages alentour.

ACCÈS ET INFOS

- Bus : Tiadhe Bus Tél. 928 85 57 26 www.tiadhe.com. Ce réseau de bus relie les principales villes de l'île.
- Office de tourisme de Fuerteventura www.visitfuerteventura.es/fr. Bureau de l'aéroport : Terminal des arrivées Bureau de Puerto del Rosario : Av. Reyes de España (Paseo marítimo) Bureau de Corralejo : Av. Marítima, 16

À VOIR

PUERTO DEL ROSARIO

Soyons sincère : marquée par sa vocation industrielle, la capitale de l'île (37 000 hab.) n'affiche pas un charme évident (plan 2, C2). Quelques vieilles maisons canariennes méritent cependant le coup d'œil de même que certains édifices municipaux ou l'église Nuestra Señora del Rosario (1824), aux alentours de la Calle Primaro de Mayo. Son front de mer a également été réhabilité, notamment la plage de la ville, **Playa Chica**.

Un musée en plein air
Front de mer et Calle León y Castillo

À la faveur d'une très belle idée artistique, Puerto del Rosario s'est transformée en musée à ciel ouvert. Plus d'une centaine de sculptures enjolivent ses rues, placettes et ronds-points de la ville, symbolisant les épisodes marquants de son histoire ou illustrant des thématiques propres à l'île. Le centre historique, La Explanada, s'est ainsi vu couronné d'une fontaine célébrant la vie portuaire et les hommes qui l'ont rendue possible.

C'EST DANS L'AIR

Défilés, chars, costumes... Le carnaval bat son plein à Puerto del Rosario fin janvier ou début février, selon les années et se décline dans la plupart des villes et villages de l'île (Corralejo, Antigua, Caleta de Fuste, Pájara, Tuineje...) ¡Viva la fiesta !

Témoignages d'un exil
Casa-Museo Unamuno

Cette petite maison convertie en musée est dédiée au romancier, dramaturge et philosophe Miguel de Unamuno (1864-1936), qui y vécut très brièvement en 1924. Il s'exila à Fuerteventura, après avoir quitté l'Espagne continentale, à cause de son opposition à la dictature du général Primo de Rivera. Les quatre

À NE PAS MANQUER

- Parque Natural Las Dunas de Corralejo-Grandes Playas
- Corralejo
- La Oliva
- El Cotillo
- Isla de Lobos

Corralejo

pièces du rez-de-chaussée sont garnies de meubles d'époque et de quelques éléments ayant appartenu au philosophe.

C/ Virgen del Rosario, 11 🕒 Lun.-ven. 9h-14h € Entrée libre

LE NORD

Du soleil dans les dunes

Parque Natural Las Dunas de Corralejo-Grandes Playas ★

(plan 2, C1)

Bien que la côte en contrebas de Puerto del Rosario se révèle décevante, ce parc naturel, lui, est d'une beauté saisissante. Couvrant une zone protégée de 2 700ha, ses dunes de sable blond livrent leurs flancs lisses aux caresses du soleil, laissant poindre çà et là une végétation endémique (*brusquillas, uvillas*). On peut facilement les parcourir à pied, mais n'oubliez pas eau et protection solaire. Les sublimes criques et étendues sableuses de **Grandes Playas** (p.88) permettent différents choix de baignade sur 9km.

Corralejo 23km au nord de Puerto del Rosario par la FV-1

Une conversion touristique réussie

Corralejo 👍 (plan 2, C1)

La deuxième ville (13 000 hab.) de l'île n'a certes pas échappé au développement d'une zone touristique, mais la ville originelle dégage un charme fou, notamment autour de ses ruelles proches du front de mer. La Playa la Clavellina est tout indiquée pour les enfants ; les pêcheurs lancent leur ligne ; les bars vibrent d'une bonne énergie et les tables ont le style gourmet. La cote d'amour est telle que de nombreux fidèles y reviennent chaque année !

33km au nord de Puerto del Rosario

AU PAYS DE L'ALOE VERA

Le vert argenté de l'aloe vera fait partie intégrante du paysage canarien. De fait, l'archipel en est le plus gros producteur de l'UE, cette plante adaptée aux milieux arides trouvant sur ses îles volcaniques un terrain propice. Un atout de taille tant cette liliacée recèle de vertus ! Anti-inflammatoire, cicatrisante, coagulante, antiseptique, apaisante, elle est aussi bien indiquée pour les problèmes de transit intestinal et de reflux gastrique que pour les coups de soleil. C'est la pulpe extraite de ses feuilles qui fait son intérêt. Un or vert, exploité ici depuis vingt ans à peine, au travers notamment de toute une gamme de cosmétiques (crèmes hydratantes, antirides…). Les Canaries comptent près de 300 producteurs, souvent bio, comm les plantations d'Aloe Vera Fresca (p.95) et de Verde Aurora (p.95), à Fuerteventura. D'une grande pureté, la pulpe de l'aloe vera canarien est l'une des meilleures au monde et son gel se consomme aussi sous forme de boisson tonique… Santé !

L'exploitation Savimax, à Valles de Ortega

Ancienne capitale

La Oliva (plan 2, C1-C2)

À voir un jour de marché (mardis et jeudis matins) ! De son glorieux passé de centre politique de l'île, entre le 17e s. et le 19e s., la ville conserve quelques bâtiments intéressants comme l'**Iglesia Nuestra Señora de Candelaria** (18e s.), repérable à sa haute tour carrée en pierre volcanique. La **Casa de los Coroneles** (Maison des Colonels), où siégeait le gouvernement militaire, est une bâtisse massive crème aux balcons de bois ouvragés ; elle accueille aujourd'hui des expositions d'art. La **Casa Mané** héberge quant à elle le très dynamique Centro de Arte Canario, qui met à l'honneur des artistes peintres, sculpteurs ou céramistes canariens. À savoir, le village de Villaverde (à 4km au nord) compte plusieurs hôtels et restaurants.

3km au sud-ouest de Corralejo par la FV-1 puis la FV-102 3km au sud-ouest de Corralejo **Iglesia Nuestra Señora de la Candelaria** Plaza La Iglesia ⏲ Tlj. 9h-19h **Casa de los Coroneles** C/ Coroneles, 28 ☎ 928 86 82 80 www.lacasadeloscoroneles.org ⏲ Mar.-sam. 10h-20h € 3€ **Centro de Arte Canario-Casa Mané** C/ Salvador Manrique de Lara ☎ 928 86 82 33 www.centrodeartecanario.com ⏲ Lun.-ven. 10h-17h, sam. 10h-14h € 5€

Havre de paix

El Cotillo (plan 2, C1)

Quel plaisir de goûter autour d'un verre à la tranquillité de ce minuscule village de la côte nord-ouest de l'île et à celle de son pittoresque port de pêche artisanal, sur lequel semble veiller la **Torre del Tostón**. Classé monument historique et artistique, cet édifice circulaire et trapu (18e s.) sert de lieu culturel et d'expositions. El Cotillo est aussi une base arrière des amoureux de la vague, qui apprécient la proximité de ses longues plages sauvages – cf. Aljibe de la Cueva (p.88) – et plus particulièrement le spot appelé Spew Pits.

38km au nord-ouest de Puerto del Rosario **Torre del Tostón** ☎ 928 86 62 35 (OT de Corralejo) ⏲ Juin-sept. : mar.-sam. 10h-18h € 1,50€

Robinsonnade sur une île déserte

Isla de Lobos (plan 2, C2)

Les Robinsons d'un jour mettront le cap sur ce trésor volcanique inhabité de 14km de périmètre, visible depuis la pointe septentrionale de Fuerteventura. Classé réserve naturelle, véritable havre de paix pour les oiseaux, il est sillonné de sentiers balisés pour ne pas menacer à la survie des espèces et l'écosystème. Vous pourrez lézarder sur plusieurs plages, dont la **Playa de la Arena** dominée par le **phare de Martiño** (1863) et piquer une tête dans le *charco* de **Puertito** (p.88). Les sportifs opteront pour l'ascension de la **Montaña de La Caldera** dont le sommet culmine à 127m (la montée est raide, prévoyez des chaussures de marche, de l'eau et de la crème solaire). Un seul restaurant (paella et friture de poisson, réservez impérativement) sur l'île, au Puertito.

À 10min de Corralejo en ferry Premier aller à 10h, dernier retour à 18h (17h de mi-oct. à mi-juin) ☎ 616 98 69 82 www.navieranortour.com € 15€ adulte, 9€ enfant (AR) **Taverne de Lobos** ☎ 928 879 653

À FAIRE

Jouez avec les vagues

Playa del Pozo, Playa del Médano, Playa del Viejo
(plan 2, C1)

Cette succession de plages, parfois désignée sous le nom de **Flag Beach**, forme une vaste étendue ventée, spot idéal pour la planche (sauf pour les débutants).

Playa del Pozo

Island Boarders (plan 2, C1)

Cette école de surf est l'une des plus établies. Elle propose des cours à 185€/2 j. pour le kitesurf et 280€/3j. pour du windsurf, 125€/j. pour des cours de surf.

CORRALEJO 928 86 63 89 (bureau) Centre sur la plage 609 02 98 04 Été : tlj. 10h-19h ; hiver : tlj. 10h-17h

7island Surf (plan 2, C1)

Location de planches (15€/j.), cours de surf (50€/j.) et possibilité d'hébergement dans une *guesthouse*, en chambre commune (245€/pers./5j) ou privative (290€). Réservation par Internet uniquement.

CORRALEJO C/ Tarajal, 27 928 34 50 73 ou 626 93 39 79 www.7islandsurf.com

Piquez une tête dans le grand bleu, cachez-vous dans les dunes

Aljibe de la Cueva (plan 2, C1)

Au nord d'El Cotillo, des plages immaculées baignées d'eaux calmes peu profondes tranchent sur la pierre volcanique. Les plus petites attirent les naturistes. L'une des plus belles, Aljibe de la Cueva, est située quant à elle juste au sud d'El Cotillo. Longue de plus de 1km, large de 30m et très venteuse, son cadre intact combine falaises et sable fin.

EL COTILLO

Grandes Playas (plan 2, C1)

Classé et vraiment magnifique, le rivage, mangé par la route, laisse cependant peu de place aux baigneurs... Mais alors que le littoral est parfois très encombré à Fuerteventura, on apprécie cette superbe étendue vierge – cf. Parque Natural Las Dunas de Corralejo (p.85). Plusieurs options de baignade sur 9km : d'immenses plages aménagées pour pratiquer des sports nautiques ou bien de petites criques de sable où se cacher en amoureux derrière les dunes.

CORRALEJO

Barbotez dans une piscine naturelle

El Puertito (plan 2, C1)

Baignade à la Crusoë sur l'île de Lobos (p.87), et plus spécialement sur son littoral sud-est, dont les échancrures rocheuses d'un noir d'ébène jouent les digues naturelles et dissimulent une vaste piscine d'eau de mer cristalline,

SENSATIONS FORTES

Les surfeurs viennent en nombre chercher le grand frisson à Fuerteventura et profiter des puissants rouleaux de la pointe nord. La meilleure période s'étend de novembre à mars, quand les vagues atteignent jusqu'à 4m. Au top des spots : Los Lobos, Punta Blanca, El Cotillo, Esquinzo, Rocky Point, Bristol, El Muelle, Acid Drop, The Bubble, Generosa, Majanicho, Hierro, Mejillones. À vos planches, prêts, "ridez" !

particulièrement tiède ! Suffisamment profonde pour s'y baigner et même sortir son tuba. Pour se sentir seul au monde (pas d'équipement), avec pour seul horizon l'océan saphir... À conclure par la balade qui fait le tour de l'île !

Isla de Lobos À 5min de l'anse servant de port d'arrivée et de la taverne du port

Galopez cheveux au vent

Crines del Viento (plan 2, C2)

Dans le village de Triquivijate, ce centre équestre propose des excursions pour tous niveaux, notamment celle de Malpaís Grande, au cœur de superbes espaces volcaniques.

C/ Triquivijate, 119 Triquivijate À 13km au sud-ouest de Puerto del Rosario ☎ 678 21 31 08 www.crinesdelviento.es € 25€/1h, 45€/2h, 80€/5h

Découvrez l'île à la force des mollets

Easy Riders (plan 2, C1)

Vous pouvez louer des vélos de course et des VTT (à partir de 7€/j.) ou suivre une de leurs quatre excursions (de 20 à 80km). L'une d'elles se déroule sur l'île de Lobos, une autre à Fuerteventura, dans la grotte d'El Llano, l'un des plus grands tunnels de lave au monde.

Hotel Atlantis Fuerteventura Resort C/ Las Dunas, Local 2 Corralejo ☎ 928 86 70 05 ou 637 40 82 33 www.easyriders-bikecenter.com ⏲ Tlj. 10h-13h et 18h-20h

NOS ADRESSES

RESTAURANTS

Refuge gastronomique

El Moral €

On se sent bien dans ce petit restaurant d'allure rustique baigné de lumière. La cuisine canarienne y est dignement représentée avec des spécialités comme les *huevos amarrados* (tortilla au chorizo) ou les aubergines frites au miel et au fromage. Les becs sucrés se délecteront du *polvitos* (gâteau de biscuit, crème et caramel) ou de riz au lait de chèvre. Un sans-faute ! Plats 7-16€, desserts 3-6€.

VILLAVERDE (plan 2, C1 n°6) Carretera General, 94 ☎ 928 86 82 85 ⏲ Mar.-sam. 12h30-23h, dim. 12h30-16h

Maison de pêcheurs

Rompeolas €€

Le charme de l'endroit ne réside pas que dans ses baies vitrées ouvrant sur la mer et son ambiance maison de pêcheur blanche et turquoise, mais aussi dans les assiettes où poissons grillés et crustacés sont délicieusement préparés. Langoustines, homards, crevettes sautées à l'ail, ou encore chevreau confit à l'huile (la spécialité du chef !), truffes glacées au chocolat et tiramisu feront votre bonheur... Comptez 35-45€ les 3 plats avec du vin.

CORRALEJO (plan 2, C1 n°2) Muelle Chico C/ Delfín, 1 (Paseo Marítimo) 928 85 41 52 Jeu.-mar. 12h-22h30

Les pieds dans l'eau

La Playita €€

De délicieuses crevettes à l'ail saisies dans l'huile, une *parrillada* de la mer, des poissons en croûte de sel, des assiettes de tapas... On ne demande pas mieux que cette cuisine du large, traditionnelle et de bonne tenue. Repas environ 20-25€.

CORRALEJO (plan 2, C1 n°1) C/ Colón 928 53 63 71 Tlj. 10h-23h30

Sur les braises

Mahoh €€

Le cadre rustique de ce restaurant annonce une carte traditionnelle proposant viandes et saucisses mais aussi du poisson, le tout cuit à la braise et généreusement servi. Suggestions d'entrées (4-13€) et de plats (10-18€) : le *pastel de vieja* ou les calamars au *mojo negro*, le chevreau grillé ou les côtes d'agneau.

VILLAVERDE (plan 2, C1 n°5) Sitio de Juan Bello 06 61 38 80 66 www.mahoh.com Tlj. 12h30-23h

Cuisine italienne face à l'océan

Sottovento €€

Bruschetta, salade de poulpe, raviolis, spaghettis ou risotto aux fruits de mer, à accompagner d'un cru italien

Buena Onda

(18€ env.). Service attentif et sentiment de plénitude assuré, surtout quand le coucher de soleil embrase l'horizon ! Comptez 20-25€ le repas, vins italiens 18€ env.

EL COTILLO (plan 2, C1 n°3) C/ Gran Canaria (face à la plage) 928 53 87 77 Tlj. 12h-22h

La vache, du poisson !

La Vaca Azul €€

Derrière cette vache bleue visible de loin, se cache l'un des meilleurs restaurants du coin, tenu par un Français originaire du Var. Cuit à la plancha, servi avec une sauce *mojo*, le poisson, dont la maison s'est fait une spécialité, est simplement délicieux (comptez 25-30€/pers. avec le vin). En prime, une vue incroyable sur l'océan et le vieux port de pêche d'El Cotillo.

EL COTILLO (plan 2, C1 n°4) C/ Requena, 9 Muelle Viejo 928 53 86 85 www.vacaazul.es Tlj. 12h30-22h

Voir aussi **El Azzurro** (p.82) et **Olivo Corso** (p.83)

SHOPPING

Déferlante de tee-shirts

Pulaumi

L'Italienne Ilaria et la Slovaque Michala ont développé leur marque de surfwear à la portée de tous. Inspirés par la houle, comme toute la jeunesse de Corralejo, leurs sweats à capuche, robes, tee-shirts, sacs de plage... mais aussi toute une gamme pour bébé et enfants, se présentent en tons pastel faciles à vivre, et dans un coton très doux. On craque pour les motifs cactus rappelant la végétation de l'île ! Environ 20€ le tee-shirt.

CORRALEJO (plan 2, C1 n°21) C/ La Pinta, 3
633 585 740 Lun.-sam. 10h-13h et 17h-20h

Voir aussi **Pasticceria Mil Deseos** (p.83).

SORTIES

Un *drink* au bord de l'eau

Swami Ocean Lounge

Quoi de plus agréable que de siroter un cocktail bien frais en contemplant les vagues ? Daiquiris, mojitos et autres sur la plage de Corralejo, presque à fleur d'eau. On peut aussi déjeuner sans façon de club-sandwichs, salades et snacks divers (6-15€).

CORRALEJO (plan 2, C1 n°30) C/ Marítima, 7
928 53 73 51 Tlj. 10h-0h

Surf Culture

Banana Beach Club

Attablez-vous sur l'adorable terrasse face à la mer pour observer le ballet d'éphèbes en shorts hawaïens ou autour des grandes tables en bois, un œil sur un film de glisse. Les cocktails ne déçoivent pas et les assiettes fusion surprennent agréablement. Burger alléchant, poulet au curry et dessert au caramel sont gourmands à souhait. Comptez 15€ le déjeuner.

CORRALEJO (plan 2, C1 n°31) Av. Marítima, 3
649 81 62 04 Été : tlj. 12h-3h ; reste de l'année : tlj. 18h-3h

Avec les *riders* des mers

Buena Onda

Référence de la vie nocturne locale, ce bar de surfeurs distille une ambiance franchement amicale, quoique plutôt réservée aux moins de 30 ans... Bières (2,50€), mojitos (cocktails de 3 à 11€) et grignotages simples pour 5-8€. Des DJ jouent du jeudi au samedi.

CORRALEJO (plan 2, C1 n°32) C/ La Niña, 3
928 53 50 77 Mar.-dim. 12h15-2h

Lounge bar à l'italienne

Blanco Café

Une chouette atmosphère méditerranéenne en plein Atlantique ! Poufs multicolores et canapés sont disposés dans une rue animée et ensoleillée de cet aimable port de pêche, pour y croquer des *bruschette* et savourer des cocktails comme à Milan. L'intérieur a quant à lui des allures de taverne grecque. Le vendredi soir, buffet gratuit à partir de 20h30, vous ne payez que les boissons !

CORRALEJO (plan 2, C1 n°33) C/ La Iglesia, 27
928 53 53 30 Mer.-dim. 18h-2h

LE CENTRE

Quelle belle surprise que cette région, délimitée par les villages de Valle de Santa Inés, Vega de Río Palmas et l'ancienne capitale de Fuerteventura, Betancuria ! Tandis que l'île déroule plus volontiers de grandes étendues arides, elle déploie ici des vallées et des gorges égayées de palmiers, d'arbres fruitiers et d'une flore profuse.

À VOIR

Village colonial

Betancuria (plan 2, B2)

Nichée au cœur de terres ingrates, dans une oasis de verdure hérissée de palmiers, la première capitale de l'île entretient la nostalgie de son glorieux passé et ses bâtiments d'un blanc immaculé ont conservé toute leur beauté. Édifice le plus emblématique de la ville, rebâtie au milieu du 17e s., l'**Iglesia de Santa Maria de Betancuria** renferme notamment un plafond à caissons (*artesonado*) mudéjar et un retable baroque or et polychrome. Seuls 800 habitants peuplent ce joli village fleuri, mais on y compte des acteurs du tourisme rural dévoués : restaurants fins, bars à vins branchés, échoppes bien garnies... La quintessence d'un agrotourisme parfaitement abouti.

28km au sud-ouest de Puerto del Rosario Iglesia de Santa María Plaza de Santa María de Betancuria, 1 928 54 96 04 (mairie) Tlj. 10h-16h 1,50€

ACCÈS ET INFOS

- Bus : Tiadhe Bus Tél. 928 85 57 26 www.tiadhe.com. Ce réseau de bus relie les principales villes.
- Taxi : Société Coopérative C/ Teresa López, 39 Puerto del Rosario Tél. 928 85 02 16 www.taxisfuerteventura.es. Ils desservent toute l'île. Padrón Ruiz C/ San Diego de Alcalá, 2 Betancuria Tél. 928 87 80 94
- Office de tourisme de Fuerteventura. Bureau de Betancuria C/ Amador Rodríguez, 6 Tél. 928 54 96 04 www.visitfuerteventura.es

DRÔLE D'HISTOIRE...

Malgré la sécheresse de son climat, l'île possède un précieux cheptel caprin de race autochtone. Dans l'Antiquité déjà, ses premiers habitants utilisaient la peau de chèvre pour fabriquer leurs chaussures, qu'ils appelaient *maho*, d'où leur nom, Mahoreros ou Majoreros. Aujourd'hui, l'AOC *queso majorero* désigne un fromage de chèvre apprécié dans toute l'Europe.

Moulin à *gofio*

Molino de Antigua-Museo del Queso Majorero (plan 2, C2)

Antigua, l'une des plus anciennes villes de Fuerteventura (mais pas la plus développée), occupe une plaine située à 200m au-dessus du niveau de la mer. Exposée au vent, elle possède de nombreux moulins où était traditionnellement broyé le maïs pour obtenir le *gofio*. Implanté au sein d'un jardin de cactus et de palmiers, celui-ci a été totalement restauré. On trouve sur le même site

À NE PAS MANQUER

- Betancuria
- Les sentiers verdoyants de Pájara
- Salinas del Carmen

Antigua

un centre artisanal (broderie, vannerie, chapeaux, etc.) et le musée du fromage qui présente le terroir, la tradition d'élevage et la culture fromagère de l'île.

11km à l'est de Betancuria 928 87 80 41 Mar.-dim. 10h-18h Musée 4€ (+moulin 11,50€)

Paisible oasis

Pájara (plan 2, B3)

Un agréable village dont on apprécie la quiétude dans la rue principale, ombragée d'arbres hauts qui lui confèrent une certaine fraîcheur. L'impressionnant portique de l'église affiche des traces de polychromie et des motifs d'inspiration aztèque (soleils, plumes, serpents), ainsi qu'une trinité de chefs indiens, des jaguars, des serpents... À l'intérieur, admirez le plafond de bois sculpté, la vierge d'origine mexicaine et, surtout, l'autel baroque scintillant de dorures.

À 16km au sud de Betancuria Iglesia de Nuestra Señora de Regla (plan 2, B3) Offices Ouvert jeu. 19h, ven. 20h, sam. 12h Entrée libre

Une exploitation ancestrale

Salinas del Carmen (plan 2, C3)

Beau décor que ces dizaines de bassins d'eau saumâtre parés de teintes sans nom (les *tajos*) et leurs monticules coniques uniformément blancs... Les salines de Carmen (1801) sont les dernières encore en activité sur l'île et ce site artisanal produit 300 à 400t de sel par an. Le **Museo de la Sal** vous en apprendra plus sur l'histoire du sel et son exploitation. N'oubliez pas de rapporter une petite boîte de ce sel artisanal, moins chargé en iode que la plupart, mais davantage en minéraux, magnésium, sulfates et phosphates.

Caleta de fuste 20km à l'est d'Antigua Museo de la Sal (plan 2, C3) Ctra. Salinas 928 17 49 26 Tlj. 10h-18h (dernière visite à 17h) 6€

À FAIRE

Randonnez par monts et par vaux

De Toto à Vega de Río Palmas (plan 2, B3)

Ce Camino Real (chemin des rois) au départ de l'ermitage San Antonio de Padua mène à l'Iglesia de la Virgen de la Peña, via le ravin de Teguereyde.

Durée 2h30 env.

De Valles de Ortega à Tiscamanita (plan 2, B3-C3)

Cet itinéraire passe par Casillas de Morales, en suivant le Camino de Los Areneros, longeant la face ouest du cratère de la Gairía.

Durée 2h30 env.

De Tiscamanita à Toto (plan 2, B3)

Ce circuit part de la Degollada del Cortijo, passe la ferme de Tetui et suit la Vega Vieja. Sur la route, vous trouverez les moulins de Tiscamanita et l'ermitage San Marcos.

Durée 2h20 env.

D'Antigua à Valles de Ortega (plan 2, C2-C3)

De l'église Nuestra Señora de Antigua, suivez le Camino de las Cruces, parallèle à la route principale. Jadis emprunté par les paysans qui partaient moudre les céréales pour le *gofio*, il serpente entre les moulins de la région.

Durée 1h30 env.

NOS ADRESSES

RESTAURANTS

Les pieds dans l'eau

Casa Pon €

Tous les Canariens se redonnent l'adresse : on va à Los Molinos rien que pour ça. La route se termine dans une petite baie bordée de rochers sombres où moutonne une végétation basse, où des canards blancs barbotent dans un plan d'eau. Et là, accrochée à la pierre, une petite bicoque blanche avec terrasse lorgne sur la mer, la plage de galets noirs en contrebas. On s'assoit sur des chaises rouges en plastique devant des tables sans nappes, accueil un peu rustique. Mais c'est pour mieux se concentrer sur les trésors de la mer comme ces berniques à l'ail préparées minute, ces crevettes frites, cette *vieja* grillée... Basique mais typique et perdu au bout du monde comme on aime. Plat du jour 10€.

LOS MOLINOS (plan 2, B2 n°7) Caseno Puertito de Los Molinos 654 93 11 81 Lun.-ven. 10h-18h, sam.-dim. 10h-19h (22h l'été)

Cuisine fusion

Casa Santa María ♥€€

Le cadre est remarquable : murs en pierres apparentes, portes ouvragées, lumières tamisées, patios envahis de végétation... La cuisine se veut quant à elle volontiers créative, avec un *cabrito al horno* (chevreau au four au romarin), des crevettes à l'aïoli, de la sole au vin blanc ou du magret de canard sauce madère... Menu du jour à 22€, sinon comptez 25-40€ à la carte.

BETANCURIA (plan 2, B2 n°8) Plaza Santa María, 1 928 87 82 82 www.casasantamaria.net Lun.-sam. 10h-17h30 Cuisine ouverte 12h-16h

SHOPPING

Fromage de chèvre *majorero*

Finca Pepe

Que de chevrettes dans cette grande ferme exploitée depuis trois générations et qui accueille aussi des ânes, et des dromadaires ! On y trouve différentes préparations de fromages de chèvre, salés ou non, au paprika, au *gofio* ou fumés, ainsi que des alcools au lait caprin, des gâteaux... Fromages à partir de 4€ la portion. On peut assister à la fabrication entre 9h et 12h.

BETANCURIA (plan 2, B2 n°22) Granja la Acaravaneras 928 87 81 64 www.fincapepe.com 8h-20h

Atout bien-être

Aloe Vera Fresca di Fuerteventura

Liliacée du désert, l'aloe vera n'est pas un cactus, mais une plante renommée pour les composants du gel gluant contenu dans ses feuilles : 13 vitamines, 16 enzymes, 13 substances minérales, 21 aminoacides. Aide à la cicatrisation, effet apaisant... les cosmétiques et soins divers revendiquent de nombreuses propriétés. La boutique propose, en outre plusieurs produits bio.

BETANCURIA (plan 2, B2 n°23) C/ Roberto Roldán, 6 663 18 88 93 www.aloeveraonlineshop.com Tlj. 10h-18h

Ors verts

Verde Aurora

Une plantation familiale d'aloe vera bio et d'oliviers ! Gamme très complète de cosmétiques naturels à base d'olives et d'aloe vera et visite enjouée.

MALPAÍS GRANDE (ANTIGUA) (plan 2, C3 n°24) Tenicosquey, 7 659 61 08 44 www.verdeaurora.com Lun.-sam. 10h-18h

SORTIES

Bar à vins gourmet

Pepe's Bar ♥

Perché sur un tabouret de ce séduisant bar à vins (tous soigneusement sélectionnés), vous grignoterez de l'excellent jambon fumé, du fromage de chèvre ou des plats simples mais gourmets (assiette 5-7€, menu du jour 10€). Pepe's Bar est un lieu de rencontre où l'on aime discuter, raconter ses voyages... Et lorsque Pepe vient pousser la chansonnette, le plaisir est total !

BETANCURIA (plan 2, B2 n°34) C/ Juan de Bethencourt, 2 638 80 27 80 17h-23h

LA PÉNINSULE DE JANDÍA

Pointe sud-ouest de l'île à laquelle elle est reliée par l'isthme sablonneux de La Pared, la péninsule de Jandía est en grande partie classée parc naturel pour la richesse de sa faune aviaire. C'est dire la beauté sauvage de ce lambeau de terre qui abrite notamment les plus belles plages de Fuerteventura.

ACCÈS ET INFOS

- Bus : Tiadhe Bus Tél. 928 85 57 26 www.tiadhe.com. Cette compagnie relie les principales villes de l'île.
- Taxi : Francisco Pérez Saavedra C/ Guanchinerfe, 8 Morro Jable Tél. 928 54 10 37
- Office de tourisme de Fuerteventura-Bureau de Morro Jable Centro Comercial Cosmo Av. El Saladar Tél. 928 54 07 76 www.visitfuerteventura.es

À VOIR

Bien qu'aride, Fuerteventura s'enorgueillit d'une très riche biodiversité, notamment marine. Reconnue en 2009, la réserve couvre l'ensemble de l'île et englobe quelques kilomètres d'océan à partir de la côte. En tant que plus ancienne île de l'archipel (23 millions d'années), elle constitue un poste d'observation privilégié pour étudier la faune et la flore de la Macaronésie.

La station du sud

Morro Jable (plan 2, A4)

À voir les nombreux hôtels qui accaparent la falaise et la marina en effervescence, on a du mal à imaginer que cet ancien village de pêcheurs ne comptait jadis pas plus de 200 âmes. Heureusement, la ville s'étirant sur plus de 1km, il est encore possible de goûter à la sérénité des ruelles du centre historique et de bénéficier d'endroits préservés le long de son front de mer, agréable à parcourir. Sur la belle **plage de Mattoral**, le **phare de Morro Jable** indique la démarcation : naturistes à l'est et "textiles" à l'ouest.

À 90km de Puerto del Rosario

Au bout du monde

Cofete 👍 (plan 2, A4)

C'est l'un des paysages les plus éblouissants de Fuerteventura. De Morro Jable, dans la partie occidentale de la péninsule, un fin ruban d'asphalte (sans barrière de sécurité !) sillonne d'immenses montagnes de lave noire jusqu'au paisible village de Cofete. À déconseiller la nuit et aux conducteurs peu expérimentés : empruntez plutôt le service de bus (*guagua*) mis en place par la municipalité de Morro Jable. Au terme de la route vous attend un panorama époustouflant : une interminable plage totalement vierge, s'étirant sur 14km de longueur et 60m de largeur et où se fracassent les puissants rouleaux de l'océan. Dangereux pour les nageurs, le site attire nombre de surfeurs. On tombe facilement amoureux aussi du modeste village de Cofete, au bout de

👍 **À NE PAS MANQUER**
- La plage de Cofete
- Risco del Paso

Playa Barlovento, Cofete

nulle part, agrégat de petites *casas* où les touristes ne s'attardent pourtant pas vraiment.

20km au nord de Morro Jable © De Morro Jable, un petit bus 4x4 fait la navette 2-3 fois par jour jusqu'à Cofete (8,70€ l'aller)

À FAIRE

Partez pour un *ride* en windsurf

René Egli (plan 2, B4)

La plage de Sotavento bénéficie des phénomènes venteux propices à la pratique des sports de glisse, mais il faut être assez expérimenté pour se lancer. Pour le surf, le windsurf, le kite ou le funboard, adressez-vous à René Egli : 1 000 voiles, 450 planches, 650 kites... vous ne risquez pas de tomber en panne de matériel ! L'agence assure cours et service de location. Centre de kite au bord de la lagune, dans le jardin en face de l'hôtel Meliá. Centre de planche à voile à 200m du même jardin. Équipes volantes sur le reste de la plage.

COSTA CALMA Playa Sotavento 📱928 54 74 83 www.rene-egli.com/fr

Observez la faune locale

Parque Natural de Jandía (plan 2, A4-B4)

Le parc naturel de Jandía a été classé Zone spéciale de protection des oiseaux (ZEPA) afin de protéger les nombreuses espèces migratrices. Dans ce paysage de dunes, on peut observer des aigrettes, buses, bécasses, outardes, aigles pêcheurs, faucons et, surtout, le vautour percnoptère, volatile sédentaire aux Canaries.

Crèche de Morro Jable (plan 2, A4)

L'île se mobilise pour la réintroduction et la protection de la tortue caouanne (*Caretta caretta*) en voie de disparition. Durant l'année, des bénévoles s'occupent d'enterrer dans le sable de Cofete des œufs provenant de l'île de Boa Vista, au Cap-Vert, et de récupérer les nouveau-nés après l'éclosion. Ils sont ensuite élevés dans une crèche située à Morro Jable, qu'il est possible de découvrir. Notez toutefois qu'il ne s'agit pas d'un lieu de visite à proprement parler, la discrétion est donc de rigueur. En août, les bébés tortues sont libérés sur la plage de Cofete. Assistez donc à ce grand moment !

MORRO JABLE Esplanade du port ◷ Lun.-ven. 10h-13h

Playa de Sotavento

Offrez-vous un sommet

Pico de la Zarza (plan 2, A4)

Point culminant de l'île (807m), son pinacle se mérite, mais vous serez récompensé par de belles vues sur les étendues majestueuses de Cofete ! Comptez 5h de marche sur un sentier de plus de 6km aller, parfois assez abrupt. Prévoyez boissons et ravitaillement.

MORRO JABLE Départ : rond-point de Morro Jable, puis gagner le Barceló Hotel qui marque le début de la randonnée. Itinéraire : suivre la route jusqu'à la fourche, et prendre à droite jusqu'au centre de traitement des eaux. Un chemin de terre part sur la droite

Piquez une tête

La Playa de Sotavento et le Risco del Paso 👍 (plan 2, B4)

Cette immense plage de la façade orientale de l'île s'étend sur une quinzaine de kilomètres entre **Costa Calma** et le sublime **Risco del Paso**, parc naturel doté de magnifiques dunes de sable piquetées de cailloux de lave et recouvrant l'isthme de **La Pared**. Léché par l'océan ici peu profond, l'endroit est parfait pour se baigner. Plus loin, les zones davantage aménagées vous mettront en contact avec des clubs de sports nautiques.

NOS ADRESSES

RESTAURANTS

Tapas en terrasse

Mis Abuelos €

On s'en voudrait de ne pas goûter à ces tapas, parmi les meilleures qui soient, car Manolo est un spécialiste ! Mettez-vous à table en terrasse dans la rue calme, et découvrez une symphonie de mets. Délicieux *pimientos de padrón* (poivrons au sel), *albóndigas* (boulettes de viande), *churros de pescado*... À l'intérieur, déco et ambiance sans chichis. Tapas à partir de 3,50€, comptez 15€ pour un repas.

MORRO JABLE (plan 2, B4 n°9) C/ Nuestra Señora del Carmen, 1 📱928 16 62 96 🕒Mar.-sam. 11h-16h et 19h-22h45

Petite terrasse

Leo's €€

Une terrasse agréable qui donne sur la mer, un service à l'ancienne très attentif... On leur pardonne même les chansons de Mike Brant délivrées par les enceintes. Dans les assiettes, poissons sympathiques et moules à l'ail ; intérieur au diapason de l'interprétation années 1980 du concept rustique. Plats 8,80-18,90€.

MORRO JABLE (plan 2, B4 n°10) Paseo Marítimo 📱928 54 07 24 🕒Tlj. 11h-23h (22h en hiver)

Cuisine de bord de mer

La Laja €€

C'est l'un des meilleurs restaurants du coin, à l'extrémité de la promenade piétonne de Morro Jable, accroché au rocher comme une petite bicoque de pêcheurs aux murs de pierre cernés de blanc, quasi les pieds dans l'eau. On y savoure des produits de la mer particulièrement réussis, que vous pouvez choisir avant la commande ! Salade de poulpe, petite friture, sole, paella... une cuisine simple, mais qui vaut le détour. L'un des meilleurs restaurants du coin ! Poisson grillé 15€. Comptez autour de 22€ pour un repas, verre de vin compris.

MORRO JABLE (plan 2, B4 n°11) Av. Tomás Grau Gurrea 📱928 54 20 54 🕒Tlj. 12h-22h30 (23h l'été)

Un amour de resto

Cofete Restaurant ♥€€

Perdu dans ce village tranquille aux maisons éparpillées sur une colline noire, il existe un amour de petit resto avec terrasse où dîner de spécialités locales, particulièrement à base de poisson ou de chèvre, ou de la paella. Vous pouvez choisir la terrasse mais aussi l'intérieur de cette enclave préservée. Au mur, des carrelages imitation pierre, des instruments d'agriculture, des photos anciennes dans une ambiance néon. Et dans les assiettes, du ragoût savoureux et roboratif. Pain à l'ail 3,50€, gambas à l'ail 9€, viande de chèvre 12€.

COFETE (plan 2, A4 n°12) 📱928 17 42 43 🕒Tlj. 10h-18h

Lanzarote est une résistante. Ni les éruptions dévorantes ni le tourisme n'ont eu raison d'elle. Ses habitants ont su exploiter une terre particulièrement hostile pour survivre et préserver leur environnement. Étendues lunaires, falaises vertigineuses, vignes poudrées de cendres noires, criques aux eaux cristallines et villages authentiques font de ce bastion préservé une véritable île aux trésors.

Lanzarote

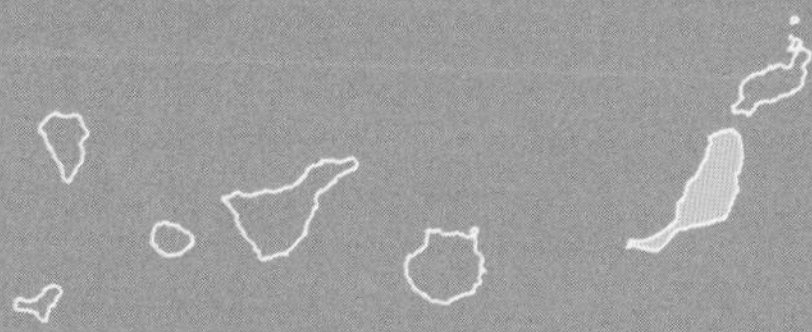

Fundación César Manrique, Tahiche

Plan 3

1
2
3
4
A
B
OCÉAN ATLANTIQUE
PLAYA CALETA DE CABALLO
PLAYA EL QUEMAO
PLAYA LA SANTA
La Santa
Sóo
LZ-67
LZ-401
El Cuchillo
Tenezar
Tinajo
MUSEO AGRICOLA EL PATIO
LZ-20
Tiagua
La Vegueta
Mancha Blanca
Tao
LZ-67
CALDERA COLORADA
Mozaga
PARQUE NACIONAL DE TIMANFAYA
MUSEO DEL VINO EL GRIFO
Masdache
MONTAÑA NEGRA
Montañ Blanca
LA GERIA
El Golfo
CHARCO DE LOS CLICOS
19
LZ-704
43
MONTAÑA BLANCA 595 M
La Asomada
LZ-30
Yaiza
ACANTILADOS DE LOS HERVIDEROS
15
17
Uga
Mácher
Tías
LZ-2
LZ-2
SALINAS DE JANUBIO
Las Casitas de Femés
LZ-40
LZ-706
12-13
18-43
LZ-702
LZ-2
14
Puerto Calero
Playa Quemada
PUERTO DEL CARMEN
Playa Blanca
16
MUSEO ATLANTICO
PAPAGAYO
FUERTEVENTURA
FUERTEVENTURA, TENERIFE, GRAN

Restaurants (n°1 à 19)
16 Bodegón Las Tapas - *p.128* .. A4
2 Café-Bar La Tentación - *p.115* C3
3 Café Gernika - *p.115* C3
4 Cantina Teguise - *p.115*...... C3
10 Casa de la Playa - *p.121*...... C2
18 Casa Roja - *p.129* B4
14 Casa Tino Playa Quemada - *p.128*...... B4
19 Costa Azul "Casa Tato" - *p.129* A3
9 El Amanecer - *p.121*........... C2
8 El Chiringuito - *p.121* C2
11 El Lago - *p.121* C2
1 El Notario - *p.115*............. C3
17 La Era - *p.128*.................. B3
12 La Lonja - *p.127* B4
6 Lagomar - *p.116*................ C3
5 Lilium - *p.116* C3
15 Mirador de Las Salinas - *p.128*A3
7 Qué Muac - *p.116* C3
13 Sal y Pimienta - *p.127*......... B4

Shopping (n°30 et 31)
30 Avenida León y Castillo - *p.117* C3
31 Mercadillo de Teguise - *p.117*............. C3

Sorties (n°40 à 43)
42 Bar El Almacén - *p.117*........ C3
42 Cervecería San Miguel - *p.129*............. B4
41 Eatalian - *p.117* C3
43 El Chupadero - *p.129*......... B3
40 Tasca Lemon - *p.117*.......... C3

RENDEZ-VOUS AVEC...
Les adresses de Rafael Espino
Shopping
C Mercadillo de Haría - *p.109* .. C2
D Mercadillo de Teguise - *p.109* C3

SEPT BONNES RAISONS...

... de visiter Lanzarote et s'émerveiller de ses paysages comme si on découvrait l'île aux trésors.

LA GRACIOSA (p.120), pour ses étendues sauvages baignées d'eaux cristallines. La 8e île des Canaries forme un formidable terrain où jouer les Robinsons modernes.

HARÍA (p.118), au cœur de la vallée des "1 000 palmiers", pour savourer la vie rurale, remplir ses valises de souvenirs au gré de son marché, qui s'y tient le samedi – le lendemain, les emplettes se font à Teguise (p.109).

LE PARC NATIONAL DE TIMANFAYA (p.124), pour visiter la Lune sans quitter la Terre et se laisser happer par fascinante beauté de ses champs de lave. Une découverte hors-sol !

LA ROUTE DES VINS DE LA GERIA (p.123), pour sillonner de surprenants paysages et goûter un petit vin blanc de malvoisie au pied des vignes, dans d'attractives *bodegas*.

☀ **CASTILLO DE SANTA BÁRBARA** (p.112), pour une vue à 360°.
Juchée sur un volcan, la forteresse offre aussi une immersion dans le monde de la piraterie. À l'abordage !

LA PUNTA DEL PAPAGAYO (p.125) pour se jeter à l'eau. Accessibles seulement à pied, ses criques idylliques bien protégées des alizés sont des oasis pour les baigneurs en quête de doux clapotis.

L'ŒUVRE DE CÉSAR MANRIQUE (p.111) et (p.113) pour vivre une parfaite symbiose entre art, architecture et nature.

RENDEZ-VOUS AVEC...

Depuis qu'il a fondé Bodegas Viga de Yuco en 1997, la vie de **Rafael Espino** tourne autour de ce domaine viticole à succès. Cette passion de la terre, ce *Conejero* (habitant de Lanzarote) né en 1967 la tient de sa famille qui, comme toutes, faisait pousser son lopin de vigne pour fabriquer son vin. Il livre ses lieux de prédilection.

Les vignes de Lanzarote

J'ai grandi à Lanzarote mais je reste émerveillé par la capacité de ses paysans à transformer le désert volcanique en vignobles prospères. La vigne est plantée dans des cuvettes creusées dans une terre fertile recouverte de gravillons noirs, *picón*, ou de sable volcanique, *rofe*. Ces petites dépressions et leurs murets si caractéristiques ont une double fonction : conserver l'humidité et protéger des vents. Le malvoisie, qui donne un vin blanc jaune ambré, est le plus typique de l'île et trois terroirs se répartissent la vigne. Le plus célèbre est celui La Geria (p.123), avec des "cratères" profonds de parfois 6m et de diamètres importants. Il y a aussi Masdache et Tinajo, avec une couche de *rofe* plus sommaire et des cultures en terrasses défendues par des pierres volcaniques, et enfin, le nord, où les vignes sont abritées du vent par des figuiers de Barbarie.

Ma *bodega*

A Vega de Yuco

La terre m'est vitale et je soigne énormément le processus de production. Il me tient à cœur

d'impacter le moins possible l'environnement. Par exemple, la *bodega* est bâtie de façon qu'on ne peut presque pas la voir de la route (plan 3, B3). Et tout ce qui sort de terre mais n'est pas utilisé pour élaborer le vin (pépins, résidus d'élagage), y retourne sous forme de compost. Sur le chemin de la *bodega*, nous entretenons également un jardin botanique de plantes endémiques de l'île, dont certaines sont en voie d'extinction.

Camino del Cabezo s/n ☎ 09 28 524 316 www.vegadeyuco.es ⏲ Boutique : lun.-ven. 9h-15h30 Visite guidée du domaine le jeu. mat. sur réservation uniquement

Mon village secret

B Tenesar

C'est un lieu reculé où vivent deux ou trois familles (plan 3, B2) ; on le

Bodega de La Geria

rejoint par une route étroite creusée à même la nappe basaltique. La plage y est noire, la lave brute et on ne peut quasiment jamais s'y baigner tant les courants sont forts. Il n'y a rien, sauf le coucher du soleil, mais c'est le plus beau.

Mes repaires d'artisans

Dans ma famille, nous aimons ce qui est local et les deux marchés d'artisanat de **Haría (plan 3, C2)** et de **Teguise** (plan 3, C3) sont les plus sympathiques. On y trouve de tout, des chaussures aux produits bio, en passant par la céramique noire et rouge et les bijoux de lave.

SI LANZAROTE ÉTAIT...

Une personne César Manrique est un homme que j'admire profondément. Nous lui devons l'île où nous vivons aujourd'hui. Il est de loin la personne qui a le plus œuvré pour la conservation du fabuleux environnement de Lanzarote.

C Mercadillo de Haría

Sam. 9h-14h30

D Mercadillo de Teguise

Dim. 9h-14h

Les lieux où je surfe, où je pense...

E Mes plages

À Famara, il y a tout : les vagues, le soleil, le sable blanc et la tranquillité (plan 3, C2). **Playa Quemada** (plan 3, B4) est très jolie également avec ses barques de pêcheurs et son sable noir. Pour se promener, je conseille le Paseo Marítimo d'**Arrecife** et ses terrasses, ou celui de **Playa Honda** (plan 3, C3). Et, plus au nord, le Paseo d'**Arrieta** ou de **Punta Mujeres** (plan 3, C2). Sur la petite **île de La Graciosa**, Playa Lambra est l'un des endroits les plus paisibles et relaxants que je connaisse ; on n'y a accès qu'en taxi-4x4 ou à vélo (plan 3, C1).

ARRECIFE ET SES ENVIRONS

Bien que la dynamique capitale de Lanzarote accueille plus de la moitié de la population de l'île, vous apprécierez sa douceur de vivre, dans le ravissant centre historique, le long de la promenade maritime ou aux abords de l'étang de San Ginès, bordés de palmiers, de cafés et de restaurants. De plus, la belle Teguise et son célèbre marché artisanal ne sont qu'à une dizaine de kilomètres.

À VOIR

ARRECIFE

La petite cité maritime, devenue capitale en 1852, doit son nom aux îlots, récifs et rochers de lave qui rendent son accès difficile. Son port bordé par deux forteresses a développé depuis la seconde moitié du 19e siècle des activités commerciales via le Muelle Chico, autrefois lieu de déchargement de marchandises. Outre une vieille ville séduisante, un front de mer propice à la flânerie, de nombreuses artères commerçantes, Arrecife se distingue par sa politique culturelle et son agréable style de vie. Refaçonné par l'architecte canarien César Manrique, le quartier Charco de San Ginès qui s'organise autour d'une lagune d'eau de mer naturelle déploie un charme authentique.

ACCÈS ET INFOS

- Intercity Bus Lanzarote Tél. 928 81 15 22 www.arrecifebus.com. Une trentaine de lignes sillonne la capitale et l'île. Ticket 1,40-3,60€
- www.turismolanzarote.com Le site Internet des OT de l'île
- Office du tourisme d'Arrecife Parque José Ramírez Cerdá Tél. 928 81 31 74
- Office du tourisme de Teguise Plaza de la Constitución (à côté du Palacio Spínola) Tél. 928 84 53 98

Les grands noms de l'art moderne

MIAC-Museo Internacional de Arte Contemporáneo (plan 3, C3)

Le **Castillo de San José**, fier édifice semi-circulaire trônant sur une falaise, fut bâti au 18e s. pour lutter contre l'abordage des corsaires anglais et des pirates berbères. Rénové avec soin en 1976 sous le patronage de Manrique, il abrite désormais la plus grande collection d'art moderne du 20e s. aux Canaries. Plutôt concentrée sur la période 1950-1970, elle inclut Miró, Picasso, Tàpies, Canogar, Millares, et des dizaines d'autres maîtres de la peinture abstraite.

Av. Puerto Naos 928 80 15 00 www.cactlanzarote.com Tlj. 11h-18h 4€

Une page d'histoire

Castillo de San Gabriel (plan 3, C3)

Cette massive citadelle (16e s.) domine l'**Islote de los Ingleses**, îlot relié à la promenade maritime par le Puente de las Bolas (pont des boules). Déclaré monument historique national, il héberge le petit musée d'histoire de la ville.

C/ Punta de la Lagarta 928 81 17 62 Lun.-sam. 10h-17h 3€

À NE PAS MANQUER
- MIAC-Museo Internacional de Arte Contemporáneo
- Castillo de San Gabriel
- Fundación César Manrique

Castillo de San Gabriel

Hommage au saint patron

Iglesia de San Ginés (plan 3, C3)

Dédiée au saint patron de la ville, elle abrite les offrandes et prières des marins qui s'adressaient à lui avant de partir naviguer. Élégante association de murs blanchis et de lave noire, jusqu'à son clocher au sommet d'un campanile blanc (19e s.) et, à l'intérieur, son plafond en bois de style mudéjar, ainsi que les statues de style baroque tardif, représentant saint Ginés et la Vierge au rosaire. Chaque samedi (9h-14h), un marché fermier prend place devant l'église.

Plaza de San Ginés ⏲ Tlj. 9h-13h et 16h-20h

LES ENVIRONS D'ARRECIFE

Maison volcan

Fundación César Manrique ★ (plan 3, C3)

Voici un lieu unique qui symbolise l'union parfaite entre l'artiste et son île. Sur un terrain (3ha) couvert de lave des éruptions de 1730-1736, César Manrique construit sa maison à la fin des années 1960 et l'habite une vingtaine d'années ; elle est devenue en 1992 le siège de sa fondation et un musée d'art contemporain. Outre les tableaux et les œuvres (Nils-Udo, Thomas Joshua Cooper, Miguel Ángel Blanco, Axel Hütte, Jan Hendrix), on y découvre une conception architecturale originale, notamment au sous-sol, où cinq bulles de lave reliées par des galeries ont été aménagées en pièces à la fois psychédéliques et troglodytiques, en salons seventies, ou en piscine avec petite piste de danse... une maison-laboratoire immense (3 000m^2) et exceptionnelle !

C/ Jorge Luis Borges, 16 Tahíche (5km au nord d'Arrecife) ☎ 928 84 31 38 www.fcmanrique.org ⏲ Tlj. 10h-18h € 10€, avec la Casa-Museo de Haría 15€

Station de standing

Costa Teguise (plan 3, C3)

Sans doute parce qu'il accueillait les grandes fortunes espagnoles dans les années 1970, ce vaste centre touristique plutôt select n'a pas été défiguré par l'urbanisation. On prend donc plaisir à se promener près de la plage ou dans le parc, et à s'attabler aux terrasses de ses cafés et restaurants (cuisine internationale de bon goût). Réputé auprès des surfeurs, Costa Teguise se flatte aussi de disposer du seul parc aquatique et du premier golf construits à Lanzarote.

6km au nord d'Arrecife

Un charme fou

Teguise (plan 3, C3)

Première capitale de l'île – elle l'est restée jusqu'en 1852 –, Teguise a certes perdu tout pouvoir politique, mais ses demeures cossues restées intactes et ses petits immeubles chaulés aux balcons de bois, ses ruelles pavées et ses lourdes portes ouvragées lui confèrent encore un caractère très pittoresque. Ne manquez pas de visiter l'**Iglesia de Nuestra Señora de Guadalupe** repérable à sa tour de brique, le **Palacio Spínola**, (18e s.), qui abrite un musée consacré au *timple* (petite guitare canarienne), ainsi que le **Convento de Santo Domingo**, dont l'église accueille régulièrement des expositions d'art contemporain et de photographies.

12km au nord d'Arrecife **Iglesia de Nuestra Señora de Guadalupe** C/ Las Flores, 3 ☎ 928 84 50 85 ⏲ Tlj. 8h-19h € Entrée libre **Casa-Museo del Timple-Palacio Spínola** Plaza de la Constitución ☎ 928 84 51 81 www.casadeltimple.org ⏲ Hiver : lun.-sam. 9h-16h, dim. et j. fér. 9h-15h ; été : tlj. 9h-15h € 3€ **Convento de Santo Domingo** Plaza General Franco ⏲ Mar.-ven. et dim. 10h-14h Ouvert quand il y a des expositions € Entrée libre

> **COULEUR LOCALE**
> La musique traditionnelle canarienne est souvent accompagnée d'instruments à cordes. Le plus représentatif d'entre eux est le *timple*. Inspirée d'un instrument baroque importé sur l'île au 15e siècle, proche du charango et de l'ukulélé, c'est une petite guitare d'environ 60cm de long, à quatre ou cinq cordes, dont l'étroite caisse de résonance a le dos bombé. Les premiers fabricants de *timples* sont originaires de Teguise.

Hissez haut !

Castillo de Santa Bárbara - Museo de la Piratería (plan 3, C3)

Cette forteresse construite au 15e s., alors que Lanzarote était régulièrement la proie des pirates, se dresse sur le **volcan de Guanapay**, de sorte que par temps clair on bénéficie d'une vue à 360°. Classée au patrimoine historique et artistique, elle loge le musée de la Piraterie qui évoque notamment les nombreuses attaques dont l'île fut la cible par le passé.

Teguise ☎ 928 59 48 02 www.museodelapirateria.com ⏲ En travaux, date de réouverture à confirmer. Se renseigner.

DE L'ART GRANDEUR NATURE

Peintre, sculpteur, architecte, urbaniste, écologiste... César Manrique (1919-1992), originaire d'Arrecife et connu pour être l'un des pionniers de l'art abstrait, reste surtout l'apôtre du land art. Après de nombreuses années à Madrid et un passage par New York, il revient définitivement sur son île natale en 1966. Alors que le tourisme de masse naissant menace de défigurer l'archipel, bénéficiant de l'appui d'un ami devenu président du gouvernement des Canaries, il impose des normes architecturales drastiques, consacre l'architecture vernaculaire et se fait le gardien de l'identité culturelle et de l'intégrité des paysages de Lanzarote. Il intervient ainsi sur de nombreux sites naturels. Sous ses mains, vignes, cactus et alizés sont élevés au rang d'œuvres artistiques ! Un an après sa mort dans un accident de voiture, le projet de symbiose nature-culture de celui qui considérait son île comme une "œuvre sans limite" aboutira au classement de celle-ci comme réserve mondiale de la biosphère.

Fundación César Manrique, Teguise

À FAIRE

Bronzez en toute quiétude

Playa del Reducto (plan 3, C3)
Principale plage d'Arrecife, ce long ruban de sable clair est baigné d'une mer calme. Pourtant le lieu reste peu fréquenté. Profitez-en ! D'autant que la promenade qui la longe offre un agréable bol d'air contrastant avec l'activité urbaine.
ARRECIFE

Playa del Jablillo (plan 3, C3)
Mélange de sable blanc et de pierres volcaniques, cette plage paisible aux eaux tout aussi tranquilles est idéale pour les familles. À marée basse, une digue y ménage une piscine naturelle.
COSTA TEGUISE

Playa de Los Charcos (plan 3, C3)
Encore un havre de paix. Préférez la marée haute, car les pierres volcaniques mêlées au sable peuvent faire mal aux pieds. À proximité de Las Cucharas.
COSTA TEGUISE

Playa de Las Cucharas (plan 3, C3)
C'est la principale plage de Costa Teguise, mais la côte étant très exposée aux vents, ce long feston de sable blanc est aussi réputé pour la pratique du windsurf. Ses bars et restaurants s'animent plutôt le week-end.
COSTA TEGUISE

Louvoyez contre le vent

Windsurfing Club Las Cucharas (plan 3, C3)
Sur la plage de Las Cucharas, ce club assure des cours, du coaching et la location de matériel pour planchistes débutants et confirmés. Il propose aussi diverses activités : randonnées dans les volcans, VTT, excursions en surf, stand up paddle, body board, canoë, snorkeling...
COSTA TEGUISE Centro Comercial Maretas C/ del Marrajo, 2 ☎ 649 08 19 43 www.lanzarotewindsurf.com/fr ⏱ Tlj. 10h-18h

"Golfez" sur un volcan

Costa Teguise Golf (plan 3, C3)
Un paysage sublime, entre montagnes de lave et mer, un green très bien entretenu. Mais les premiers trous, environnés de pierres et de graviers volcaniques, sont difficiles, sans compter la présence du vent, qui en déconcerte plus d'un...
COSTA TEGUISE Av. del Golf ☎ 928 59 05 12 www.lanzarote-golf.com ⏱ Été : tlj. 9h-20h ; hiver : tlj. 8h-19h © 73-90€/j. le parcours 18 trous

Grimpez au sommet d'un volcan

Montaña Blanca (plan 3, B3)
Cette "montagne blanche" au cône bien dessiné est l'un des volcans les plus hauts de Lanzarote (595m). Il se distingue par sa pâleur et par son large cratère

plat bordé de végétation. Son point culminant ménage une jolie vue sur la côte est et les Montañas del Fuego au nord-ouest.

Au départ d'Arrecife (10km), prendre la LZ-2 dir. Playa Honda, puis la LZ-301, dir. Güime, et juste avant d'arriver au village Montaña Blanca, empruntez le rond-point, et montez la LZ-35, trouvez une place de parking et repérez le chemin de terre signalant le début de l'ascension

NOS ADRESSES

RESTAURANTS

Bar à tapas

El Notario €

Accoudé au comptoir, on se régale d'une planche de patates ridées, tortilla, charcuterie, fromage, miel et chorizo, ou de boulettes de viande, de croquettes, de bouchées fromage-poivrons... à accompagner d'un vin *malvasía*, d'une caipirovska à la fraise ou d'un mojito noir. Concerts acoustiques certains soirs. Env. 5€ par tapa. Menus tapas 8-13€.

ARRECIFE (plan 3, C3 n°1) C/ Ginés de Castro y Álvarez, 6 603 59 89 96 Lun.-mer. 10h30-17h, jeu.-sam. 10h30-16h et 19h30-22h30

À l'heure de l'apéro

Café-Bar La Tentación €

Ce café-bar hispano-cubain est parfait pour se détendre en prenant un verre accompagné de tapas (anchois frais, poulpes, tortilla). La carte change tous les jours. Deux spécialités pour l'apéritif : le mojito cubain et le gin-tonic. Comptez de 12 à 16€.

ARRECIFE (plan 3, C3 n°2) C/ Ginés de Castro y Álvarez, 14 928 960 181 Lun.-ven. 7h-23h, sam. 7h-15h

Table basque

Café Gernika €€

Ce petit repaire basque, tranquille et central, est l'endroit idéal où passer une soirée agréable en prenant quelques verres. Carte très variée et cuisine de qualité, les plats et les desserts étant à base de produits très frais. Des formules sont proposées à l'heure du déjeuner. Prix raisonnables : comptez environ 20€ pour un repas complet. Service affable.

ARRECIFE (plan 3, C3 n°3) C/ Ginés de Castro y Álvarez, 4 928 81 65 02 Lun.-ven. 8h-18h, sam.-dim. 9h-15h

Spécialités et produits de l'île

Cantina Teguise ♥€€

Tenu par un Britannique, ce lieu exquis attire les expatriés du coin et les gourmets canariens. La maison (17e s.), qui servait jadis de magasin de fournitures, est redevenue l'épicentre du village pour sa cuisine du

Cantina Teguise

Mercadillo de Teguise

marché et ses événements culturels (concerts, etc.). Charmante cour et belle sélection de produits locaux (huile d'olive, fromages, chocolats, savons). Comptez 25€ sans les vins.

TEGUISE (plan 3, C3 n°4) C/ León y Castillo, 8 928 84 55 36 www.cantinateguise.com Tlj. 10h-23h

Créations culinaires

Lilium ♥€€€

On donne ici dans la cuisine d'auteur, qui réquisitionne tous les produits frais de l'île dans l'idée de renouveler les recettes canariennes. La carte se déroule comme une terre de création et de fantaisie, et les assiettes sont des œuvres graphiques avec leurs petites plantes, aplats de sauces, farandoles d'herbes et cordeaux de coulis... Comptez 45€ à la carte, menu dégustation 50€, dégustation de vins 20€ supplémentaires.

ARRECIFE (plan 3, C3 n°5) Centro Comercial Av. Olof Palme Marina de Arrecife 928 52 49 78 www.restaurantelilium.com Lun.-jeu. 14h-16h et 20h-23h, ven.-sam. 20h-23h30

Un cadre d'exception

Lagomar €€€

Cette extraordinaire maison conçue par César Manrique aurait brièvement appartenu à l'acteur Omar Sharif, mais la légende prétend qu'il l'aurait perdue au jeu peu de temps après son acquisition. Perchée sur les falaises du quartier de Nazaret, elle offre une vue spectaculaire sur la vallée. Elle est enchâssée dans la roche volcanique et ceinte d'un jardin minéral percé de galeries et de grottes, doté d'une aguichante piscine. Installé dans ce jardin d'Eden, le restaurant-bar-musée Lagomar séduit par sa cuisine moderne. Comptez 35-40€ sans le vin.

NAZARET (plan 3, C3 n°6) C/ Los Loros, 2 928 84 56 65 www.lag-o-mar.com Restaurant Ouvert mar.-dim. 12h-23h30 Bar mar.-dim. 18h30-tard Ouvert lun. en été

Table avec vue sur l'océan

Qué Muac €€€

Encore une œuvre de César Manrique ! Les grandes baies vitrées sinueuses invitent à la contemplation du large. Le soir, on s'installe dans l'atmosphère feutrée d'un cadre moderne pour déguster des plats canariens ou continentaux. Rien d'exubérant ni de conceptuel (*baby* calamar, carpaccio de thon à la coriandre), on s'y rend surtout pour l'ambiance et le cadre. Comptez 40€.

ARRECIFE (plan 3, C3 n°7) Castillo de San José Av. Puerto Naos 928 81 23 21 Restaurant Ouvert mar.-jeu. 12h30-16h, ven.-sam. 12h30-16h et 19h30-23h Bar Ouvert tlj. 10h-1h

SHOPPING

Artère commerciale

Avenida León y Castillo

Cette voie piétonnière est réputée pour ses galeries marchandes, ses chaînes et ses boutiques multimarques un peu plus chics, et ses nombreux petits bars et cafés où faire une pause quand les magasins ferment pour la sieste, entre 13h et 16h !

ARRECIFE (plan 3, C3 n°30)

Marché artisanal

Mercadillo de Teguise

C'est un rendez-vous incontournable du dimanche matin. Poteries, fromages, instruments de musique traditionnels, préparations à l'aloe vera, bijoux de lave... Les artisans viennent en nombre, et vous trouverez des produits phares de la culture canarienne à longueur d'étals. Des groupes locaux en costumes y poussent la chansonnette. Il y a tellement de monde qu'il est difficile de se garer !

TEGUISE (plan 3, C3 n°31) Bus n°11 de Costa Teguise, n°12 de Puerto del Carmen, n°13 de Playa Blanca, n°14 d'Arrecife ⏲ Dim. 9h-14h

SORTIES

Bar arty

Bar El Almacén ♥

Installé dans un bâtiment du 19e s. transformé par César Manrique, le centro Insular de Cultura accueille projections, expos, concerts, DJ sets et... un bar où boire un verre – bières et jus artisanaux, vins, cocktails – et grignoter des tapas et des planches de fromage en joyeuse compagnie.

ARRECIFE (plan 3, C3 n°42) C/ José Betancort, 33 ☎ 928 83 15 07 Page FB ⏲ Lun.-sam. 11h-0h

Apéro au bord de la lagune

Tasca Lemon

Le Charco de San Ginés, où l'on peut observer les mouettes s'ébattre et les pêcheurs effectuer leurs manœuvres, est sans conteste notre spot favori pour boire un verre. Au Tasca Lemon, on sirote un cocktail "orgasmo" (6€) ou un verre de sangria, accompagné de tortilla, calamars frits ou berniques. Vous ne vous y ruinerez pas : bière ou verre de vin à 2€ du jeudi au samedi dès 18h !

ARRECIFE (plan 3, C3 n°40) Ribera del Charco, 46 ☎ 928 83 14 34 ⏲ Lun.-sam. 10h30-0h (fermeture en fonction de l'affluence)

Aperitivo à l'italienne

Eatalian

Pourtant situé dans un "centre commercial", ce bar à vins-épicerie affiche une vraie classe. Un refuge à la déco épurée et soignée qui propose d'excellents vins (prosecco, moscato, lambrusco) et des assiettes composées de qualité (*bruschette*, mortadelle, mozzarella). Possibilité de remplir son panier dans l'épicerie attenante... Verre de vin 3-13€. Assiette apéritive avec fromage et charcuterie 5€. Bouteille de 10 à... 150€ !

COSTA TEGUISE (plan 3, C3 n°41) Centro Comercial Maretas Av. Islas Canarias, 12 ⏲ Lun.-sam. 18h-23h

LE NORD ET LA GRACIOSA

Dans les paysages volcaniques de la pointe nord de l'île siègent des sites naturels d'exception, auxquels l'architecte César Manrique n'a pas manqué d'apporter sa touche personnelle : ancienne carrière, cavités rocheuses et belvédères ont été aménagés par cet artiste de génie afin de mettre en valeur la beauté de l'île. C'est ici qu'il repose désormais, dans la petite oasis de Haría.

À VOIR

Land art

Jardín de Cactus 👍 (plan 3, C2)

Sur les lieux de l'ancienne carrière de Guatiza, César Manrique a créé un amphithéâtre où prospère une infinie variété de cactus du monde entier dans une subtile symbiose entre l'art et la nature. Plus de 10 000 cactus d'environ 1 000 espèces composent une œuvre circulaire, quelque peu labyrinthique : des cactus ronds, aux formes de cuillère, de doigts effilés, hérissés de piquants, jaillissent de la cendre volcanique noire, rouille et poreuse ou bien se reflètent dans des plans d'eau.

Carretera G^al del Norte Guatiza (16km au nord-est d'Arrecife ou à 10km de Costa Teguise, par la LZ-1, puis l'Av. Garafía) ☎ 901 20 03 00 ⏲ Tlj. 10h-17h € 6,50€

La *finca* dans la palmeraie

Haría 👍 (plan 3, C2)

Comment ne pas se laisser envoûter par la blanche Haría, à la végétation si luxuriante ? La "vallée des mille palmiers" connut pourtant des heures tourmentées lorsque, prise d'assaut par les pirates berbères au 16e s., elle vit ses habitants obligés de se cacher dans les tunnels de lave à proximité. Depuis, la tradition veut que l'on vivifie la palmeraie en plantant un nouvel arbre à chaque naissance ! Bel hommage à l'architecture vernaculaire, la dernière demeure de Manrique a été transformée en **musée**. Enfin, Haría est aussi réputée pour son artisanat, notamment sa vannerie à base de palmes, à découvrir au marché (sam. 10h-14h30) sur la Plaza León y Castillo, calme et arborée.

28km au nord d'Arrecife par la LZ-1 et à 6km d'Arrieta par la LZ-10 Casa-Museo César Manrique C/ César Manrique, 70 ☎ 928 84 31 38 www.fcmanrique.org ⏲ Tlj. 10h30-18h € 8€, billet combiné avec la Fundación Manrique à Tahíche 15€

Voyage au centre de la terre

Cueva de los Verdes (plan 3, C2)

L'éruption du volcan de la Corona, il y a 3 000 ans à 5 000 ans, est à l'origine de cette galerie volcanique souterraine de plus de 6km de long. Sur une distance de 1km, on découvre ses cavités qui, parfois superposées, peuvent atteindre

À NE PAS MANQUER

- Jardín de Cactus
- Haría
- Jameos del Agua
- Monter au Mirador del Río
- La Graciosa
- Criques d'Órzola

Haría

50m de hauteur. Peu d'interventions ont été réalisées sur le site, mis à part l'éclairage de Jesús Soto, qui magnifie les couleurs splendides des parois rocheuses, dues à l'oxydation du fer des basaltes.

2km au nord de Punta Mujeres par la LZ-1, prendre la LZ-204 à gauche jusqu'au site Depuis Haría, prendre la LZ-10, puis rejoindre la LZ-1 928 84 84 84 www.cactlanzarote.com Tlj. 10h-16h 10€

Grottes à ciel ouvert

Jameos del Agua (plan 3, C2)

On retrouve ici tout le génie de Manrique, capable de façonner un site naturel telle une œuvre d'art. Sur une section du tunnel de lave né de l'éruption du volcan de la Corona, il a aménagé trois *jameos*, ouvertures créées après l'effondrement de la voûte du tunnel. Un escalier mène au verdoyant *jameo* Chico, puis à la grotte où sommeille un lac naturel aux eaux salées et d'une clarté inouïe. À la sortie, on contemple le *jameo* Grande, où miroite une piscine au fond immaculé, entourée de végétation exotique. En poursuivant la visite, on découvre un auditorium (550 places) à l'acoustique surprenante. Sur le site, visitez aussi la **Casa de los Volcanos**, consacrée à l'étude des volcans.

Accès sur la route côtière LZ-1 à 2km au nord de Punta Mujeres, tourner à droite vers l'océan sur la LZ-204 901 20 03 00 www.cactlanzarote.com Tlj. 10h-18h 10€

Panorama saisissant sur l'île de La Graciosa

Mirador del Río (plan 3, C1)

Ici encore la surprise est signée Manrique. Il a édifié un mirador intégré dans la roche, une carapace de pierre aux allures seventies d'un esthétisme fou. Accédez au belvédère perché sur l'impressionnant **Risco de Famara** (474m), en avancée telle la proue d'un bateau. La vue totalement dégagée est époustouflante. La route qui y mène est somptueuse, mais vérifiez que la brume s'est levée avant de partir, sinon on ne vous laissera pas accéder au site, faute de visibilité.

À 11,5km au nord-ouest de Punta Mujeres par la LZ-201 Depuis Haría, prendre la LZ-201, puis rejoindre la LZ-202 ☎ 928 52 65 48 www.cactlanzarote.com ⏲ Tlj. 10h-17h € 5€

Escapade sur une île sauvage

La Graciosa 👍 (plan 3, C1)

La "gracieuse" mérite bien son nom. Rien ne vient troubler la beauté et la sérénité de cette petite île (27km^2) de 600 habitants, ourlée de délicieuses plages, parmi les plus belles des Canaries, et de rochers aux couleurs magnifiques. Aucune route goudronnée nulle part, mais des chemins sablonneux à parcourir à pied ou à VTT. Pour la location de vélo, les restaurants et les hébergements de bonne qualité, rendez-vous à **Caleta de Sebo** (plan 5, C1) ou Pedro Barba. Une navette maritime relie **Órzola** (plan 5, C1) et La Graciosa en 30min (AR 35€).

À FAIRE

Baignez-vous avec ou sans maillot

Criques d'Órzola 👍 (plan 3, C1)

Il n'y a pas qu'à Fuerteventura que l'on peut profiter de criques sublimes et celles d'Órzola sont paradisiaques : croissants de sable blanc sur lit de roche noire, semées de fragments de lave sombre, jusqu'à la mer turquoise, exquise. Ces petites *caletones* sont propices à la détente mais aussi au snorkeling.

ÓRZOLA

Charco del Palo (plan 3, C2)

Mythique depuis son évocation dans un livre de Michel Houellebecq, ce site de baignade, est exclusivement fréquenté par des naturistes. Il ne se compose que de falaises et de rochers, ainsi que de bassins creusés à même le roc, rendant la nage aisée pour les enfants.

À 3km à l'est des villages de Mala et Guatiza

Faites trempette dans un hameau de pêcheurs

Piscinas Naturales de Punta Mujeres (plan 3, C2)

Le littoral de Punta Mujeres, adorable hameau de maisons basses d'où les pêcheurs jettent toujours leurs filets, possède de nombreux *charcos*. Au sud, ceinturées de lave solidifiée du volcan de la Corona, ses deux plus grandes piscines naturelles se remplissent à marée haute, pour le plus grand plaisir des baigneurs (bassin de 2 et 3m de profondeur). Le bar-restaurant La Piscina, très couleur locale, régale de fritures et *garbanzas* (ragoût de pois chiches).

3km au sud de Jameos del Agua Bar la Piscina C/ Virgen del Pino, 41 Punta Mujeres ☎ 928 84 83 11 ⏲ Tlj. 7h-21h

NOS ADRESSES

RESTAURANTS

Cabanon de plage

El Chiringuito €€

Ce bar-restaurant de plage simple et très prisé propose un bon choix de tapas et de cocktails. On apprécie aussi le poisson frais sur le gril et les fruits de mer. L'ambiance est sympathique, surtout quand une *banda* locale vient se produire. Vous pourrez prendre votre repas en salle ou à l'extérieur, face à la plage. Comptez de 15 à 20€ le repas.

El Chiringuito

ARRIETA (plan 3, C2 n°8) C/El Lajero, IC Playa de la Garita ⏲ Tlj. 11h-20h

Typique et familial

El Amanecer ♥€€

Cette affaire familiale est devenue une institution. Attablé dans la salle, très sommaire, ou sur l'étroite terrasse juste au-dessus de l'eau, vous goûterez du bar, du *cherne* ou du pagre, cuits à la perfection. Avec un petit poivron vert au gros sel ou une tortilla aux crevettes ? En dessert, on reste dans la tradition avec un *bienmesabe*. Comptez de 20 à 30€.

ARRIETA (plan 3, C2 n°9) C/La Garita, 46 ☎ 928 17 92 13 ⏲ Tlj. 12h-21h

Produits de la mer

Casa de la Playa €€

Comme son nom l'indique, cette *casa* est posée sur une jolie plage, au sud d'Arrieta. En terrasse face aux flots dégagés, ou dans la salle rustique, vous ravirez vos papilles avec d'alléchants poissons. Même si les viandes ne déméritent pas, testez les spécialités de friture et goûtez plutôt à la pêche fraîche, cuite avec délicatesse ou saisie au gril. Service aimable. Comptez 25€ avec le vin.

ARRIETA (plan 3, C2 n°10) C/La Garita ☎ 928 17 33 39 ⏲ Lun.-sam. 12h-16h30 et 20h-23h30

Poissons à toutes les sauces

El Lago €€

El Lago est le spécialiste de l'océan ! À vous les soupes de fruits de mer, les palourdes à la sauce verte, les filets de sole aux poivrons, les dorades aux épinards, le riz au homard. L'endroit est envahi de locaux, ce qui est bon signe. Un petit vin El Grifo pour accompagner le repas, et vous aurez tout bon ! Comptez 20-25€ le repas.

PUNTA MUJERES (plan 3, C2 n°11) Los Morros, 27 ☎ 928 84 81 10 ⏲ Lun.-ven. 12h-21h

L'OUEST ET LE SUD

Les paysages de l'ouest de Lanzarote partagent la beauté sombre, presque irréelle, des étendues de roches volcaniques qui ont façonné leurs reliefs. Pourtant, des petits villages de pêcheurs qui s'égrainent sur la côte nord-ouest aux surprenants vignobles de La Geria, des champs de lave du parc de Timanfaya aux plages sauvages de la pointe sud, cette région offre des visages d'une singulière diversité.

ACCÈS ET INFOS

- Bus : Intercity Bus Lanzarote Tél. 928 81 15 22 www.arrecifebus.com
- Office du tourisme de San Bartolomé Casa Cerdeña C/ Dr. Cerdeña Bethencourt, 17 Tél. 928 52 23 51 ou 928 52 25 93
- Office du tourisme de Puerto del Carmen Av. de Las Playas, s/n Tél. 928 51 05 42
- Office du tourisme de Playa Blanca C/ Varadero, 3 Tél. 928 51 81 50

À VOIR

EL JABLE

Un bijou de village

Caleta de Famara

(plan 3, C2)

Nimbé de splendides couleurs au coucher de soleil, ce délicieux village de pêcheurs semble tout droit sorti d'un western avec ses rues couvertes de sable. Il fait partie de ces étapes un peu hors du temps, à l'ambiance volontiers bohème. Au pied d'impressionnantes falaises, sa longue plage de sable balayée par le vent attire les surfeurs du monde entier. Vous y trouverez donc des *surf shops*, des bars et des restaurants en nombre, mais à l'heure du petit déjeuner, rien n'est ouvert !

Ferme pédagogique

Museo Agrícola El Patio (plan 3, B3)

Cave à vins, enclos à chèvres, moulin à *gofio*, jardin de plantes indigènes, outils agricoles et ustensiles... dans le paisible village de Tiagua, cet attrayant musée en plein air offre un aperçu de la vie rurale et de la manière dont les îliens ont su tirer profit d'un territoire hostile.

C/ Echeyde, 18 Tiagua (11km au sud de Caleta de Famara par la LZ-401) 928 52 91 34 Lun.-ven. 10h-17h, sam. 10h-14h 6€

À la gloire des travailleurs de la terre

Monumento al Campesino (plan 3, B3-C3)

Découvrez ce monument élevé au centre de l'île, près du village de Mozaga, position symbolique pour refléter l'importance des travailleurs de la terre à qui César Manrique rend ici hommage. Le site qui combine quelques éléments d'architecture populaire, très prisée par l'artiste – cheminée, réservoir, cour intérieure... – regroupe le musée du Paysan et le monument à la Fécondité, anguleuse sculpture de 1968, faite d'un assemblage de réservoirs à eau de bateau de pêche et d'éléments disparates peints, conçu par Manrique.

À NE PAS MANQUER

- Caleta de Famara
- La Geria
- Parque Nacional de Timanfaya
- Charco de Los Clicos
- Punta del Papagayo
- Surf à la Santa

Caleta de Famara

Le Museo del Campesino expose des outils et objets de la vie quotidienne des paysans, et illustre les métiers traditionnels comme le tissage et la viticulture.

Mogaza (à la sortie de Mozaga dir. San Bartolomé) 928 52 01 36 Tlj. 10h-18h Entrée libre

LA GERIA ★

Voici un singulier paysage, fardé de poudre volcanique noire et comme doté d'écailles avec ses innombrables petits murets formant des demi-cercles (*zocos*) régulièrement distribués. Cet agencement insolite joue un double rôle. D'une part, il protège des alizés le précieux ceps dont le vert éclatant contraste vivement avec le sol sombre, et, d'autre part, il retient ce qu'il faut d'humidité au bénéfice de la vigne. De plus, la nature volcanique du revêtement concourt à limiter l'évaporation, tout en assurant une bonne absorption de la rosée et de l'eau des rares pluies. Cette technique éprouvée a largement contribué à donner ses lettres de noblesse à la viticulture canarienne en permettant la production de vins réputés, en particulier de malvoisie.

En savoir plus sur le vin canarien

Museo del Vino El Grifo (plan 3, B3)

Outils et pressoirs des 19e s. et 20e s., ainsi qu'un atelier de tonnellerie font de la doyenne des *bodegas* un véritable musée. Une promenade dans les vignobles vous sera proposée, ainsi que la vente de l'excellente production maison (malvoisie, *listán negro*, muscat).

Lugar de El Grifo Apartado de Correos, 6 San Bartolomé (au nord-est de La Geria sur la LZ-30, Km11) 928 52 49 51 www.elgrifo.com/el-museo Tlj. 10h30-19h 15€ (visite guidée avec dégustation de vins et entrée au musée)

TIMANFAYA ET LA POINTE SUD DE L'ÎLE

Champs de lave

Parque Nacional de Timanfaya ★ (plan 3, B3)

Le parc des "montagnes de feu" occupe 51km^2 de lave provenant des principales éruptions de 1730-1736 et 1824 – parmi les plus dévastatrices au monde. La visite du site comprend une boucle en car (45min) à travers les monts de basalte déchiquetés. Sous vos yeux se déroule le paysage impraticable du *malpaís*, dont les nombreux cratères, cônes et plissements de lave figés déclinent l'ocre, le bordeaux et le gris. Une petite faim ? Restaurant panoramique dont l'architecture est signée Manrique, El Diablo, fait griller votre brochette à la chaleur de la lave !

Tinajo Sur la LZ-67, Km8,5 Tlj. 9h-16h30 12€

Palette de peintre

Charco de Los Clicos (plan 3, A3)

Si le village de pêcheurs d'**El Golfo** dispose de quelques bons restaurants, on s'y rend surtout pour admirer cette lagune dont la couleur vert pomme tranche avec le bleu de l'océan et les roches noires et rouges alentour ! Ceci s'explique par une forte teneur en végétaux et en sel. On y accède par un sentier près de l'entrée du village ou par un chemin plus au sud longeant sa magnifique plage en lisière de falaises.

Sur la LZ-703, 7km à l'ouest de Yaiza

Le Parque Nacional de Timanfaya

Mosaïque saline

Salinas de Janubio (plan 3, A4)

Au début du 20e s., l'industrie saline de l'île était si florissante qu'elle exportait sa matière première dans le monde entier ! Avec les techniques de réfrigération, la demande en sel a décru et les salines ont fermé, mais il reste le magnifique site de Janubio, qui en produit encore 2 000t par an.

Sur la LZ-703 en venant de Las Breñas ou la LZ-2 4km à l'ouest de Yaiza

IL ÉTAIT UNE FOIS

Lanzarote a vu sa population décimée par les Européens qui y achetaient des esclaves, avant que Soliman n'y fasse des ravages au 15e s. Après le repeuplement, elle perdit au 18e s. un quart de sa superficie en raison des éruptions dévorantes. Elle s'est pourtant relevée de ses cendres en y faisant naître un vignoble d'exception, fierté nationale.

À FAIRE

Plongez à la recherche d'un trésor

Safari Diving Lanzarote (plan 3, B4)

Cette école est directement située sur la plage de Puerto del Carmen, ce qui permet un accès rapide aux sites de plongée, où observer thons, barracudas et poulpes, de jour comme de nuit (39€ la plongée avec bouteille).

PUERTO DEL CARMEN Playa de la Barrilla, 4 ☎ 928 51 19 92 www.safaridiving.com
Tlj. 9h30-18h

Retirez-vous sur des plages paradisiaques

Punta del Papagayo 👍 (plan 3, B4)

Évitez Playa Blanca pour vous concentrer un peu plus au sud sur les splendides plages de la Punta del Papagayo, baies sauvages bornées de hautes falaises, succession de criques de sable fin et d'eau limpide. Elles sont accessibles à pied par de petits chemins rocailleux (prévoyez des chaussures de marche), au départ de l'hôtel Sandos (comptez 10min pour rallier la première plage) ou à partir du parking (3€) situé dans le parc naturel de Los Ajaches, dont ce site protégé fait partie.

Depuis Playa Blanca, empruntez la Calle Rubicón ; au rond-point, prenez la première à droite, et suivez-là jusqu'à l'hôtel Sandos si vous souhaitez marcher, ou poursuivez encore un peu en voiture si vous préférez vous garer dans la réserve naturelle.

Trouvez le spot de surf idéal

La Santa 👍 (plan 3, B2)

Voilà des vagues différentes selon l'emplacement, plutôt longues, pour effectuer des manœuvres et se glisser dans des tubes. Beaucoup de locaux sont accros à leurs rouleaux. La Santa permet notamment d'accéder au spot le plus couru de l'île, **El Quemao**, réputé pour sa vague ultra-puissante et rapide. L'entrée dans l'eau et la sortie se font rapidement du quai du village. Y aller plutôt à marée haute.

5km au nord de Tinajo

Caleta de Caballo (plan 3, B2)

Ce petit village constitue une option volontiers calme, pourtant à faible distance des spots très populaires de La Santa et de Caleta de Famara. La variété de vagues (faciles, courtes ou longues, tubes...) permet autant de *rides* et de *good vibes* !

À 3km à l'est de La Santa, sur la côte nord-ouest de l'île

Playa de San Juan (plan 3, C2)

Les surfeurs apprécient cette petite plage de sable et de rochers, à l'ouest de la baie de Famara, pour sa belle et longue gauche, parfaite pour louvoyer. Ce n'est pas un hasard si la Santa Pro, étape des championnats du monde de surf, y est organisée tous les ans.

Accès par une piste depuis Caleta de Famara.

Caleta de Famara (plan 3, C2)
Pas moins de 5km de baie avec une vue fabuleuse sur les falaises du Risco de Famara, que demander de plus ? Surfeurs de tous niveaux, amateurs de stand up paddle ou de long board y trouveront leur bonheur.

Calima Surf FAMARA Av. El Marinero, 13 626 91 33 69 ou 928 52 85 28 www.calimasurf.com
Lun.-ven. 8h30-14h30 et 16h-18h, sam. 9h30-14h30

Sillonnez Timanfaya à dos de dromadaire

Echadero de los Camellos (plan 3, B3)
La marche au milieu des volcans ne dure que 20min, mais outre l'expérience insolite de chevaucher un camélidé, elle permet de découvrir le site de Timanfaya à l'air libre.

Sur la LZ-67, Km4,5 (en venant de Yaiza) Tlj. 9h-15h 12€ par dromadaire portant 2 pers.

Marchez sur un volcan

Montaña Negra et Montaña Colorada (plan 3, B3)
Si le parc de Timanfaya se visite uniquement en bus ou à dos de dromadaire, d'autres zones tout aussi spectaculaires sont accessibles à pied. Les couleurs du paprika au charbon et les dentelles de lichen revêtent les étendues lunaires d'une beauté extraordinaire. Concentrez-vous sur les sites de la **Montaña Negra** et de la **Montaña Colorada**. Un périmètre autour de ces deux sites a été délimité afin de veiller à la protection de sa faune. Il est permis de s'en approcher, mais monter jusqu'à leur cratère est interdit. Pensez à vous munir de bonnes chaussures car la lave est acérée.

Du Monumento al Campesino, suivre la LZ-30 vers le sud-ouest et, à l'intersection avec la LZ-56, tournez à droite en direction de Tinajo. La zone de la Caldera Santa Catalina est à gauche, celle de la Caldera Colorada à droite.

Foulez les sentiers de l'île

Senderismo Lanzarote
Cette organisation phare propose aux marcheurs invétérés une centaine d'itinéraires dans toute l'île. Certains sont réservés aux familles, aux ados, etc. : route du vin, du sel, chemins liés à l'histoire, à l'archéologie... Tarifs 25-30€ pour un adulte, mais les groupes peuvent être très importants.

690 05 32 82 www.senderismolanzarote.com

Eco Insider Active Tours
Propose un tourisme respectueux avec des circuits thématiques dans l'île ou sur celle de La Graciosa (42€/pers., pique-nique inclus). Également une sortie en bateau dans la réserve marine au départ d'Órzola (85€).

650 81 90 69 www.eco-insider.com

Canary Trekking
Des excursions en petits groupes (16 pers. maxi) pour visiter les tunnels de lave, découvrir les falaises de Famara et la "vallée des mille palmiers" ou l'île de La Graciosa. Comptez 42€/pers. Difficulté faible à moyenne.

COSTA TEGUISE C/ La Laguna, 18 609 53 76 84 ou 696 90 09 29 www.canarytrekking.com

Visitez un musée sous l'eau

Museo Atlántico (plan 3, B4)

Immergé à 14m de profondeur, le premier musée sous-marin d'Europe expose les statues de l'artiste britannique militant écologique Jason deCaires Taylor. Ses œuvres, réalisées à base de ciment marin au PH neutre, ont pour vocation de former un grand récif artificiel au sein duquel la faune et la flore peuvent trouver refuge et ainsi revivifier les fonds abîmés par le tourisme. Y sont reproduites des scènes de la vie quotidienne mais aussi des tableaux évoquant l'actualité. Clin d'œil à l'œuvre de Géricault, Le *Radeau de Lampedusa* fait référence à la crise migratoire en Méditerranée. Visite en excursion de snorkeling ou plongée avec bouteille (brevet PADI requis) menée pendant 40 à 60min par un éco-guide accrédité (liste des centres en ligne).

Bahía de Las Coloradas Marina Rubicón, C/ El Berrugo, 2 📱 928 518 668 www.underwatermuseumlanzarote.com 🕒 Lun.-ven. 10h-17h (dernière visite à 16h40) Billetterie lun.-ven. 10h-17h € Visite plongée 50€ (frais de location du matériel en sus)

NOS ADRESSES

RESTAURANTS

Valeur sûre

La Lonja €€

Une institution locale que ne renient pas les marins du coin. Une pièce surplombée de coursives, où pendent un bateau, une ancre, une bouée de sauvetage... Sur les nappes bleues débarquent tapas, *baby* calamars frits, crevettes à l'ail et sauce *mojo*. Le soir, on dîne de *parrilladas*, de berniques, de moules, de paellas ou de brochettes de crustacés. Délicieux et pas trop cher. Comptez 15-20€ pour un repas.

PUERTO DEL CARMEN (plan 3, B4 n°12) Av. del Varadero 📱 928 51 13 77 🕒 Tlj. 7h30-23h

Tapas et poissons frais

Sal y Pimienta €€

Évitez la partie moderne de Puerto del Carmen et préférez à tout autre ce restaurant situé dans la charmante vieille ville. Avec sa terrasse dominant la mer, il se distingue par la qualité de sa cuisine, son esthétique design et son service souriant. Ses formules de tapas traditionnelles et ses plats frais (pavé de saumon, bar,

La Lonja

succulent poisson en croûte de sel) préparés avec soin raviront les gourmets. Comptez 20-30€.

PUERTO DEL CARMEN (plan 3, B4 n°13)
Av. Varadero, 6 928 51 56 60 Tlj. 11h-23h

Taverne de poisson

Casa Tino Playa Quemada ♥€€

Une adresse que l'on partage entre habitués, afin de goûter une retraite tranquille sans chichis et sur une petite plage de sable noir. Cet endroit préservé possède tout de même une petite taverne spécialisée dans le poisson. Attablé les pieds dans la poudre sombre, vous vous délecterez de plateaux de fruits de mer ou des trésors de la pêche du jour. Comptez 25 à 30€/pers.

PLAYA QUEMADA (plan 3, B4 n°14)
Av. Marítima, 16 928 17 37 07 Tlj. 11h-23h

À fleur de sel

Mirador de Las Salinas €€

Quel emplacement de rêve pour ce restaurant ouvrant sur les salines de Janubio ! La vue sur les marais salants multicolores est sublime... Dans l'assiette, des poissons frais (*cherne*, calamar, poulpe, croquettes de poisson), à faire suivre d'un dessert gourmand. Comptez 30 à 35€ à la carte. Vous pouvez y acheter du bon vin de La Geria et de l'excellent sel local.

SALINAS DE JANUBIO (plan 3, A3 n°15)
La Hoya C/ Los Molinos, 5 928 17 30 70 www.miradordelassalinas.com
Ven.-mer. 12h30-21h

Tapas revisitées

Bodegón Las Tapas €€

Un agréable restaurant de tapas traditionnelles ou réinterprétées, salées et sucrées, de bonne facture. Tout est joliment présenté, orné de fleurs ou d'herbes fraîches. Vous picorerez ces petits mets assis en terrasse, face à l'océan, en observant le ballet des bateaux. Un peu cher certes, mais il n'est pas si commun de pouvoir déguster des tapas raffinées. Formule pour deux de 55 à 75€.

PLAYA BLANCA (plan 3, A4 n°16)
Av. Marítima, 29 928 51 83 10
Tlj. 11h30-23h

Culture canarienne

La Era €€

Dans le village de Yaiza, cette maison immaculée dotée d'une belle cour intérieure a échappé aux éruptions

La Era

volcaniques de 1730. Avisée par Manrique, elle abrite depuis 1968 un restaurant dédié à la culture canarienne. Attablé dans une salle remplie d'objets anciens, on dîne de spécialités de Lanzarote (thon canarien, cabri frit, soupe de fruits de mer, pudding de bananes, flan de *gofio*). Comptez 25-30€.

YAIZA (plan 3, B3 n°17) C/ Barranco, 3 928 83 00 16 www.laera.com Tlj. 12h-23h

Classique

Casa Roja €€€

Cette "maison rouge" au ras de l'eau, où l'on entreposait jadis la volaille et où on salait le poisson, est un établissement emblématique de Puerto del Carmen. Elle a été transformée en un restaurant un peu dispendieux, où goûter une cuisine classique : foie gras, jambon de *bellota*, médaillons de bœuf, paella au riz noir, spécialités de poisson. Vue enchanteresse sur le port. De 30 à 40€.

PUERTO DEL CARMEN (plan 3, B4 n°18) Av. del Varadero 928 51 58 66 Tlj. 11h-23h45

Menu iodé

Costa Azul "Casa Tato" €€€

Une situation de rêve sur la côte escarpée del Golfo et des couchers de soleil étourdissants. Le plaisir est aussi dans l'assiette avec une cuisine à base de poisson de grande qualité. Les portions sont généreuses, et vous apprécierez le soin porté aux cuissons et les saveurs délicates. Menu du jour 20€, à la carte 35-40€.

EL GOLFO (plan 3, A3 n°19) Av. Marítima, 34 928 17 31 99 Tlj. 12h-22h

SORTIES

Bar à bières

Cervecería San Miguel

De sortie à Puerto del Carmen ? Mettez le cap sur l'adorable vieille ville afin de profiter de ses restaurants plutôt chics surplombant la mer, ou de l'un de ses deux bars en contrebas, qui attirent la jeunesse locale. Notre préféré ? La Cervecería San Miguel, où la bière (2,50€ le demi) coule à flots. Également quelques cocktails. DJ set le week-end.

PUERTO DEL CARMEN (plan 3, B4 n°42) Av. del Varadero 928 51 61 32 Tlj. 10h-3h

Une cave au cœur des vignes

El Chupadero

Au bord d'une piste, au beau milieu des vignes, la blancheur de cette bodega tranche sur le paysage bosselé de cratères. C'est le lieu où faire la fête gentiment. On y dîne de chouettes tapas (5-14€) et on y boit du vin tout en profitant d'un concert à l'occasion. Attention, pas de CB et le distributeur le plus proche est assez loin !

LA GERIA (plan 3, B3 n°43) (à 4km d'Uga) Au départ d'Uga, prendre la LZ-30 en direction de Teguise, passer entre deux bâtiments blancs, suivre la petite route sur la droite pendant 500m 928 17 73 65 Mer.-dim. 12h-23h

La plus grande île de l'archipel canarien est très souvent associée au tourisme de masse, quelque cinq millions de visiteurs en quête de soleil ou d'activités ludiques se croisant chaque année sur la côte sud. Pourtant, derrière cette façade peu engageante, se cache un incroyable patrimoine naturel, historique et culturel. Le tout sous la présence tutélaire du pic du Teide, plus haut sommet d'Espagne (3 718m).

Tenerife

Phare de Punta de Teno

Plan 4

1
2
3
4
A
B
PUNTA LA ROMBA
PLAYA EL PRIS
PLAYA DE MESA DEL MAR
Tacoronte
61
El Sauzal
ACENTEJO
19-20
12-18
La Matanza de Acentejo
PUERTO DE LA CRUZ
TF-5
Santa Úrsula
El Rincón
Toscal - La Longuera
Las Aguas
San Juan de la Rambla
TF-24
LA OROTAVA
TF-5
PUEBLO CHICO
11
16
PLAYA DEL SOCORRO
Realejo Alto
Pinolere
Icod de los Vinos
TF-351
La Guancha
Garachico
13-14
MIRADOR
Buenavista del Norte
TF-42
Los Silos
San Juan del Reparo
El Amparo
VALLE DE LA OROTAVA
Las Cuevecitas
Teno
El Palmar
PUNTA DE TENO
PARQUE RURAL DE TENO
TF-82
ARENAS NEGRAS
1 409 M
CUEVA DEL VIENTO
Las Portelas
Erjos
17
MIRADOR DE CHERFE
Masca
25
EL PORTILLO
TF-21
TF-24
Güímar
OBSERVATORIO DEL TEIDE
BARRANCO DE MASCA
Santiago del Teide
PARQUE NACIONAL DEL TEIDE
PICO DEL TEIDE
3 718 M
REFUGIO DE ALTAVISTA
Arguayo
TF-28
LOS GIGANTES
Los Gigantes
Puerto de Santiago
PLAYA DE LA ARENA
TF-82
TF-38
PICO VIEJO
2 995 M
TELEFÉRICO DEL TEIDE
LAS CAÑADAS
Fasnia
MIRADOR DE CHIRCHE
ROQUES DE GARCÍA
21
Los Roques de Fasnia
Guía de Isora
TF-21
TF-47
PAYSAJE LUNAR
Playa San Juan
TF-82
TF-21
4
Porís de Abona
BARRANCO DEL INFIERNO
Vilaflor
TF-28
COSTA ADEJE
Callao Salvaje
Adeje
TF-21
Granadilla de Abona
La Escalona
TF-1
TF-1
Fañabé
TF-51
Valle de San Lorenzo
San Miguel de Tajao
29
La Caleta
Arona
TF-28
C
B
TF-28
TF-64
Puerto Colón
Cabo Blanco
San Isidro
PLAYA DE LAS AMÉRICAS
TF-28
TF-65
D
LA GOMERA, LA PALMA, EL HIERRO
49
E
TF-66
Buzanada
TENERIFE SUR-REINA SOFÍA
TF-64
PLAYA DE TROYA
22-23
Las Chafiras
28-48
24
LOS CRISTIANOS
TF-65
El Médano
26-27
Los Abrigos
TF-66
El Fraile
PLAYA DE LA TEJITA
PUNTA DE LA RASCA
Costa del Silencio
Las Galletas

RENDEZ-VOUS AVEC...
Les adresses de Pedro Rodríguez Ledesma, dit Pedrito

Restaurants
B Torre del Mirador - *p.138* A4

Sorties
D Cafeteria Avenida - *p.139* B4
C La Masia del Mar - *p.139* A4
E Papagayo Beach Club - *p.139* A4

Restaurants (n°1 à 29)
23 Abordo - *p.173* A4
22 Bar El Cine - *p.173* A4
4 Café al Mar - *p.146*............ B3
11 Cafetería Liceo de Taoro - *p.164* B2
7 Casa África - *p.151* C1
20 Casa del Vino - *p.165* B2
6 Casa Paca - *p.152*..............C1
12 Cofradía Gran Poder de Dios - *p.164* B2
17 El Guanche Alte Schule - *p.165*............ A2
1 El Puntero - *p.146*............. C2
29 El Rincón de Juan Carlos - *p.175*........ A4
28 El Rincón del Arroz - *p.175* ... A4
16 El Sótano - *p.164*.............. B2
18 El Taller Seve Díaz - *p.165*.... B2
8 El Túnel - *p.152*.................C1
9 Guaydil - *p.152* C1-C2
5 La Buena Vida - *p.146* C2
25 La Casona del Patio - *p.174*.. A3
2 La Posada - *p.146*............. C2
10 La Posada del Pez - *p.152*.....C1
26 Los Abrigos - *p.174* B4
14 Mirador de Garachico - *p.164* A2
21 Parador Las Cañadas del Teide - *p.169*.............. B3
27 Perlas del Mar - *p.175*......... B4
24 Restaurante Familiar - *p.174*. B4
3 Restaurante Papa Negra - *p.146* C2
19 Terrazas del Sauzal - *p.165* .. B2

Sorties (n°40 à 49)
48 Bar Gavota - *p.175*............ A4
47 Buho Club - *p.153*.........C1-C2
45 Cafe 7 - *p.153* C1-C2
40 El Tanque - *p.147* C2
46 Espacio Aguere - *p.153*....C1-C2
44 La Bruma - *p.153*...........C1-C2
42 La Venta de la Esquina - *p.153*.......C1-C2
49 Monkey Beach Club - *p.175*.. A4
41 San Cristóbal Gastrobar - *p.153* C1-C2

Shopping (n°60 et 61)
61 Mercadillo del Agricultor - *p.165* B1
60 Mercado de Nuestra Señora de África - *p.147* C2

SEPT BONNES RAISONS...

... de sillonner la plus grande des îles de l'archipel, y compris hors des sentiers battus.

SE HISSER AU SOMMET DE L'ARCHIPEL TEIDE (p.167), en téléphérique ou à la force des mollets, pour embrasser du regard des paysages volcaniques...

LE PARQUE RURAL DE ANAGA (p.150) et sa luxuriante forêt pour prendre un bain de brume.

GARACHICO (p.158) pour piquer une tête dans son *charco* aux eaux translucides.

PUERTO DE LA CRUZ (p.154), pour son charme authentique, des étals du marché où flâner le matin au rite du *paseo* le soir venu.

☀ **MASCA** (p.161), pour découvrir un petit bout du monde au lever de soleil avant d'explorer les sentiers alentour.

☀ **LA LAGUNA** (p.152), pour se mettre à l'heure canarienne et s'initier à la tradition du *tapeo*, promenade bristronomique de tapas en *pinchos* (p.152).

☀ **LOS GIGANTES** (p.173), pour se sentir tout petit devant les œuvres de la nature : les falaises, à aborder par la mer en bateau, réservent un décor... monumental !

RENDEZ-VOUS AVEC...

Pedrito, enfant de l'île, n'échangerait ses racines *tinerfeñas* pour rien au monde. Repéré à 16 ans au club sportif local de San Isidro, Pedro Rodríguez Ledesma, l'ailier prodige du Barça, évolue à la Lazio depuis 2021 après un passage à Chelsea puis à l'AS Rome. Le footballeur évoque le sud de l'île où il a grandi et où il continue à rendre visite chaque été à sa famille. Il y gère sa fondation créée pour les enfants canariens défavorisés : Fundación Canaria Pedro Rodríguez Ledesma.

Le paysage de mon enfance

A Abades

J'ai grandi dans la petite station balnéaire d'Abades au sud-est de l'île, un village de maisons blanches et basses construit autour des vestiges d'une léproserie qui n'entra jamais en activité. Le paysage qui l'englobe est magnifique avec le mont d'Abades, et la grande plage de sable couleur ocre, qu'on appelle aussi Playa los Abriguitos. Le tout est prolongé par une petite crique abritée sur son flanc droit, difficile à repérer. La mer y est calme, le littoral plat et l'on peut y pratiquer le kayak et le snorkeling.

Mon restaurant avec vue

B Torre del Mirador

Sur le Paseo de Bahía del Duque, dans la crique d'Adeje, ce restaurant est un vrai balcon sur l'océan. J'y ai mes habitudes et j'y commande toujours la *lubina a la sal* (loup de mer à la fleur de sel). L'endroit est parfait aussi pour prendre un verre.

ADEJE Av. Bruselas 922 71 22 09 Mer.-lun. 12h30-17h et 18h-23h30

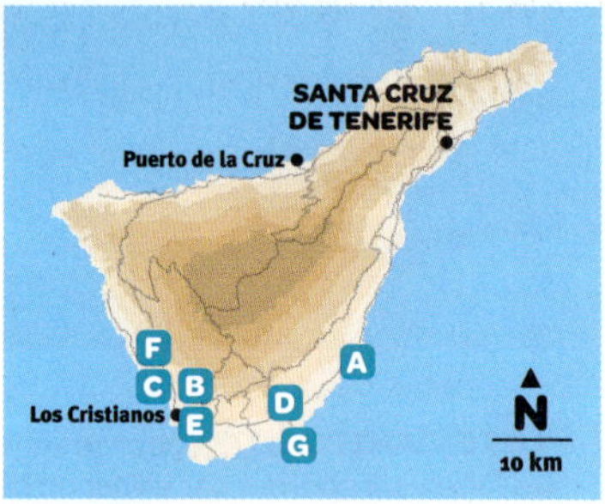

Mes bars de bord de mer

Mes bars

Il y a plusieurs adresses sympas sur le littoral : La Masía del Mar à Adeje ou le Bar Avenida à San Isidro avec les meilleurs sandwichs, jus et milk-shakes de l'île. Pour sortir, j'aime bien prendre un cocktail au bar lounge Papagayo Beach Club sur la Playa de Troya, près de la Playa de las Américas (Arona), génial pour admirer le coucher du soleil face à la plage. Sur cette frange située entre las Américas et la Caleta de Adeje, il fait beau

SI TENERIFE ÉTAIT...

Un parfum Ce serait celui de l'air iodé.

Les falaises de Los Gigantes

toute l'année avec une moyenne de 15-20° C et il est très rare de voir tomber une goutte de pluie !

C La Masía del Mar ADEJE
C/ el Muelle, 3 922 71 08 95 Tlj. 11h-23h

D Cafeteria Avenida SAN ISIDRO
Av. Santa Cruz, 161 922 39 0515 Lun.-sam. 6h-22h30 (fermé en août)

E Papagayo Beach Club ADEJE
Av. Rafael Puig Lluvina, 2 922 78 89 16
Mer.-dim. 17h30-4h

Mes spots de plongée

F Cala Diego Hernández

Je dédie une partie de mon temps libre à la plongée. J'aime nager près des falaises de Los Gigantes et dans la Cala Diego Hernández au sud, une crique tranquille où l'on peut se poser pour la journée. Il y a de beaux paysages sous-marins et des animaux en abondance : poulpes, seiches, le très joli *peje verde* et ses reflets verts et bleutés, le poisson de roche *fula*, des limandes...

Jouer au foot ?

G Tejita

Sur n'importe quelle plage ! Ma préférée ? La vaste Tejita, à El Medano. Elle est dominée par la Montaña Roja, un cône de basalte aux teintes rouge feu. Spectaculaire ! La préférée de mes enfants ? La Playa del Duque car je vis là-bas, à Fañabe. La plage d'Abades aussi, où l'on retrouve mes parents, mes deux frères et ma nièce.

SANTA CRUZ ET LA CÔTE EST

Océane et montagnarde, créative et diurne, travailleuse et festive, ouvrière et commerçante, européenne et sud-américaine... la capitale *tinerfeña* est une mosaïque contrastée, mais toujours douce et accueillante. Quant au littoral qui s'étire plus au sud, il n'est pas des plus attrayants, mais il réserve quelques surprises, comme la Vierge de Candelaria et les pyramides de Güímar.

ACCÈS ET INFOS

- Bus : Titsa Tél. 922 53 13 00 www.titsa.com. Son réseau dense relie quasiment toutes les localités et les deux aéroports.
- Tramway Santa Cruz-La Laguna : Tranvia www.metrotenerife.com
- Office de tourisme de Tenerife Plaza de España Santa Cruz de Tenerife Tél. 922 23 95 00 www.santacruzdetenerife.es. Bureau municipal à la gare Intercambiador et kiosque au-dessus de la Plaza Candelaria

À VOIR

SANTA CRUZ DE TENERIFE

Séparée de la mer par un port actif, Santa Cruz (plan 4, C2) est bordée abruptement au nord par le massif de l'Anaga. Le sud étant dévolu aux entrepôts et industries, c'est donc vers l'ouest que se sont étendus les quartiers résidentiels, jusqu'à se confondre avec ceux de La Laguna, avec laquelle Santa Cruz forme une agglomération dense et continue de près de 400 000 habitants. Le centre ceinturé de larges boulevards arborés (*ramblas*), est scindé en deux par le Barranco de Santos. D'un côté, le Santa Cruz d'aujourd'hui, entre immeubles et tours contemporaines, de l'autre la ville historique, compilation architecturale notamment du 19e s., et des années 1950 à 1970.

Un cœur de ville animé

Centre historique

Le centre historique s'organise autour de l'**Iglesia de la Concepción** (15e s.), la doyenne et plus ancienne paroisse de la ville avec ses cinq nefs de styles mudéjar et baroque. Au nord, la vaste **Plaza de España** et son immense bassin conçu par les architectes Herzog et de Meuron constitue le cœur battant de Santa Cruz. On y a mis au jour les fortifications du **Castillo de San Cristóbal** qui protégeait le port. Des couloirs souterrains ont alors été aménagés pour permettre leur visite et admirer *El Tigre*, le canon supposé avoir emporté le bras droit de l'amiral Nelson en 1797. De la Plaza de la Candelaria voisine part la **Calle del Castillo**, large artère piétonne et commerçante autour de laquelle s'élève la ville baroque et néoclassique (18e-19e s.), désormais mêlée à des édifices plus récents. D'autres jolies places émaillent le centre ancien comme la Plaza Príncipe de Asturias, la Plaza de San Francisco ou la Plaza de la Isla de Madeira, où s'adossent les bâtiments néoclassiques, romantiques

À NE PAS MANQUER

- Santa Cruz de Tenerife
- Museo de la Naturaleza y del Hombre
- Mercado de Nuestra Señora de África
- Basílica de Nuestra Señora de la Candelaria

Playa de Las Teresitas, Santa Cruz

comme du **Teatro Guimerá** (19e s.) et fonctionnels tel **La Recova Vieja**, un vieux marché converti en galerie, deux œuvres de l'architecte Manuel Oraá (1822-1889), urbaniste de la ville.

Centro de Interpretación Castillo de San Cristóbal Plaza de España **922 28 56 05** **Lun.-sam. 10h-18h** **Entrée libre**

Collections éclectiques

Museo de Bellas Artes

Il met à l'honneur la peinture flamande du 16e s. (Pieter Coecke, Brueghel) ainsi que les peintures et sculptures espagnoles et canariennes jusqu'à l'époque moderne.

C/ José Murphy, 12 922 60 94 46 Mar.-ven. 10h-20h, w.-e. 10h-15h Entrée libre

C'EST DANS L'AIR

En 1973, Santa Cruz fut le cadre d'une exposition internationale de sculptures dans l'espace urbain (Joan Miró et Henry Moore pour les artistes les plus connus). La plupart des œuvres demeurent, et jalonneront vos promenades. Vous pouvez en demander la liste et l'emplacement auprès de l'office de tourisme.

Toutes les Canaries dans un musée

Museo de la Naturaleza y del Hombre

L'hôpital désaffecté du 19e s. a été investi par le musée de la Nature et de l'Homme, qui rassemble la plus grande collection archéologique et ethnographique de l'archipel, dont les momies guanches sont les véritables vedettes du lieu. La visite permet une bonne compréhension des racines de la société canarienne et de la fantastique diversité de son milieu naturel.

C/ Fuente Morales 922 53 58 16 www.museosdetenerife.org Lun.-sam. 9h-19h, dim. et j. fér. 10h-17h 5€

Culture à toute heure

Tenerife Espacio de las Artes (TEA)

Ce musée et centre d'art consacré aux arts plastiques dans leurs formes les plus contemporaines partage son bâtiment, signé des architectes Jacques Herzog et Pierre de Meuron, avec une vaste bibliothèque ouverte 24h/24 et 365 jours par an ! Une salle de cinéma, un salon pour la création vidéo et un café-restaurant (menu du jour 10€) complètent cette large offre culturelle.

Av. de San Sebastián, 10 922 84 90 90 www.teatenerife.es Mar.-ven. 12h-20h, w.-e. et j. fér. 10h-20h 7€, accès libre à la galerie jeune création, au salon vidéo et à la bibliothèque

Déballage à tous les étages

Mercado de Nuestra Señora de África

Également connu sous le nom de la Recova, ce marché coloré fait partie des étapes obligatoires pour s'immerger dans la vie quotidienne de l'île. L'enceinte de style néocolonial abrite deux étages d'échoppes réparties autour de patios, tandis que de sympathiques gargotes se sont installées tout autour. Les puces s'y tiennent le dimanche.

Av. San Sebastián, 51 www.la-recova.com Lun.-sam. 6h-14h, dim. 7h-14h

Signature architecturale

Auditorio Adán Martín

Œuvre de l'architecte-ingénieur Santiago Calatrava Valls, l'auditorium de Tenerife est devenu la marque de la *skyline santacrucera*. Il faut en faire le tour pour saisir la complexité de sa silhouette, entre aéronef fantastique et vagues déferlantes. L'intérieur est à l'avenant, avec son orgue avant-gardiste intégré à la paroi. Profitez-en pour jeter un coup d'œil au **Castillo de San Juan Bautista** (1644), bâti sur le front de mer, et sa poudrière en retrait.

Av. de la Constitución, 1 922 56 86 00 (spectacles) ou 922 56 86 25 (visites) www.auditoriodetenerife.com Visite : lun.-ven. à 12h30 (pas de visite en août) 5€

DRÔLE D'AFFAIRE

"Los chicharreros" (les chinchards) : c'est ainsi que la population de La Laguna, capitale jusqu'au 18e s., désignait les familles pauvres vivant de la pêche dans ce qui n'était alors qu'El Cabo (le bout). Les habitants de la future puissante Santa Cruz revendiquèrent par ironie ce titre, donné aujourd'hui par extension à tous les *tinerfeños* (habitants de Tenerife).

LA CÔTE EST

Tel qu'on l'aperçoit depuis l'autoroute longeant l'océan, le littoral qui s'étire entre Santa Cruz et les stations balnéaires du sud laisse circonspect sur ses

DÉLICES DES *GUACHINCHES*

À Tenerife, une *guachinche* désigne une ferme-auberge proposant une cuisine familiale accompagnée uniquement du vin récolté à la propriété. Au menu, pas plus de trois plats traditionnels, élaborés à partir de produits frais issus du potager des propriétaires. Vous pourrez ainsi y savourer un lapin en sauce aux herbes, des côtes de porc aux pois chiches, des pommes de terre ridées et leur sauce *mojo* au piment, de la viande de porc marinée, du cabri, des beignets de poisson, etc. Les assiettes sont toujours généreuses et les prix très raisonnables. L'île compte plus de cent *guachinches*. Pour connaître leur adresse et leurs horaires, consultez la carte interactive de l'application gratuite pour mobile, Guachapp.

Papas arrugadas* avec leurs sauces *mojo

attraits touristiques. Les versants arides déroulent un monotone *tabaibal* (maquis d'euphorbes) avant de se couvrir de nuages aux altitudes supérieures. Il est pourtant des recoins au charme indéniable, notamment le long des nombreux *barrancos*, qui sauront retenir les curieux et les faire profiter de l'ensoleillement optimum de la côte.

Saluer la patronne de l'archipel

Candelaria (plan 4, C2)

Cette cité agricole doit sa fondation, son nom et une part significative de son économie à la patronne de l'archipel, la Vierge "à la chandelle", dont une statue a été retrouvée échouée par les Guanches à la fin du 14e s. Installée sur un site sacré en bord de mer, elle devint le symbole de l'identité canarienne catholique, traversant les siècles et les cultures. L'original fut emporté par une tempête en 1826, c'est donc une copie du 19e s. qui est aujourd'hui révérée sans que la dévotion faiblisse. Franchissant les océans, le culte de la Vierge de Candelaria est ainsi partagé par une bonne partie de l'Amérique du Sud et centrale.

20km au sud de Santa Cruz, 58km au nord de Los Cristianos
Office de tourisme Av. de la Constitución ☎ 922 03 22 30 ⏲ Lun.-sam. 9h-14h

Basílica de Nuestra Señora de la Candelaria 👍

Succédant aux grottes et aux églises primitives du littoral, cette basilique (1959) dotée d'un campanile de 45m de hauteur doit sa fondation à une souscription populaire. Elle reçoit 2,5 millions de visiteurs par an, avec des pics de fréquentation le 2 février et le 15 août. L'esplanade accueille un arc de neuf sculptures monumentales, *Los Menceyes Guanches*, représentant les rois qui régnaient sur l'île au moment de la conquête espagnole. Messes quotidiennes (jusqu'à quatre le dimanche), et grands chœurs traditionnels pour celle de midi.

Plaza Patrona de Canarias ⏲ Lun. 15h-19h30, mar.-dim. 7h30-19h30

Nuestra Señora de la Candelaria

Croyances et mystères

Güímar (plan 4, B2)

La vallée de Güímar constitue une zone fertile cultivée dès l'époque guanche. C'est encore un éminent centre de production agricole et viticole, fort d'une appellation d'origine contrôlée. Accompagnant le culte de la Vierge de Candelaria (p.144), le patrimoine religieux de la commune est important mais dispersé.

La déambulation dans son paisible centre, autour des avenues de Santa Cruz et Obispo Pérez Cáceres, révèle ainsi quelques raretés au milieu de bâtiments du 20e s. sans relief. Un site phare a toutefois forgé sa réputation autant touristique qu'ethnographique, voire ésotérique : les pyramides.

À 29km de Santa Cruz, 55km de Los Cristianos

Pirámides de Güímar
Fruits du travail des paysans entassant les pierres déblayées dans les terrains alentour, les constructions pyramidales ne sont pas rares aux Canaries. Mais la dimension, la géométrie parfaite et l'orientation des pyramides de Güímar ont, elles, nourri de nombreuses hypothèses, notamment sur les liens entre les civilisations guanche et indienne d'Amérique du Sud, voire égyptienne... jusqu'à ce qu'il soit démontré qu'elles ont été bâties au 19e s.
Parc d'attractions C'est désormais un parc d'attractions de 65 000m^2 qui s'est érigé autour, ajoutant à la visite des pyramides démythifiées : des expositions et projections sur les possibles voyages maritimes et échanges culturels entre les civilisations anciennes ; un espace sur l'île de Pâques et les Rapa Nui ; un premier jardin des plantes endémiques canariennes ; un autre sur celles rapportées des Amériques ; et un dernier sur les espèces les plus toxiques au monde.

C/ Chacona ☏ 922 51 45 10 www.piramidesdeguimar.es ⏲ Ven.-lun. 10h-18h € 16€

À FAIRE

Rafraîchissez-vous en famille

Parque Marítimo César Manrique (plan 4, C2)
Le parc maritime de Santa Cruz (2,2ha) a été dessiné par César Manrique qui, décédé avant sa réalisation, n'a pu parfaire ici son œuvre. Moins organique et arboré que son homologue *portuense*, il permet néanmoins de se rafraîchir grâce à ses trois piscines en bord de mer (location de transats et parasols, restauration sur place). Sur la colline voisine, le jardin botanique **Palmetum** et conserve plus de 400 variétés de palmiers et en représente la plus belle collection d'Europe.

SANTA CRUZ DE TENERIFE Av. de la Constitución, 5 ☏ 922 22 93 68 www.parquemaritimosantacruz.es ⏲ Juin-sept. : tlj. 10h-19h ; oct.-mai : tlj. 10h-18h € 2,50€, Palmetum 6€

Profitez de la plage

Rarement à plus de 1km de la côte, l'autoroute TF-1 n'a laissé que peu de place pour les chaises longues, mais à chaque sortie correspond une possibilité de baignade, au gré de séculaires hameaux de pêcheurs. **San Miguel de Tajao** (sortie 46) a conservé une ambiance pittoresque autour de son port. À **Porís de Abona** (sortie 39) subsiste une charmante grève avec une plage en grande partie sableuse. En contrebas d'une aire de service, Los Roques de Fasnia (sortie 14) cache deux plages : la spacieuse **Playa del Abrigo**, et **Playa de Los Roques** aux maisons blotties sous un roc monumental.

NOS ADRESSES

RESTAURANTS

Restaurant de plage

Café al Mar ♥€

La cahute et sa terrasse sont posées au pied d'un dragonnier sur la jetée de la pittoresque plage de Porís. Cuisine sur le pouce mais savoureuse : crevettes, moules, *chocos*, salades, pitas joliment garnies... Vous serez repu pour une dizaine d'euros.

PORÍS DE ABONA (plan 4, B3 n°4) C/ Martin Rodriguez, 14 (20km au sud de Güímar) 636 94 38 20 Lun.-jeu. 11h-22h, ven. 11h-23h, sam.-dim. 10h-23h

Ferme-auberge

El Puntero ♥€€

Sol émaillé, peintures rustiques colorées, nappes à carreaux... cette gargote ne paie pas de mine, mais l'accueil est amical et les plats idoines (belle marée juste saisie avec un filet d'huile ou de jus). Une introduction populaire et franche aux *guachinches*. Comptez 20€.

SANTA CRUZ DE TENERIFE (plan 4, C2 n°1) C/ San Clemente, 13 922 28 22 14 Lun.-sam. 12h-16h30 et 20h-23h

À toute heure

La Posada €€

L'ambiance, rustique, est rehaussée de murs vermillon. La cuisine traditionnelle roborative, canarienne et castillane, est agrémentée de petites mais fines variations. L'adresse est aussi courue pour son service en continu et jusqu'à tard dans la soirée. Carte de 20 à 25€.

SANTA CRUZ DE TENERIFE (plan 4, C2 n°2) C/ Méndez Núñez, 61 922 24 67 72 Mer.-sam. 13h-0h, dim. 13h-23h Fermé mi-août-mi-sept.

***Lapas* (patelles), spécialité de l'archipel**

Haut de gamme

Restaurante Papa Negra €€€

Outre sa terrasse à l'intérieur de l'enceinte, ce restaurant d'hôtel distille une atmosphère agréable et de belles vues sur la Rambla de Santa Cruz. Cuisine canarienne innovante et de grande qualité : pagre des rochers aux raviolis de calamars, lingots d'avocat et crevettes sur le gril, lapin servi avec du pain au *gofio* et pommes de terre, etc. Comptez 35€ le repas.

SANTA CRUZ DE TENERIFE (plan 4, C2 n°3) Iberostar Grand Hotel Mencey C/ Dr. José Naveiras, 38 922 60 99 00 www.restaurantepapanegra.com Tlj. 20h-23h

L'épicurien

La Buena Vida €€€

Une adresse qui ne fait pas injure à son nom ("la bonne vie"). Bonne cuisson des poissons du moment, mais aussi côte de bœuf, wok et carpaccio. Les prix sont un peu au-dessus de ceux du quartier (carte 20-30€).

SANTA CRUZ DE TENERIFE (plan 4, C2 n°5) C/ Antonio Domínguez Alfonso, 10 922 24 19 13 Lun.-sam. 12h-0h (cuisine fermée entre 16h et 20h) ; dim. 12h-16h30 Bar Ouvert 12h-0h (ven.-sam. 1h)

SHOPPING

Couleurs et saveurs

Mercado de Nuestra Señora de África

Une étape indispensable pour s'immerger dans les us et les couleurs de l'île. L'enceinte de style néocolonial abrite des stands distribués autour de patios. Gargotes sympathiques à prix modiques tout autour, déballage en tout genre dans l'avenue adjacente, et puces en plus le dimanche.

SANTA CRUZ DE TENERIFE (plan 4, C2 n°60)
Av. San Sebastián, 51

SORTIES

Hormis les jours de fête, la vie nocturne de Santa Cruz est relativement paisible au regard de son statut de capitale. Passé l'heure du *tapeo* (équivalent de l'apéritif), la ville se vide. Il n'y a plus grand monde dans les bars épars du quartier del Toscal, ni le long des *ramblas* et des quais. Entre La Paz et Los Hoteles, on peut encore trouver quelques bars sympas pour prolonger la soirée.

Arts contemporains

El Tanque

Le "Réservoir" (anciennement de pétrole) a été reconverti en bouillon de culture. Arts et spectacles vivants contemporains, concerts de la scène indépendante des musiques actuelles, expositions ou festivals vous attendent au bout de la passerelle d'embarquement.

SANTA CRUZ DE TENERIFE (plan 4, C2 n°40)
C/ Fuente de Santa Cruz 922 23 95 96
Selon programmation

LA RECETTE

BARRAQUITO

Spécialité de Tenerife conçue dans la ville de Santa Cruz au 20e s., ce cocktail tire son nom de son créateur, un certain Barraco. Bu à toute heure selon l'humeur, le *barraquito* a sa version matinale, le *leche y leche*, sans liqueur (composée, comme son nom l'indique, de 43 ingrédients, dont la vanille, la Cuarante y Tres titre 31° d'alcool).

Pour un verre

1 expresso
un peu de lait
25cl de lait concentré sucré
1 à 2 c. à s. de Licor 43
zestes de citron

Important : les différents ingrédients ne doivent pas être mélangés mais ajoutés successivement en vue d'obtenir des couches superposées (d'un bon centimètre au moins).

Versez au fond d'un verre le lait concentré sucré en évitant de le faire couler sur les parois. Ajoutez très délicatement la dose de Licor 43. Préparez un expresso bien chaud et faites-le couler sur le dos d'une cuiller à soupe afin qu'il reste à la surface. Recouvrez d'une mousse de lait épaisse puis décorez de zestes de citron.

LA POINTE NORD-EST

Au nord de l'éblouissante et vibrionnante cité de La Laguna se révèlent les reliefs accidentés de l'Anaga, premier massif volcanique de l'île, aujourd'hui parcouru d'une ligne de crête où nuages et alizés nourrissent les vestiges d'une forêt primaire (*monteverde*). C'est le royaume des randonneurs, ses hameaux enclavés et ses plages isolées n'étant pour certains accessibles qu'à pied.

À VOIR

LA LAGUNA ★

De son nom complet San Cristóbal de La Laguna (155 000 hab. et 25 000 étudiants), celle qui fut la capitale politique de l'île jusqu'en 1833 est aujourd'hui la ville du savoir et des belles pierres et, le soir venu, celle des bars branchés, sa jeunesse étudiante prenant les commandes. Si Santa Cruz est le nouveau poumon économique de l'île, La Laguna demeure le foyer de la vie intellectuelle, forte de son université née en 1701 et siège du pouvoir ecclésiastique. Inscrit par l'Unesco sur la liste du patrimoine mondial, son magnifique cœur historique des 16e-18e s. témoigne de cette puissance passée.

ACCÈS ET INFOS

- Bus et tramway relient Santa Cruz à La Laguna en 15-30min
- Office de tourisme municipal de La Laguna Casa Alvarado Bracamonte C/ Obispo Rey Redondo, 7 Tél. 922 63 11 94 www.turismolalaguna.es www.aytolalaguna.es.
  Annexe : Intercambiador de Transportes Av. de la Trinidad

Ville coloniale modèle

Foyer historique

Siège culturel, commercial et festif de la ville, le centre ancien n'a rien d'un musée. Déambulez au gré de ses ruelles à la découverte de ses palais, maisons nobles, églises et couvents, tous d'exceptionnelle valeur architecturale et, surtout, n'hésitez pas à franchir leurs porches. La plupart de ces bâtiments étant occupés par des administrations, l'église ou l'université, leur accès parfois limité dépend des horaires de service de chacun. Les visites proposées par l'office de tourisme restent le moyen le plus sûr de ne rien manquer.

L'île au fil du temps

Museo de Historia y Antropología-Casa Lercaro

C'est le complément indispensable au musée de la Nature et de l'Homme de Santa Cruz (p.141), l'histoire de la société canarienne, du monde guanche à l'économie moderne. La visite vaut aussi pour le cadre, un palais du 17e s. à la structure canarienne et aux influences Renaissance.

C/ San Agustín, 22 922 82 59 49 www.museosdetenerife.org Lun.-sam. 9h-19h, dim. et j. fér. 10h-17h 5€

À NE PAS MANQUER

- Centre historique de La Laguna
- Museo de Historia y Antropología-Casa Lercaro (La Laguna)
- Parque Rural de Anaga
- Taganana
- Chamorga

La Laguna

Palais *lagunero*
Casa Salazar

Il constitue, avec l'office de tourisme et la Casa Lercaro (musée d'Histoire et d'Anthropologie), la seule occasion de pénétrer dans un palais *lagunero*.

C/ San Agustín, 28 ◷ Lun.-ven. 10h-14h (visite du patio uniquement, entrée libre) € 5€ (Casa Salazar et église de la Conception), 2€ (patio de la Casa Salazar et église de la Conception)

Plafonds polychromes
Iglesia de la Concepción

L'église (16ᵉ s.) a subi plusieurs retouches au fil des siècles, notamment avec l'ajout d'une **tour-clocher** (17ᵉ s.), du haut de laquelle on a une belle vue sur la ville. Son principal attrait réside dans le travail remarquable de ses plafonds en bois polychromes (18ᵉ s.), mais remarquez aussi, dans l'une des chapelles, les fonts baptismaux en céramique de verre datant de l'époque coloniale.

Plaza de la Concepción et Plaza Dr. Olivera ◷ Mar.-ven. 10h-19h, lun. 10h-14h € Accès à la tour 2€

Art contemporain
Fundación Cristino de Vera

Foyer culturel séculaire de l'île, La Laguna compte de nombreux lieux attachés à la création artistique, comme cette prestigieuse fondation. En partie consacrée à la figuration métaphysique du peintre canarien (né en 1931) lui ayant donné son nom, la fondation accueille aussi des expositions temporaires d'artistes modernes et contemporains reconnus.

C/ San Agustín, 18 ☏ 922 26 28 73 www.fundacioncristinodevera.org ◷ Lun.-ven. 10h-14h et 17h-20h, sam. 10h-14h € Entrée libre

PARQUE RURAL DE ANAGA ★

Le massif de l'Anaga (plan 4, C1) est le secret à ne pas trop ébruiter, bien que son classement par l'Unesco en 2014, au titre de réserve de la biosphère, devrait le mettre sous les feux de la rampe. Domaine du *tabaibal* (maquis d'euphorbes), des chardons et des cultures vivrières en terrasses, ses versants accueillent un habitat restreint, disséminé en hameaux séparés par des reliefs fracturés et verdoyants, avec l'océan pour horizon. Le mode de vie est resté ici très rural et le tourisme, même de randonnée, est peu développé. Seule la route de Taganana à Benijo permet d'accéder à la côte.

À la découverte de la laurisylve

Monte de las Mercedes

De La Laguna, la route TF-12 conduit vers El Bailadero en passant par les monts de las Mercedes. Vous parvenez d'abord au **Mirador Cruz del Carmen** qui s'ouvre sur le sud. Un **centre des visiteurs** dresse un portrait du massif et renseigne sur les nombreuses randonnées alentour. Un sentier des Sens y est aménagé de passerelles pour une rapide découverte de la forêt. Un peu plus loin sur la route, après la montée, un second belvédère, le **Pico del Inglés**, offre des vues panoramiques qui embrassent l'horizon du Teide au nord de l'Anaga.

Centro de Visitantes Cruz del Carmen Ctra. Las Mercedes, Km6 (TF-12) 10 km au nord de La Laguna 922 63 35 76 Juil.-sept. : tlj. 9h30-15h ; oct.-juin : tlj. 9h30-16h

Un balcon sur l'océan

Taganana

Bourg majeur de l'Anaga, il se révèle au débouché du tunnel du Bailadero, offrant l'une des plus belles cartes postales de l'île. La déambulation dans les quelques rues croquignolettes du centre de Taganana passera par son église (16e s.) à l'icône mariale vénérée.

À 23km de Santa Cruz via San Andrés

Benijo

La nature à l'état pur

Benijo

Plusieurs restaurants, essentiellement fréquentés par des *chicharreros*, bordent la route entre Taganana et le hameau de Benijo en contrebas. On y trouve deux belles plages, l'une aménagée à Roque de las Bodegas, appréciée des nudistes, l'autre au pied du village d'Almáciga, la préférée des surfeurs. Au-delà de Benijo, le sentier PR-TF-6 mène aux hameaux d'**El Draguillo** et de **Las Palmas** (2h30 AR), et dévoile d'extraordinaires panoramas sur la côte nord et le Roque de Dentro.

5km à l'est de Taganana

Hameaux isolés

Chamorga 👍

Sur la crête, à mi-chemin de San Andrés et de Taganana, au lieu-dit El Bailadero, prenez la direction de Chamorga et zigzaguez à travers le *monteverde* (laurisylve) de Pijaral. Le hameau n'a rien d'exceptionnel, sinon la luxuriance du fond de son *barranco* et la satisfaction d'être au bout de la route la plus perdue de l'île. Il vous faudra ensuite continuer à pied pour trouver le phare d'Anaga, puis le hameau le plus au nord de l'île, avant de découvrir le **Roque Bermejo** et ses criques. Comptez 2h AR par le *barranco*, 3h avec aller par le sentier de randonnée PR-TF-6 aux vues plus spectaculaires (dans ce cas, montez sur la gauche du bar de Chamorga vers Las Casas de Tafada).

30km au nord-est de Santa Cruz

À FAIRE

Lézardez sous les palmiers

San Andrés

Ce village côtier est la destination dominicale des familles *santacruceras* qui viennent profiter de la **Playa de las Teresitas**, ombragée de palmiers. Son kilomètre et demi de sable fin et blond trahit sa nature artificielle, tout comme sa barrière rocheuse protégeant la baignade des humeurs océanes.

À 7km de Santa Cruz par la TF-11

NOS ADRESSES

RESTAURANTS

Ambiance de banquet

Casa África ♥€

Au nord-est de l'Anaga, face à l'océan, c'est l'adresse populaire des *chicharreros* pour passer un après-midi de week-end à table, en chantant accompagné d'une guitare. Poisson du moment, poulpe frit ou cuisiné, bifteck, salades et omelettes pour 5 à 14€. Menu du jour à 12€, boisson comprise.

TAGANANA (plan 4, C1 n°7) Roque de las Bodegas (sur la route entre Taganana et Almáciga) 922 59 01 00 Mar. et jeu.-dim. 11h-18h

Casa África

Comme à la maison

Casa Paca ♥€

Il n'y aura pas de place pour tout le monde, les habitués étant légion, et le vin ne vient pas de loin (on vous proposera de le goûter avant commande : acceptez, c'est plus sûr...). Pour le reste, gardez les yeux fermés : *chocos* et poulpe *a la plancha* fondants, *conejo* grillé (lapin), et autres propositions selon les arrivages. Si vous n'êtes pas prêt à vous laisser faire, mieux vaut passer votre chemin... Comptez 10-12€ le repas.

BENIJO (plan 4, C1 n°6) Caserio Benijo, 8 (à 26km de Santa Cruz, au bout de la TF-134) 923 21 89 93 Tlj. 10h-21h

À la bonne franquette

El Túnel €€

Dans le village, voici un bâtiment avec terrasse, alternative à la Cofradía San Andrés, avec peut-être un plus large choix en fruits de mer (couteaux, palourdes, langoustines...). Carte 20€, plateau de fruits de mer 20€, langouste 60€.

SAN ANDRÉS (plan 4, C1 n°8) C/ José Benigno Ramos, 7 (à 8km de Santa Cruz) 922 59 11 13 Mar.-sam. 12h-23h, dim.-lun. 12h-17h

Les Canaries revisitées

Guaydil €€

Un cadre atypique confrontant époques, lignes et matériaux, ponctué d'œuvres contemporaines. Tout aussi créative mais plus cohérente, la cuisine revisite les spécialités locales : pointe d'échine ibérique au miel de palme, morue confite et émincé de châtaignes, et si vous n'allez pas à La Gomera, l'*almogrote* (pâte à base de fromage) vous en parlera. Carte de 25 à 30€.

LA LAGUNA (plan 4, C1-C2 n°9) C/ Dean Palahí, 26 822 04 76 65 www.restauranteguaydil.com Dim.-mer. 13h30-17h, jeu.-sam. 13h30-22h

Mer en vue

La Posada del Pez €€€

Une belle maison canarienne avec balcon traditionnel et terrasse offrant une vue imprenable sur la mer. L'atmosphère est familiale, le service aimable et professionnel. Spécialités de fruits de mer, de produits canariens et galiciens. Goûtez aux poulpes au grill avec purée de patates douces, au *tataky* de thon, au ceviche de badèche et au mérou brun en sauce. Bonne carte de vins. Compter de 45 à 55€ le repas.

SAN ANDRÉS (plan 4, C1 n°10) Ctra. San Andrés-Taganana 2 922 59 19 48 Mar.-jeu. et sam. 13h-16h30 et 19h-23h, ven. 13h-23h, dim. 13h-17h

SORTIES

La Laguna

La Laguna est faite pour le *tapeo*, flânerie gastronomique de tapas en *pinchos*, accompagnée de quelques crus locaux. De nombreuses adresses rivalisent de finesse dans leur préparation, simples bars ou restaurants réservant un espace à cet usage. C'est à La Laguna que vous trouverez l'essentiel de la vie nocturne de cette partie de l'île. La programmation culturelle et les soirées figurent dans le mensuel *Lagenda* (www.lagenda.org).

La Venta de la Esquina

Tapas Bar

San Cristóbal Gastrobar

Cadre fonctionnel égayé par la valse des serveurs. L'adresse est courue à juste titre, et la dénomination "gastrobar" n'est pas usurpée. Tapas de 3,50 à 11€.

LA LAGUNA (plan 4, C1-C2 n°41) Plaza de la Concepción, 24 922 36 78 15 Mer.-lun. 12h-0h

Corner incontournable

La Venta de la Esquina

Passez outre son emplacement aux abords touristiques de l'église de la Concepción. Vous y savourerez d'appétissants jambons *ibéricos* et un goûteux boudin canarien aux amandes.

LA LAGUNA (plan 4, C1-C2 n°42) Plaza Dr. Olivera, 9 922 25 58 24 Mar.-dim. 12h-0h

La jeunesse aux commandes

La Bruma ♥

Service un peu désinvolte mais cuisine parfaitement rigoureuse et inspirée. Tapas créatives (5-12€) et musique (indé et classiques pop-rock). Les week-ends, le son monte en fin de soirée.

LA LAGUNA (plan 4, C1-C2 n°44) C/ Alberto Einstein, 37 922 63 35 29 Mer.-jeu. 13h30-16h et 19h30-22h30, ven.-sam. 13h30-16h et 19h30-23h, dim. 13h30-16h30

Café alternatif

Cafe 7

Ambiance bohème dans ce café dissimulé au fond d'un couloir d'immeuble. La grande terrasse arborée bruisse des conversations d'une jeunesse étudiante. Café-théâtre. Friperie, disquaire et bouquiniste encadrent l'entrée (La Sala de Máquinas).

LA LAGUNA (plan 4, C1-C2 n°45) C/ El Juego, 7 Lun.-mar. 9h-0h, mer.-ven. 9h-2h, sam. 10h-2h, dim. 16h-0h

Cinéma et arts de la scène

Espacio Aguere

Ce centre culturel dispose d'un cinéma d'art et d'essai, de trois salles dédiées au spectacle vivant, et d'un grand bar sombre plus avenant et animé sous les éclairages nocturnes. Soirées thématiques ou DJ.

LA LAGUNA (plan 4, C1-C2 n°46) C/ Herradores, 47 www.aguerecultural.com Jeu.-sam. 18h30-2h

Musique live

Buho Club

Le bar à concerts historique de La Laguna, à la déco pop lumineuse et dont la scène est perchée à 3m. Concerts en tous genres : folk, jazz *old school*, électro... Concert 6-13€ avec un verre, gratuit sans live.

LA LAGUNA (plan 4, C1-C2 n°47) C/ Catedral, 3 686 47 93 88 Jeu.-dim. 19h-3h30

LA CÔTE NORD

Agriculture, viticulture et villégiature rythment la vie du littoral nord qui s'étage de l'océan aux contreforts du massif du Teide. Au centre, la vallée née de l'effondrement de Las Cadeñas abrite un joyau d'architecture coloniale, La Orotava, et la dynamique station balnéaire de Puerto de la Cruz. Tout aussi riches et touristiques, Icod de los Vinos et Garachico précèdent l'aride et spectaculaire massif du Teno.

ACCÈS ET INFOS

- Bus : Titsa Tél. 922 53 13 00 www.titsa.com
- Office de tourisme municipal de Tacoronte Ctra. Tacoronte-Tejina, 2 Tél. 922 57 00 15
- Office de tourisme de Puerto de la Cruz La Casa de la Aduana C/ de Las Lonjas Tél. 922 38 60 00
- Centre d'initiative touristique de Puerto de la Cruz C/ Puerto Viejo, 13 Tél. 922 37 02 43
- Office de tourisme de La Orotava C/ Calvario, 4 Tél. 922 32 30 41 www.laorotava.es
- Office de tourisme d'Icod de los Vinos - CIT C/ San Sebastián, 6 Icod de los Vinos Tél. 922 81 21 23

À VOIR

TACORONTE ET EL SAUZAL

Appellation d'origine

Tacoronte (plan 4, B1)

D'immenses falaises offrant deux accès restreints à la mer, puis un vaste espace "rurbain" avec pour centre un vieux bourg des plus plaisants et, sur les hauteurs, des vestiges de la laurisylve... Tacoronte livre quelques exemples de paysages *tinerfeños*. Mais ce sont les produits de la terre qui ont fait sa renommée, la vigne en tête. L'appellation Tacoronte-Acentejo est la plus ancienne et la plus vaste de l'île.

12km à l'ouest du centre de La Laguna et 19km au nord de Puerto de la Cruz

Pour un verre au coucher du soleil

El Sauzal (plan 4, B2)

Partageant l'appellation d'origine avec Taroconte, ce village tranquille mérite un détour pour sa **Casa del Vino**. Installée dans une ferme typique du 18e s., cette "maison du vin" abrite une exposition pédagogique sur la viticulture locale, une salle de dégustation, une boutique bien fournie de toutes les appellations de l'île et un restaurant (p.165). Également, un bâtiment dédié à l'apiculture et à l'agrodiversité traditionnelle. De la terrasse, on bénéficie d'une vue exceptionnelle sur l'océan, idéale pour assister au coucher du roi soleil.

Casa del Vino La Baranda C/ San Simón, 49 (à l'échangeur de la TF-5, sortie 21) 922 57 25 35 www.casadelvinotenerife.com Mar.-sam. 10h-21h, dim. et j. fér. 10h-18h 3€

PUERTO DE LA CRUZ

Ancien port de La Orotava affecté à la pêche puis au transit de la canne à sucre et des vins, Puerto de la Cruz (plan 4, B2) doit sa vocation actuelle à la *gentry* de la fin du 19e s. qui en fit sa terre de prédilection pour la villégiature et les bains. Autour du port de pêche, le vieux centre et ses places animées dégagent

À NE PAS MANQUER

- Puerto de la Cruz
- La Orotava
- Garachico
- Parque Rural de Teno

Punta Brava, Puerto de la Cruz

un charme indéniable, auréolés de témoignages architecturaux d'un riche passé... art de vivre et un cadre authentique bien différents des *resorts* du sud.

À 37km de Santa Cruz et 28km de La Laguna par la TF-5

De place en place

Centre historique

Pour découvrir le centre ancien, partez de Plaza de Europa et vagabondez en bordure des fortifications du front de mer. Vos pas vous guideront ainsi de l'incontournable **Plaza del Charco**, cœur de la ville arboré et peuplé de cafés, à la **Plaza de la Iglesia** et sa basilique, puis à la **Plaza Concejil** et son Palacio de Ventoso ou à la minuscule **Plaza Doctor Víctor Pérez**, sur laquelle donnent l'église de San Francisco et l'ermitage de San Juan, avant de rejoindre la discrète **Plaza Benito Pérez Galdós**, sa chapelle et son habitat populaire de jadis.

Naissance d'une île touristique

Plaza de la Iglesia

Flanquée d'une tour à la fin du 19e s., l'austère **Iglesia de Nuestra Señora de la Peña de Francia** (1684) est célèbre pour ses deux icônes sacrées : la Vierge del Carmen et El Gran Poder de Dios. Quant à la place, elle est considérée comme le berceau du tourisme dans l'archipel : d'un côté, le vénérable Monopol (1742) abrite un hôtel depuis 1888 (enjambez le seuil constellé de pétales pour goûter à l'élégant patio) et, de l'autre, le Marquesa, maison seigneuriale tricentenaire, fait hôtel et bar depuis 1887 – plus que la terrasse m'as-tu-vu, jetez un coup d'œil aux intérieurs chics et patinés du café ou du hall.

Iglesia de Nuestra Señora de la Peña de Francia **Horaires d'accès en fonction des messes (2/j. au minimum) Entrée libre**

Vitrine de l'artisanat canarien

Casa de la Aduana-Museo de Arte Contemporáneo Eduardo Westerdahl

Plus vieux bâtiment civil de la cité au style classique canarien (1620), l'ancienne douane abrite côté port un show room de l'artisanat canarien. Sa visite complète, patio inclus, se fera en découvrant le musée d'art, digne d'intérêt bien qu'il se baptise à tort contemporain.

C/ Las Lonjas Lun.-sam. 10h-14h 2€

"Mixité" culturelle

Museo Arqueológico

Une belle collection, notamment de poterie dédiée à la culture guanche, mais aussi de fréquents événements : conférences, happenings, DJ sets...

C/ El Lomo, 9A 922 37 14 65 www.arqueopc.com Mar.-sam. 10h-13h et 17h-21h, dim. 10h-13h 2€

Oasis séculaire

Jardín botánico

Abreuvée de l'exotisme de son empire colonial, la Couronne espagnole ordonna en 1788 la création d'un jardin conservatoire dans la vallée de La Orotava, au climat si propice. Cet héritage unique constitué de plantes tropicales et subtropicales, souvent très rares est donné à voir sur un site luxuriant aux arbres séculaires.

C/ Retama, 2 (à 2km, carretera Botánico au pied du parc Taoro, dir. Santa Cruz) 922 92 29 81 www.icia.es Tlj. 9h-18h 3€

Nuestra Señora de la Concepcíon

LA OROTAVA

La Orotava (41 500 hab.) est la commune la plus étendue de l'île. Simple petit balcon sur l'Atlantique au nord-est de Puerto (plan 4, B2), elle s'élargit en prenant de l'altitude, jusqu'à occuper les trois quarts de la vallée à laquelle elle donne son nom, pour enfin englober près de la totalité du parc national du Teide. Mais le cœur de la ville palpite autour de son charmant centre historique (La Villa), joyau architectural de Tenerife. Animé par les commerces et les étudiants, il attire les nombreux touristes par ses palais et bâtisses de styles Renaissance, baroque ou colonial ayant appartenu aux plus anciennes lignées de l'île.

À 36km de Santa Cruz par l'autoroute TF-5 (sortie 33), et 6km de Puerto de la Cruz

La plus belle architecture coloniale de l'île

Centre historique

C'est entre la Calle Viera au nord (vers la côte) et la Plaza de San Francisco au sud (quartier du haut), que se trouve l'essentiel du patrimoine de la ville. La **Carrera del Escultor Estévez** forme l'axe central et commerçant, entre classicisme colonial et local. Plus haut, la **Plaza de la Constitución** (beau panorama) est bordée par l'Iglesia de San Agustín (17e s.), baroque malgré son épure canarienne, et par le Palacio Liceo de Taoro. Tout près, le **Jardín Victoria**, à la française, et la **Hijuela del Botánico**, espace botanique qui jouxte la Casa Consistorial abritant la mairie, palais néoclassique du 19e s. aux riches intérieurs (ouverts à la visite libre). À l'ouest, les Calles Colegio et Cólogan déroulent un chapelet d'anciens hôtels particuliers.

Artisans à l'ouvrage

Casa Torrehermosa

Cet édifice (fin 17e s.) aux superbes ouvrages de menuiserie et charpentes abrite **Artenerife**, maison et show room de l'artisanat local sans rien de commun avec les nombreuses bimbeloteries des boutiques à touristes alentour. Pour preuve, les ateliers à l'étage où vous pourrez voir des artisans à l'œuvre.

922 33 32 99 Lun.-ven. 10h-17h Entrée libre

La paroisse-mère de la cité

Nuestra Señora de la Concepción

Bâtie en plusieurs étapes à partir de la fin du 18e s., cette imposante église mêle curieusement les influences, entre façade et retables baroques, coupole et tabernacle génois néoclassiques, colonnes ioniques aux chapiteaux corinthiens, gargouilles néogothiques et clochetons byzantins... Elle abrite un riche musée d'art sacré.

Plaza Patricio García 922 32 69 24 www.concepcionorotava.info Église tlj.9h-20h Musée lun.-ven. 10h-13h, sam. sur rés. 2€

Moulin traditionnel

Molino de Gofio la Máquina

Le moulin la Máquina est l'un des derniers vestiges de la route des moulins des 17e et 18e s., alors au nombre de treize et alimentés par un aqueduc encore visible. Toujours en activité, vous pouvez y acheter votre *gofio*.

C/ Colegio, 3 922 33 07 03 Lun.-ven. 8h-13h et 14h30-18h Il est préférable d'appeler pour réserver Entrée libre

Dans l'intimité d'une *casa* seigneuriale

Casa de Los Balcones

Cette superbe demeure (1632) présente un avant-toit et son balcon de bois à la patine séculaire, complétés de cinq autres avancées aux garde-corps en ferronneries. Ne manquez pas de vous engager jusqu'au patio où s'exprime pleinement le travail des charpentiers. Le rez-de-chaussée est un peu encombré par une boutique de souvenirs et d'artisanat plus ou moins authentique, mais l'étage vous fera pénétrer dans l'intimité de cette bâtisse tel un petit musée Grévin, témoin de la vie domestique traditionnelle et des arts populaires.

C/ de San Francisco, 3 922 33 06 29 www.casa-balcones.com Tlj. 10h-18h 5€ (étage)

ICOD DE LOS VINOS

Cette ville paisible (plan 4, A2) s'étend de la petite station balnéaire de San Marcos aux contreforts du Teide, dominant une vallée dédiée à la culture de la banane et à la viticulture. Pour atteindre son centre historique coquet, blotti au bord d'un *barranco*, il faut grimper à 250m d'altitude. C'est là que se dresse son emblème : un dragonnier, arbre supposé millénaire et réputé le plus vieux de son espèce au monde.

À 57km de Santa Cruz par la TF-5, 22km de Puerto de la Cruz

On dirait l'Amérique du Sud

Centre historique

Pas plus gros qu'un *pueblo*, le vieil Icod s'organise autour de deux places. La **Plaza de San Marcos** en est le centre névralgique. Véritable jardin suspendu au-dessus de la ville et du dragonnier millénaire, c'est un lieu de flânerie pour les habitants qui savourent sa douce quiétude sud-américaine. Le kiosque-café, l'église de San Marcos, les lignes et couleurs des bâtiments, la végétation et peut-être la forte présence vénézuélienne lui donnent en effet des accents du lointain continent, si proche culturellement. Quelques mètres plus haut, la **Plaza de la Constitucíon**, ou Plaza de La Pila, est celle des belles architectures canariennes, dont la **Casa Lorenzo Cáceres** (19e s.) qui abrite le foyer culturel local et l'école de musique est un exemple.

Centro de Visitantes del Drago C/ Arcipreste Ossuna (à l'entrée du parc del Drago)

Au top des tubes (de lave)

Cueva del Viento (plan 4, A2)

Les différents épisodes d'activité du Pico Viejo ont constitué il y a 27 000 ans un réseau de tunnels de lave qui pourrait être le plus important au monde. De fait, sa galerie principale s'étend sur 18km ! Il est possible d'en découvrir une petite partie à l'occasion d'une spectaculaire visite guidée de deux heures, muni d'un casque et d'une lampe frontale. Chaussures de marche (sol très irrégulier blessant), pantalon et vêtement chaud requis (14°C à l'intérieur). Interdit aux enfants de moins de 5 ans.

Camino Los piquetes, 51 (à 3,5km du centre d'Icod par la TF-366) 922 81 53 39 www.cuevadelviento.net Tlj. 9h-17h Visite en français jeu. et parfois ven. à 14h ou 14h45, rés. obligatoire sur Internet 20€

GARACHICO

Port principal de Tenerife aux 16e et 17e s., Garachico (plan 4, A2) aurait pu être l'une des localités majeures des Canaries si en 1706 le Trevejo n'avait enseveli la moitié de la ville et son port. Elle mène depuis l'existence tranquille d'un village de paysans et de pêcheurs, mais les vestiges de son faste révolu

COULEUR LOCALE
Icod doit son nom "de los Vinos" à la renommée mondiale de ses crus depuis le 16e s. Bénéficiant depuis 1994 de l'appellation d'origine Ycoden-Daute-Isora, ses vins fins se déclinent surtout en rosé, blanc sec et demi-sec, mais les rouges y sont en phase concluante de développement. Pour les trouver, deux belles adresses, le Museo de Malvasía (Pl. La Pila, 5, ouv. tlj. 10h-18h) et la Casa de los Reyes (Pl. La Pila, 10, ouv. tlj. 10h-19h30).

n'en ont été que mieux préservés et constituent un ample patrimoine au sein d'un bourg harmonieux. Des hôtels ont investi les anciennes résidences des nobles, et le tourisme culturel ouvre une nouvelle page. Un magnifique *charco* (p.163) invite par ailleurs à la baignade.

À 60km de Santa Cruz, 30km de Puerto de la Cruz

Palais et quartiers populaires

Centre historique

Le quartier des nobles bâtisses du 17e s. se parcourt aisément, entre le couvent des Franciscaines à l'est, la Plaza Juan González et la **Puerta de Tierra**, petite entrée subsistant du port défunt, à l'ouest. Déambulez ainsi le long du *paseo* maritime, des Calles Esteban de Ponte et Francisco Martínez, et rendez-vous **Plaza de la Libertad** pour ses élégants palais... Mais ne négligez pas les quartiers populaires au charme intact : Calles Pérez Zamora et Santa Ana du côté du port de pêche, et Los Reyes pour son ermitage et ses panoramas magnifiques.

Garachico

Art mudéjar

Iglesia de Santa Ana

Brûlée lors de l'éruption, la principale église de la ville fut reconstruite à l'identique de 1714 à 1721, conservant la légèreté de ses piliers soutenant des plafonds à caissons mudéjars. À l'étage de la sacristie, la salle du Trésor regorge d'orfèvreries et de précieuses tuniques brodées.

C/ Francisco Montes de Oca y García ⌚ Lun.-ven. 10h30-16h30, w.-e. (pour les offices) € 1€

Photogénique

Ex-Convento de San Francisco

Le couvent franciscain et l'église Nuestra Señora de Los Ángeles ont été fondés en 1524. Autour des deux cloîtres sont regroupés l'hôtel de ville, la bibliothèque, un petit musée naturaliste et une salle dédiée au volcanisme incluant une présentation de l'histoire locale. L'église est rarement ouverte, mais l'extérieur est photogénique avec ses trois modestes palmiers.

Glorieta de San Francisco (Plaza de la Libertad) ☎ 922 83 00 00 (mairie) ⌚ Lun.-ven. 11h-14h et 15h-18h, sam. 11h-14h € 2€

PARQUE RURAL DE TENO

Pointe sauvage reliant les côtes nord et ouest, entaillé de profonds *barrancos*, le massif du Teno (plan 4, A2) culmine à 1 000m et plonge dans l'océan en spectaculaires falaises, notamment les bien nommées Los Gigantes, au sud. Les hauteurs sont le royaume de deux formations végétales boisées, le *fayal-brezal* et la laurisylve, tandis que vers la côte le *tabaibal* (maquis d'euphorbes) et les chardons prennent le relais. Abritant de multiples espèces rares et protégées (oiseaux, tortues, lézards), ce site ravit les randonneurs et les plongeurs.

Paisible bourgade

Los Silos (plan 4, A2)

Ce charmant bourg aux ruelles pavées mérite un arrêt pour son atmosphère agreste et néanmoins distinguée, son église du 16e s. remaniée au 20e s. dans un style éclectique, sans oublier sa joyeuse place arborée.

À 6km de Garachico

Masca, Parque Rural de Teno

Vue grandiose

Punta de Teno 👍 (plan 4, A2)

L'extrémité occidentale de Tenerife, quasi déserte, est uniquement accessible par des sentiers. Sujette aux éboulements, la route est en effet interdite à la circulation. Le replat de basaltes et de sédiments se termine par un éperon rocheux que domine un phare. La vue est grandiose sur Los Gigantes, où affleurent des cavités sous-marines. Baignade possible (p.161).

À 9km de Buenavista del Norte

Nid d'aigle

Masca 👍 (plan 4, A2)

Perché sur une crête étroite, un ravin de chaque côté, la mer se dessinant au loin entre deux gigantesques falaises, ce joli petit village figure sur bien des cartes postales. La plupart de ses maisons servent à l'accueil du flot quotidien de visiteurs, justifié par la spectaculaire beauté de ses paysages.

À 17km de Buenavista del Norte, 5km de Santiago del Teide (prévoir une moyenne de 20km/h !)

À FAIRE

Profitez de la plage

Playa Jardín (plan 4, B2)

Au sud-ouest du centre historique de Puerto de la Cruz, cette agréable plage de sable noir propice à la baignade s'étire jusqu'au Loro Parque. Ce dernier est séparé en deux par un éperon rocheux et une terrasse solarium jalonnée de cafés et de restaurants. Sa promenade paysagère a été aménagée par César Manrique.

PUERTO DE LA CRUZ

Faites trempette

Punta de Teno (plan 4, A2)

À la pointe du Teno, au bout d'un chemin de caillebotis, un petit quai doté d'un escalier permet la baignade les jours de mer calme. Plus sûre, la petite crique des pêcheurs offre une eau pareillement limpide.

À 9km de Buenavista del Norte

Détendez-vous en famille

Loro Parque (plan 4, B2)

Ce jardin luxuriant rassemble tout ce qui est mignon (lémuriens, manchots, flamants roses, loutres) ou impressionnant (gorilles, requins, tigres, alligators). Les spectacles de dauphins et d'orques, sans oublier les *loros* (perroquets), dont le parc détient la plus grande collection au monde, sont toujours prisés.

PUERTO DE LA CRUZ Av. Loro Parque (navette gratuite toutes les 20min de la Plaza de los Reyes Católicos) ☎ 922 37 38 41 www.loroparque.com 🕒 Tlj. 9h30-17h30 € 40€, 6-11 ans 28€

Randonnez par monts et par vaux

Sentier côtier (plan 4, B2)

Ce joli sentier au plus près de la côte offre de superbes panoramas sur l'océan. Départ du **Mirador de la Paz**, au-dessus de la Plaza Viera y Clavijo, à Puerto de la Cruz (p.154). Le long de l'église San Amaro, suivez la Calle Cólogan, longez l'hôtel Semiramis, puis au coude, prenez la ruelle la plus proche du littoral. Elle descend pour passer sous la voie rapide et serpente à travers un *barranco* jusqu'à rejoindre la petite route de la **Playa Bollullo**, jolie anse sablonneuse. En continuant le long de la falaise suivent les **plages del Pozo** et **Los Patos** appréciées des surfeurs et des naturistes. Comptez 1h aller. Autre option avec une heure de marche supplémentaire : au débouché du chemin sur la route de Bollullo, remontez plutôt à droite vers le hameau d'El Rincón. Restez sur la gauche de la route devenue parallèle à la côte et poursuivez jusqu'au portail barrant la route en bravant le panneau qui signale l'impasse. À droite, un sentier raide remonte sur la crête d'**El Paraíso** et son café-restaurant aux panoramas d'exception. Retour possible en bus (arrêt à l'échangeur autoroutier non loin).

San Juan del Reparo (plan 4, A2)

Au départ de Garachico (p.158), cette promenade (3h AR) ménage de somptueux belvédères sur son rocher et la côte, le tout parmi des coulées de lave ombragées de pins canariens. De la Calle Alcalde de Perlaza (quartier de Los Reyes), à 20m de l'escalier venant de la Plaza de la Libertad, empruntez la ruelle qui monte et aboutit, 10min plus haut sur une nouvelle route. Passez un virage (ignorez l'éventuelle barrière) pour retrouver un chemin borné de murets, grimpant abruptement en lacets. Bien plus haut apparaissent les premières bâtisses de San Juan del Reparo. Gagnez la rue principale (TF-82), pour vous y engager sur la droite, toujours en montant. À la sortie du village, 1km plus loin, le restaurant **Mirador de Garachico** propose une table de bon aloi à l'orée de la crête.

Barranco de Masca (plan 4, A3)

La descente du *barranco* de Masca est réputée dévoiler des paysages saisissants au creux d'une gorge (comptez 2h30 jusqu'à la plage caillouteuse d'où vous pouvez vous faire ramener en bateau, à condition d'avoir réservé). Sachez toutefois que les autorités locales déconseillent cette descente en raison de possibles chutes de pierres surtout par temps pluvieux ou grand vent.

Profitez des eaux calmes d'une piscine naturelle

Mesa del Mar (plan 4, B1)

Au nord de Tacoronte (p.154), là où les falaises sont moins escarpées, deux îlots urbains reliés par un chemin côtier invitent à la baignade. **Mesa del Mar** dans une version moderniste radicale, mais avec un *charco* (bassin) d'un côté et deux plages en enfilade de l'autre et, dans une version villageoise, El Pris (cf. ci-après).

À 5km env. de Tacoronte

Charco El Pris (plan 4, B1)

Bains populaires dans le grand bassin ovale du village de pêcheurs d'El Pris. Après s'être rafraîchi dans sa mer d'huile (séparée des déferlantes par un muret moussu à deux doigts de déborder à marée haute), on n'hésitera pas à stimuler l'économie locale en s'attablant dans un restaurant de poisson !

Ctra. El Pris El Pris 6km au nord de Tacoronte

El Caletón (plan 4, A2)

Si Garachico (p.158) se prête à la flânerie, la baignade n'y est pas moins conseillée, accessible en plein cœur du village. Les laves destructrices ont en effet façonné l'écrin d'un vaste et magnifique *charco* face à l'immense rocher solitaire d'El Roque qui incise l'horizon depuis une éruption bien antérieure.

Garachico

El Caletón

Plongez dans un décor nature-culture

Lago Martiánez (plan 4, B2)

Tirant parti d'une coulée de basalte se jetant dans l'océan, à deux pas du centre de Puerto de la Cruz, ce jardin aquatique dû à Manrique compte sept bassins, un immense solarium parsemé de palmiers et de sculptures, des bars et des restaurants.

Av. Colón, 1 Puerto de la Cruz 922 38 59 55 www.lagomartianez.es Juin-sept. : tlj. 10h-19h (fermeture guichet 1h avant) ; oct.-mai : tlj. 10h-18h 5,50€

Domptez les vagues

Avec Bajamar plus au nord et Las Américas sur la côte sud, Puerto de la Cruz et ses alentours sont le rendez-vous des surfeurs. Les débutants, comme les plus expérimentés qui s'y replient par gros temps, se retrouvent au centre-ville, **Playa Martiánez**, derrière le *lago* ; deux écoles y enseignent. Autre spot confortable avec sa plage de sable fin, **Playa El Socorro** est un *beach break* classique à 8km au sud-ouest de Puerto de la Cruz. Faites attention aux forts courants.

La Marea (plan 4, B2) Puerto de la Cruz Cabanon sur la Playa Martiánez 922 10 55 34 www.lamareasurfschool.com Nov.-avr. : lun.-sam. 10h-18h ; juin-oct. : 10h-20h **Atlantik Surf** (plan 4, B2) Calz. Martiánez Puerto de la Cruz 617 64 63 87 www.atlantiksurf.com

NOS ADRESSES

RESTAURANTS

Situation privilégiée

Cafetería Liceo de Taoro €

Un menu simple et excellent (8-14€) constituera votre sésame pour découvrir ce palais, siège d'un très chic club, et profiter d'une superbe vue sur la ville.

LA OROTAVA (plan 4, B2 n°11) Plaza de la Constitución, 6 922 33 11 11 Mer.-lun. 10h-23h

Circuit court

Cofradía Gran Poder de Dios €€

Le restaurant de la confrérie des pêcheurs dispose d'une terrasse des plus agréables qui domine les fortifications du vieux port. Les produits de la mer sont irréprochables, avec un large choix de coquillages, de poissons vendus au poids et d'*arroces* dont le fameux *arroz negro* à l'encre de seiche. Repas de 20 à 25€.

PUERTO DE LA CRUZ (plan 4, B2 n°12) C/ Las Lonjas, 5 922 38 34 09 Ven.-lun. 9h-14h, mar.-jeu. 9h-16h30

Qualité et fraîcheur

El Sótano ♥€€

Dans le quartier de Las Aguas, au pied des vagues, poissons et fruits de mer servis dans leur plus simple appareil. Délectables petits vins blancs, c'est la région. Accueil familial et diligent. Carte 20-25€.

SAN JUAN DE LA RAMBLA (plan 4, B2 n°16) C/ del Puntón las Aguas 922 36 02 44 Mar.-dim. 13h-17h et 19h-21h

Populaire

Pizzeria Rugantino €€

Courte carte pour cette excellente petite pizzeria qui suscite l'engouement, d'autant plus qu'elle n'est ouverte que le week-end. Pizza roquette-parmesan de Luigi et tiramisú recommandés, à déguster devant la mer ! S'y rendre dès l'ouverture car très fréquenté. Pas de cartes de crédit ni de réservation. Environ 11€ la pizza.

GARACHICO (plan 4, A2 n°13) Calle Esteban de Ponte, 47 634 35 11 71 Ven.-dim. 18h-23h45

Arroz negro

De bon aloi

Mirador de Garachico €€

Une salle très cosy, avec bar et terrasse, dans une belle maison faisant également magasin de souvenirs. Quelques belles réussites en cuisine, entre classiques et tentatives gastronomiques, et dans l'ensemble une adresse correcte. Carte 20-25€. C'est la même maison qui tient le Mirador à proprement parler, dans les hauteurs de la cité.

GARACHICO (plan 4, A2 n°14) C/ Francisco Martínez de Fuentes, 17 922 83 11 98 Ven.-mar. 12h30-16h30 et 18h30-22h30 (fermé les dim. soir d'été)

Un petit coin de paradis
El Guanche Alte Schule €€

À l'écart du flux touristique, l'ancienne école abrite un restaurant végétarien aux menus savoureux et roboratifs (18 et 21€). Vous pourrez choisir entre la terrasse ombragée à l'entrée de la vieille maison canarienne, et le soleil sur la terrasse de l'extension contemporaine, face aux à-pics du Barranco de Masca.

MASCA (plan 4, A2 n°17) C/ Lomito, 9 922 86 30 27 www.alte-schule.es Mer.-ven. et dim.-lun. 12h30-17h

Aux petits soins
El Taller Seve Díaz €€€

Ce petit restaurant à la cuisine innovante soigne le moindre détail : décoration, présentation des plats et fraîcheur des produits, service affable. En vedette : le tartare de thon, les raviolis de calamars et la morue confite sur un lit de patates douces. Il est recommandé de réserver. Comptez de 35 à 50€.

PUERTO DE LA CRUZ (plan 4, B2 n°18) C/ San Felipe, 32 822 25 75 38 Mer.-ven. 19h-23h, sam.-dim. 13h-15h et 19h-23h

Exaltation des sens
Terrazas del Sauzal €€€

Dans la tradition culinaire canarienne avec quelques incursions en Méditerranée, l'établissement, réputé pour ses cocktails, offre d'intimes terrasses ceintes de jardins en balcon sur l'océan. Vins canariens et d'Espagne continentale. Comptez 30€ (vin non compris).

EL SAUZAL (plan 4, B2 n°19) Pasaje Sierva de Dios 9 922 571 491 www.terrazasdelsauzal.com Lun.-ven. 11h-22h, sam.-dim. 17h-22h

Accords mets-vins
Casa del Vino €€€

Dans la Maison du vin de Tenerife (p.154), ce restaurant a pour principal intérêt sa cave et sa terrasse dominant tout le littoral. Bons classiques locaux (env. 30€), mais l'opportunité est belle de faire le tour de l'île par un plateau de fromages en provenance de toute l'île (7,10€). Large sélection de breuvages.

EL SAUZAL (plan 4, B2 n°20) C/ San Simón, 49 (à l'échangeur de l'autoroute, sortie 21) 922 56 38 86 www.casadelvinotenerife.com Mar.-sam. 10h30-22h30, dim. 10h30-16h

Terrazas del Sauzal

SHOPPING

Marché équitable
Mercadillo del Agricultor

Créé il y a plus de 30 ans par des agriculteurs militants soucieux de vaincre la mainmise des intermédiaires, c'est le plus grand marché du genre de l'île : une centaine de stands sous un vieux hangar.

TACORONTE (plan 4, B1 n°61) Carretera Tacoronte-Tejina TF-16, Km3,5 Barrio de San Juan Perales 922 56 38 05 www.mercadillodelagricultor.com W.-e. 8h-14h

LE PARC NATIONAL DU TEIDE ★

Le Teide s'impose comme la première vision de Tenerife, qui semble tout entière naître de son sommet et lui doit son identité. L'altitude, les saisons et les heures du jour réinventent ses paysages exceptionnels protégés par le parc national du Teide, par ailleurs inscrit au patrimoine mondial par l'Unesco au titre de son "assemblage riche et divers de caractéristiques et de paysages volcaniques concentrés dans un décor spectaculaire".

ACCÈS ET INFOS

- Accès en voiture par les TF-21 (de La Orotova), la TF-24 (de La Laguna) et la TF-38 (de Guía de Isora)
- Titsa Tél. 922 53 13 00 www.titsa.com. Bus 342 (de Costa Adeje) et 348 (de Puerto de la Cruz et La Orotava), un seul AR/jour

À VOIR

Le Teide et son petit frère, le Pico Viejo (3 135m), sont nés entre -150 000 et -170 000 ans, après le glissement d'une formation beaucoup plus ancienne, celle de l'édifice volcanique Las Cañadas, qui avait déjà façonné l'île. La caldeira de 10 à 17km de diamètre qui les entoure est le fruit du travail érosif sur les restes de Las Cañadas. C'est cet ensemble géologique, son processus complexe de construction et de remodelage, et les étonnantes espèces végétales colonisant ces territoires hostiles, que donne à voir le parc national du Teide sous la forme de paysages prodigieux.

Sur la route du volcan

TF-24 (plan 4, B2-B3)

La route TF-24 qui part de La Laguna constitue le parcours idéal pour accéder au parc situé 40km plus loin et 1 500m plus haut. Moins tortueuse que les autres, sous le couvert de la pinède, elle permet une découverte progressive du Teide de mirador en mirador, avec des panoramas tous plus époustouflants les uns que les autres. Ceux de Montaña Colorada puis de Chimague balaient la vallée de Candelaria à Güímar, avec Gran Canaria au loin tandis que celui de Chipeque domine la vallée de La Orotava avec La Palma à l'horizon, et livre une première vision du Teide. Vers les miradors d'Ayosa et de La Crucita, aux alentours de 2 000m, l'écran des pins canariens disparaît, dégageant la vue sur les grandes étendues de sédiments piquetées de genêts puis tapissées de basaltes. El Portillo marque l'entrée dans l'actuelle caldeira et la jonction avec la route en provenance de La Orotava (TF-21). Là, un centre d'interprétation présente une exposition sur le volcanisme, la faune et la flore du parc national, ainsi que des informations sur les randonnées aux environs (itinéraires téléchargeables sur le site web).

Centro de Visitantes El Portillo ☏ 922 35 60 00 www.magrama.gob.es/fr/red-parques-nacionales 🕒 Tlj. 9h-18h

À NE PAS MANQUER

- La montée du Teide, en téléphérique ou à pied

Pico del Teide et Los Roques de García

Un peu plus près des étoiles

Observatorio del Teide (plan 4, B2)

Il fut à sa création (1964) l'un des principaux observatoires de la planète, en raison notamment de la pureté du ciel canarien. Il est toujours possible de le visiter d'avril à décembre (sur réservation, formulaire à télécharger).

À 40km de La Laguna par la TF-24 922 32 91 10 www.iac.es

BON À SAVOIR

La solution la plus simple pour accéder au sommet est le **téléphérique**, qui vous hisse de 2 356m à 3 555m, à la base du cône parfait érigé par la dernière éruption. Prévoyez des vêtements chauds, des chaussures confortables, de la crème solaire et de l'eau. La montée ne dure que 8min mais l'attente peut être longue : réservez sur Internet pour l'écourter.

(plan 4, B3) À environ 10km après El Portillo 922 01 04 40 www.volcanoteide.com Tlj. 9h-17h (dernière descente 16h50) AS 13,50€

Le plus haut sommet d'Espagne !

Pico del Teide (plan 4, B3)

Du sommet, on aperçoit des amas neigeux percés d'anfractuosités, d'où se dégagent des vapeurs soufrées. Un sentier latéral permet de passer du sud-est au nord-ouest et réserve des vues remarquables sur tout l'archipel. L'accès au cratère, 160m plus haut (30min de pente sévère), est soumis à autorisation, excepté pour ceux qui arrivent avant 9h, comme les randonneurs ayant dormi au refuge d'Altavista. Inscription sur le site Internet des parcs nationaux le plus tôt possible car pour la préservation du site, les accès sont limités.

www.reservasparquesnacionales.es

Le long de la caldeira

Roques de García (plan 4, B3)

En reprenant la TF-21 vers le sud, vous parvenez, 3km après le téléphérique, au Parador Las Cañadas del Teide. En face, au pied de La Catedral, une ancienne cheminée volcanique mise à nu, le mirador Roques de García offre un panorama privilégié sur la caldeira et des panneaux explicatifs relatifs à l'histoire géologique des lieux. La route longe ensuite les rebords de la caldeira. Avant qu'elle ne plonge vers le sud à travers la couronne forestière, il est possible de contourner le complexe Pico Viejo-Teide sur la TF-38 pour redescendre ensuite par Guía de Isora. L'itinéraire est plus long mais plus beau et bien moins fréquenté.

Vilaflor

La plus haute cité d'Espagne

Vilaflor (plan 4, B3)

Située en dehors du parc, à la sortie de la couronne forestière, et réputée pour la qualité de son air et de ses eaux, Vilaflor est la (petite) cité la plus

IL ÉTAIT UNE FOIS

Parmi les hypothèses avancées sur l'origine du nom de Tenerife, il y a celle des Hauaritas, les Guanches de La Palma, qui désignaient l'île comme terre du *time rife*, le mont blanc. Puis les premiers navigateurs portugais la baptisèrent Nivaria, l'"île" des Neiges. Formant un cône remarquable de 1 500m de haut, le Teide culmine à 3 718m et constitue la troisième plus haute structure volcanique au monde.

élevée d'Espagne (1 500m). Son centre abrite l'Iglesia San Pedro Apóstol et le sanctuaire en hommage à Pedro de San José Betancur (1626-1667). Seul saint canarien et guatémaltèque, ce dernier fut l'évangélisateur et le créateur de l'Ordre de Bethléem. Aux quelques pèlerins s'ajoutent les randonneurs qui se préparent à sillonner le **Paisaje Lunar** (PR-TF72, AR 4h30), hérissé de colonnes et de cônes de pierre ponce créant une étonnante architecture naturelle.

25km après le téléphérique, à 18km de Los Cristianos

À FAIRE

Détendez-vous en famille

Forestal Park Tenerife (plan 4, B2-C2)

Un parc ludique et accueillant pour petits et grands : accrobranche, tyroliennes géantes ; circuits "famille" et "sportifs".

LAS LAGUNETAS Sur la TF-24, km16 (à 16km de La Laguna) 630 38 57 42 www.forestalparktenerife.es Mai-fin oct. : tlj. 10h-20h (dernier accès à 17h) ; fin oct.-avr. : ven.-dim. 10h-18h (dernier accès à 15h) € 24€, enfant 19€

Forestal Park Tenerife

Escaladez le toit de l'Espagne

Plusieurs sentiers balisés permettent de gravir cette montagne mythique, mais le chemin le plus emprunté est celui qui débute par la **Montaña Blanca**, à l'est du pic, et qui permet de réaliser l'ascension dans la journée – 5h aller, descente en téléphérique (p.167). Il est également possible d'entamer la montée dans l'après-midi, de dormir au refuge, puis de terminer la course le lendemain matin. Attention, en hiver le sommet est fréquemment enneigé, et donc inaccessible.

NOS ADRESSES

RESTAURANTS

Une table au bord du cratère

Parador Las Cañadas del Teide €€€

La salle aux grandes baies vitrées ouvre sur Las Cañadas en bout de table. Service à la hauteur de l'enseigne, pour une cuisine régionale de bonne tenue ; *ibéricos* de la péninsule. Menu-carte 30€.

LAS CAÑADAS DEL TEIDE (plan 4, B3 n°21) (à 40km de La Orotava par la TF-21) 922 38 64 15 www.parador.es Tlj. 13h30-22h30

LA CÔTE SUD

Doté d'un climat exceptionnel (3 000 heures de soleil par an, 18°C en hiver) et de longues plages de sable, la côte méridionale a vu dès les années 1970 l'implantation d'immenses complexes touristiques à l'architecture souvent médiocre, qui ont transfiguré la région et drainent désormais des millions de visiteurs chaque année. Si le charme canarien n'est plus au rendez-vous, les divertissements ne manquent pas.

ACCÈS ET INFOS

- Bus : Titsa Tél. 922 53 13 00 www.titsa.com. Son réseau dense mène à quasiment toutes les localités et dessert l'aéroport Tenerife Sur-Reina Sofia.
- Office de tourisme del Médano Plaza de los Príncipes de España Tél. 922 176 002

À VOIR

Côte sous le vent

El Médano (plan 4, B4)

Cette station balnéaire plutôt familiale possède des plages parmi les plus vastes de l'île. Souvent venteuses, elles font le bonheur des adeptes de windsurf et de kitesurf. À 4km à l'ouest, au-delà de la Montaña Roja, un cône volcanique entouré d'une petite réserve naturelle, la **Playa de la Tejita**, en partie naturiste, est la plus agréable.

12km au sud de Granadilla, 22km à l'est de Los Cristianos

Stations balnéaires surpeuplées

Los Cristianos, Playa de las Américas, Costa Adeje (plan 4, A4)

Ces quartiers balnéaires parmi les plus connus de l'île sont fréquentés par les touristes étrangers, majoritairement britanniques et russes, et clients des séjours *all inclusive*, si possible à proximité des commerces des marques internationales et de pubs. Si le tourisme familial rythme la journée – les enfants y trouveront d'immenses parcs d'attractions –, les soirées y sont bruyantes et alcoolisées, surtout dans la zone de bars de Veronicas, à Playa de las Américas, avec ses gogo-danseuses sur les tables des terrasses. Côté culture, pas grand-chose à se mettre sous la dent, en dehors des shows musicaux à grand spectacle à la kitschissime pyramide du Mare Nostrum Resort (Av. de las Américas) ou au Magma Arte y Congresos, qui mérite un passage pour son architecture tectonique faisant écho au volcanisme de l'île

À 76km de Santa Cruz de Tenerife

À l'écart de l'agitation de la côte

Adeje (plan 4, A3-A4)

À flanc de montagne, à près de 300m d'altitude, la cité des Ponte, du nom de la famille génoise ayant participé à la conquête de l'île, est la seule ville du sud possédant une histoire significative. Autour du centre, de nombreux quartiers modernes accueillent depuis les années 1990 la population *tinerfeña*

À NE PAS MANQUER

- Les falaises de Los Gigantes par la mer

Bahía Principe, Adeje

et immigrée travaillant sur la côte. C'est donc une ambiance canarienne populaire que l'on retrouvera sur la Calle Grande, une *rambla* arborée.

Belle vue

Mirador de Chirche (plan 4, A3)

Sur les hauteurs de Guía de Isora, la rude montée à travers les hameaux d'Aripe et Chirche constitue une expérience en soi. Arrivé au mirador, le dépaysement est garanti : le Teide est dans votre dos, tandis qu'en face trône La Gomera, en lévitation entre mer et nuages. Sous le belvédère, un **bar-cafétéria** permet de prolonger la contemplation et d'attendre le coucher du soleil sur l'île Colombine.

17km au nord d'Adeje, sur la TF-38 Cafetería du Mirador de Chirche C/ San Felipe In Chirche ⏲ Dim.-ven. 8h-20h

Entre mer et montagne

Santiago del Teide (plan 4, A3)

Posté à plus de 900m d'altitude, ce petit bourg agricole constitue une étape historique sur la route reliant les côtes nord et sud. Il est désormais dépassé par ses quartiers côtiers : **Los Gigantes** (à 14km) et **Puerto de Santiago** (à 15km). Bordées de reliefs abrupts, notamment les écrasantes falaises de Los Gigantes, ces stations balnéaires modernes ont néanmoins su garder des dimensions raisonnables et une certaine convivialité. Fermant le village au nord, la **Casona del Patio** (17e s.) est une ancienne demeure des seigneurs de Santiago qui abrite un charmant hôtel-restaurant (p.174), un centre équestre et un petit musée dédié au mode de vie traditionnel des Guanches.

À 35km de Los Cristianos, 45km de Puerto de la Cruz

Mirador de Cherfe (plan 4, A2)
Même si vous ne souhaitez pas emprunter la superbe route traversant le Teno jusqu'à Buenavista (TF-436), un petit crochet de 2km s'impose pour profiter de la vue extraordinaire sur La Gomera et même La Palma.
Sur la TF-436, 2km après Santiago dir. Buenavista

À FAIRE

Ouvrez-vous à l'agriculture raisonnée

Aloe Park (plan 4, B4)
Un concept original qui propose de découvrir les secrets de la culture de la banane, de l'aloe vera et de fruits exotiques. Également un moulin à *gofio* et un petit musée des techniques paysannes. La famille à la tête de cette ferme pédagogique a développé un procédé d'exploitation industrielle de l'aloe vera. Si vous souhaitez approfondir le sujet, demandez à visiter leur usine (à 3km). Présentation en français.
BUZANADA Camino Bananeras, 16 (à 4km de Los Cristianos, autoroute TF-1, sortie 69, dir. Valle de San Lorenzo) 922 72 04 03 ou 922 72 03 60 www.aloepark.es Lun.-ven. 9h-16h30 Visite 10h, 11h30, 13h, 15h30 14€

Randonnez dans le couloir de l'enfer

Barranco del Infierno (plan 4, A3)
La “gorge de l'Enfer” est la randonnée incontournable de cette partie de l'île. Elle chemine entre d'imposantes parois rocheuses le long d'un ruisseau irriguant une nature luxuriante, avant de rejoindre une grande cascade (3h AR). Le sentier bien aménagé est interdit aux moins de 5 ans. Des chaussures de marche et un casque (compris dans le billet) sont obligatoires.
À l'ouest d'Adeje 922 78 00 78 www.barrancodelinfierno.es Accès au sentier tlj. 9h-14h30, billetterie tlj. 8h-18h 9€

Barranco del Infierno

Plongez en apnée

Apnea Academy (plan 4, A4)
Initiative atypique, Adeje possède une école municipale de plongée en apnée, affiliée au réseau international Apnea Academy. Son encadrement dispense des initiations et des cours aux visiteurs de passage. La photo sous-marine y est également travaillée.
LA CALETA C/ las Artes 652 19 62 19 www.apneaacademywe.com Lun.-ven. 10h-12h et 13h-15h30

Partez en mer et nagez, plongez, pêchez, skiez, glissez...

Sur la côte sud, de très nombreux prestataires proposent quantité de sorties en mer pour nager, palmer, plonger, pêcher, glisser, skier, voler... ou partir à la recherche des cétacés. Vous les trouverez au port de Los Cristianos ou à Puerto Colón. De Santiago del Teide, on vous proposera en outre des excursions le long des **falaises de Los Gigantes** (p.171). Une charte de qualité et respect environnemental a été signée entre l'agence touristique de Tenerife une dizaine de sociétés. Plusieurs siègent à Puerto Colón (Royal Delfín, Catamarán Bonadea II, Edén Catamarán, Kosamui), deux à Los Cristianos (Travelin' Lady, Mar de Ons), l'une exerce sur les deux ports (Neptuno Sea Company), et les deux dernières sont à Los Gigantes (Marítima Acantilados et Flipper Uno).

Sentez-vous pousser des ailes

Paragliding Tandem (plan 4, A4)

Ici, on vous accueille en français pour des vols découverte en parapente biplace. Pas de conditions requises, sinon un poids compris entre 20 et 90kg. À partir de 90€.

Plage Caleta (Enramada) Adeje (au rond-point du Paseo La Pedrera) 664 66 47 26 www.tenerife-tandem-paragliding.com

Piquez une tête au pied des géants

El Laguillo (plan 4, A3)

Puerto de Santiago possède deux plages en centre-ville, dont l'une est joliment lovée dans une crique, **Playa de La Arena** (Av. Marítima). Celle de Los Gigantes est dissimulée derrière la jetée nord du port et passe à l'ombre des géants de basalte au cours de l'après-midi. Préférez alors le petit *lago* local, **El Laguillo**, piscine et solarium façon Manrique.

C/ Poblado Marinero Los Gigantes (14km au sud de Santiago del Teide) Juil.-août : lun.-ven. 10h-18h ; sept.-juin : lun.-ven. 10h-17h 4,75€

NOS ADRESSES

RESTAURANTS

Un secret bien mal gardé

Bar El Cine €

Une belle surprise que cette adresse blottie au fond d'un passage ouvrant sur la vieille digue du port de Los Cristianos. Le service est rapide, les prix sont serrés, et les vapeurs de cuisine titillent les narines. Au menu : sardines, *chocos*, crevettes, un coup de plancha, une petite salade, le tout bien frais. Un choix de vins, et tout le monde est heureux. Carte 16€.

LOS CRISTIANOS (plan 4, A4 n°22) C/ Juan Bariajo, 8 609 10 77 58 www.grupoelcine.com Tlj. 11h30-23h

A la plancha

Abordo €€

Dans la même ruelle qu'El Cine, une carte identique mais une salle plus cossue. Poissons et fruits de mer sont servis avec un simple aller-retour sur la plancha. Produits nobles, parts généreuses, accueil chaleureux. Carte 13-30€.

LOS CRISTIANOS (plan 4, A4 n°23) C/ Juan Bariajo, 6 822 66 79 71 www.restauranteabordo.com Tlj. 12h30-23h

Pour ses poissons grillés

Restaurante Familiar €€

Dans la populaire El Médano, un accueil chaleureux et une cuisine amicale, le tout dans une salle rustique mais pimpante. Viandes grillées et poisson du jour recommandés. Carte 20-25€.

EL MÉDANO (plan 4, B4 n°24) C/ Carmen Nobrega, 23 627 58 77 58 Ven.-mar. 12h30-15h30 et 18h30-22h30

Mélange des genres

La Casona del Patio €€

Les communs des seigneurs de Santiago (p.171), beaux édifices traditionnels canariens, abritent ce restaurant installé avec chic et modernité dans son écrin du 17e s. Cuisine à l'avenant : plats traditionnels avec un zeste de créativité contemporaine. Carte 18-28€.

SANTIAGO DEL TEIDE (plan 4, A3 n°25) C/ de la Iglesia, 68 922 83 92 93 www.ginestarhotels.com Ven.-dim. 12h30-16h

Bons poissons frais

Los Abrigos €€

Une terrasse semi-couverte dominant le port et devant, un bateau de pêche, visiblement opérationnel à l'enseigne du restaurant. Voici pour le cadre. Alléchant ! Pour en profiter, délaissez toutes les possibilités de la carte et rendez-vous au comptoir pour désigner votre pièce dans les frigos. Ajoutez un blanc bien choisi à prix tenu, et c'est le bonheur. Carte 20-30€.

LOS ABRIGOS (plan 4, B4 n°26) C/ La Marina, 3 922 17 02 64 www.restaurantelosabrigos.com Jeu.-mar. 12h-22h30

LA RECETTE

MOJO VERDE

De l'étymologie portugaise *molho* signifiant "sauce", *mojo* est le nom donné à certaines sauces typiques comme la *mojo rojo* ou la *mojo verde*, un accompagnement indispensable des tapas, viandes et poissons grillés, pour donner de la saveur aux aliments les plus simples.

Ingrédients

2 gousses d'ail
3 piments (ou poivrons) verts
1/2 c. à c. de graines de cumin
1 beau bouquet de coriandre
4 c. à s. de vinaigre
1/2 à 1 verre d'huile d'olive
Gros sel

Faites griller les piments (ou les poivrons) au four à 250°C jusqu'à les noircir uniformément ; mettez-les chauds dans un saladier et couvrez afin que la peau se détache et puisse être retirée facilement. Une fois pelés, égrainez et découpez-les finement. Dans un mortier, écrasez à l'aide d'un pilon l'ail pelé et coupé grossièrement, le cumin et le sel. Ciselez la coriandre, incorporez-la au mélange et pilez à nouveau. Ajoutez les piments, continuez à broyer afin d'obtenir une pâte. Tout en mélangeant, versez doucement le vinaigre et l'huile. Si la consistance semble trop épaisse, il est possible de diluer avec un peu d'eau. Réserver au frais avant de servir.

Trésors de la mer

Perlas del Mar €€

Une adresse contiguë au restaurant Los Abrigos pour une proposition quasi identique. Une vue mieux orientée ? Un service un peu moins diligent ? Peut-être. Les poissons sont tout aussi beaux, à choisir selon le même principe, et le flan de *piña* est à se damner. Carte 20-30€.

LOS ABRIGOS (plan 4, B4 n°27) C/ La Marina, 1 922 17 00 14 Mer.-dim. 12h-23h

Le riz dans tous ses états

El Rincón del Arroz €€€

Une maison sérieuse, grande spécialiste des *arroces*. C'est l'adresse qu'il vous faut si vous cherchez une paella ou une *fideuà*. Bon choix de vins. Carte 35-40€.

LOS CRISTIANOS (plan 4, A4 n°28) C/ Los Sabandeños (en haut de l'avenue) 922 77 77 41 Mar.-sam. 13h-16h et 20h-23h, dim. 13h-16h

Restaurant étoilé

El Rincón de Juan Carlos €€€

Travail des textures, des couleurs et bien sûr des saveurs : nous sommes là dans la haute gastronomie, comme l'attestent ces huîtres Gillardeau (!) au vinaigre de litchi, ce velouté de foie gras aux asperges, cette pancetta à basse température au chutney de mangue et gambas... Menu dégustation 110€. Deux chefs en cuisine, dont un pâtissier. Réservation vivement recommandée.

LA CALETA (plan 4, A4 n°29) Royal Hideaway Corales Beach Av. Virgen de Guadalupe, 21 922 86 80 40 www.elrincondejuancarlos.com Mar.-sam. 19h-22h ; été : 19h-22h30

Voir aussi **Torre del Mirador** (p.138).

SORTIES

De Los Cristianos à Costa Adeje, vous n'aurez que l'embarras du choix entre bars, pubs, clubs et boîtes pour prolonger la nuit. Pas tous du meilleur goût, certains sont néanmoins enjolivés par leur environnement.

Rade de quartier

Bar Gavota

Rompant radicalement avec les strass et les paillettes, ce petit bar sert de simples et bonnes tapas sur la place de l'église de Los Cristianos, la plus authentique à bien des kilomètres à la ronde.

LOS CRISTIANOS (plan 4, A4 n°48) Av. Los Playeros, 27 922 79 00 06 Mar.-dim. 8h-23h

Lounge sur la plage

Monkey Beach Club

Les pieds dans le sable et deux étages de terrasses joliment dessinées. La restauration ne restera pas dans les annales, mais certaines soirées si. Danse et cocktails.

PLAYA DE LAS AMÉRICAS (plan 4, A4 n°49) Av. Rafael Puig, 3 (Playa de Troya, à hauteur du Palm Beach Club) 922 79 06 56 www.monkeybeachclub.com Jeu.-lun. 19h-0h

Voir aussi **La Masia del Mar**, **Cafeteria Avenida** et **Papagayo Beach Club** (p.139).

La *Isla Bonita*, l'île verte, l'île-cœur… les surnoms ne manquent pas pour qualifier La Palma. Il est vrai qu'entre l'architecture coloniale de sa capitale et la tradition artisanale de ses villages, elle regorge d'atouts : volcans majestueux, forêts opulentes, vignobles, bananeraies, ciel étoilé… une belle richesse naturelle et des écosystèmes préservés lui ont valu d'être reconnue réserve mondiale de biosphère dans son intégralité.

La Palma

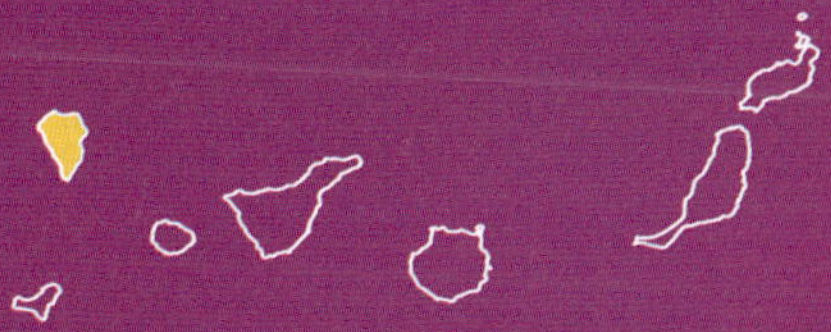

Salines de Fuencaliente

Plan 5

1
2
3
4
A
B
La Fajana
Santo Domingo de Garafía
Barlovento
Mirador Puerto de Garafía
Parque Cultural La Zarza y La Zarcita
Laguna de Barlovento
Puerto Espinola
Charco Azul
Los Sauces
San Andrés
Llano Negro
LP-1
15
Hoya Grande
Bosque del Canal y Los Tilos
El Pinar
Barranco del Agua
Parque Natural de las Nieves
Observatorio
Barranco de la Fuente
Roque de los Muchachos 2 426 m
LP-4
LP-1
Parque Nacional de la Caldera de Taburiente
Puntallana
LP-1
Pico de la Nieve 2 230 m
17
El Pueblo (Tijarafe)
Punta de los Roques
El Porís de Candelaria
Mirador de los Brecitos
Santuario de Nuestra Señora de las Nieves
2-10-11-12 13-33
Cueva Bonita
Barranco de las Angustias
Mirador de la Cumbrecita
Santa Cruz de la Palma
Los Llanos de Aridane
Pico Bejenado 1 854 m
Maroparque
14-41-42
Mirador de la Concepción
Museo del Puro Palmera
1
Mirador El Time
Los Barros
Virgen del Pino
Cumbre Nueva
Puerto de Tazacorte
18
Retamar
San Pedro (Breña Alta)
Los Cancajos (Breña Baja)
16
Argual
El Paso
Centro de Visitantes
LP-3
Museo del Plátano
San Antonio (Breña Baja)
Tazacorte
Tajuya
San José (Breña Baja)
La Laguna
La Palma
Todoque
El Pilar
19
Playa Nueva
Lodero (Villa de Mazo)
Las Manchas
El Pueblo (Villa de Mazo)
Playa La Bombilla
24
Casa Museo del Vino
23
Puerto Naos
Cumbre Vieja
LP-2
20
Charco Verde
Playa Salemera
Ruta de los Volcanes
LP-2
La Gomera, Tenerife
Playa de la Zamora
Los Canarios (Fuencaliente)
21-31-32-
D
Los Quemados (Fuencaliente)
22
Volcán San Antonio 660 m
Volcán Teneguía 439 m
C
Playa Echentive
Salines de Fuencaliente
Punta de Fuencaliente

Pauses (n°1 et 2)

2 Cafe Don Manuel - *p.188* B2
1 Helados Artesanos Taburiente - *p.202* B2

Restaurants (n°10 à 24)

10 Arepera El Encuentro - *p.188* B2
14 Arepera El Jable - *p.196* A2
23 Bodegón Tamanca - *p.203* .. A3
16 Casa del Mar - *p.197* A2
19 Casa Goyo - *p.202* B3
12 Casa Indianos - *p.189* B2
11 Chipi-Chipi - *p.189* B2
18 El Rincón de Moraga - *p.197* . A2
20 Kiosco Playa Salemera - *p.202* B3
21 La Casa del Volcán - *p.202* .. B4
13 La Lonja - *p.189* B2
17 La Muralla - *p.197* A2
24 Playa Chica – Las Olas - *p.203* A3
22 Puesta del Sol - *p.203* B4
15 Restaurante San Andrés - *p.197* B1

Shopping (n°31 à 33)

32 Bodegas Carballo - *p.203* B4
31 Bodegas Teneguía - *p.203* ... B4
33 Lapalmagalpa - *p.189* B2

Sorties (n°41 et 42)

41 La Luna - *p.197* A2
42 Máximo Vinoteca - *p.197* A2

RENDEZ-VOUS AVEC...

Les adresses de María Gloria

Restaurant

C El Jardín de la Sal - *p.184* B4

Shopping

D Asociación de Artesanos de Artesol - *p.185* B4

SIX BONNES RAISONS...

... de prendre un grand bain de nature dans cette île, la plus verte de l'archipel.

PUNTA DE FUENCALIENTE (p.200), pour randonner sur la crête des volcans et effleurer un fragment du manteau terrestre jailli en 1971.

BOSQUE DEL CANAL Y LOS TILOS (p.194), une forêt subtropicale ensorcelante, pour répondre magistralement à la question : "Laurisylve ? quèsaco ?"

☀ **CAP AU LARGE** (p.196), pour se laisser envoûter par les vocalises des grands dauphins, rorquals, et autres géants des mers, baleines pilotes ou à bosse, cachalots...

☀ **GRIMPER AU ROQUE DE LOS MUCHACHOS** (p.194), au coucher du soleil, pour admirer des panoramas saisissants et arriver juste à temps pour observer les étoiles (p.193)...

LA PLAGE DE SABLE NOIR DE PUERTO NAOS (p.201), pour étendre sa serviette et rêvasser, armé de la panoplie au complet : chapeau, casquette, écran total…

SANTA CRUZ DE LA PALMA (p.186), pour s'offrir une enrichissante escale historique : il suffit de musarder de placettes en ruelles pittoresques.

RENDEZ-VOUS AVEC...

Originaire de La Palma, **María Gloria** vit à Tenerife mais retourne dans son île au moins trois fois par an. L'habileté de ses doigts de brodeuse et son travail de précision lui a valu une belle reconnaissance internationale. Malgré la crise sanitaire de la Covid-19 et l'éruption volcanique de septembre 2021 qui a emporté 2 000 maisons dans les flammes, elle continue de broder avec une force de vie exemplaire.

Mon *pueblo*

A Villa de Mazo

Mon lieu de naissance est un village d'artisans de longue date (p.198). Son école d'artisanat expose et vend le travail des brodeuses (dont ma propre production), des tisserands, et on y trouve de belles vanneries.

Centro Interactivo de la Artesanía Tradicional de La Palma EL PUEBLO C/ Dr Morera Bravo 922 44 00 52 Lun.-ven. 8h-15h Entrée libre

Mon musée

B Museo Casa Roja

La Palma est une île d'artisans où la broderie prédomine depuis le 18e s. C'est une activité féminine par excellence. Les femmes brodaient pour subvenir aux besoins de leur famille. Aujourd'hui, cette tradition s'essouffle ; je suis la dernière de ma génération à la perpétuer au sein de ma famille. Dans le musée, une jolie boutique vend chemins de table, nappes, coussins et serviettes à fleurs brodées.

VILLA DE MAZO C/ Maximiliano Pérez 13 922 42 85 87 Lun.-sam. 10h-14h Entrée libre

OÙ VOIR MES CRÉATIONS ?

www.bordadopalmero.com/maria-triana

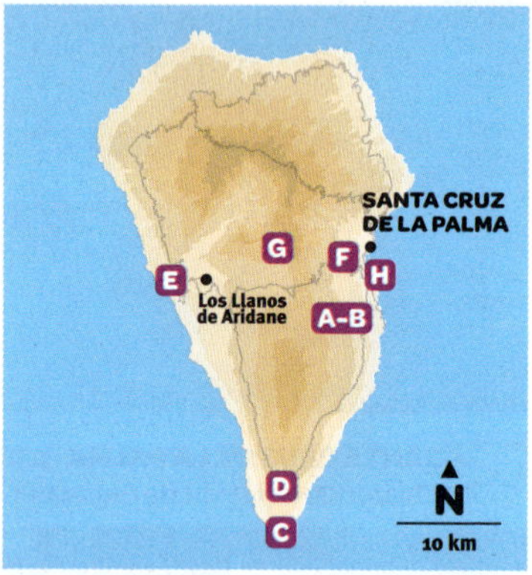

Mon restaurant

C El Jardín de la Sal

Je m'y rends le week-end avec les miens quand je suis à La Palma. C'est un magnifique restaurant posté au milieu d'un paysage volcanique, avec une grande terrasse et de larges baies vitrées face à l'océan, entre les marais salants et le phare. La cuisine y est simple – poisson frais à la fleur de sel *teneguía*, sorbet à l'orange également à la fleur de sel–, la bière artisanale vient de La Palma... Y aller après une visite des salines, ou le soir avant le coucher du soleil. Comptez 25€.

Mirador de la Cumbrecita

SALINAS DE FUENCALIENTE 922 97 98 00 www.salinasdefuencaliente.es
Restaurant Ouvert jeu.-mar. 13h-17h **Café** Ouvert jeu.-mar. 11h-19h

Où acheter de l'artisanat ?

D Asociación de Artesanos de Artesol

Tous les artisanats de l'île y sont représentés : broderies bien sûr, travaux au crochet, vanneries, et les céramiques vernissées de couleur sombre, inspirées des décors guanches, typiques de La Palma.

FUENCALIENTE Ctra. General, 104 Puerta 2
922 444 4 63

La vue qui me rassérène

Il y a trois miradors que j'aime particulièrement à La Palma. Le Mirador El Time (p.192) pour son magnifique panorama sur la vallée de Aridane et ses bananeraies. Le Mirador de la Concepción, d'où l'on voit la capitale, avec le port au premier plan. Et le Mirador de la Cumbrecita (p.191), au bord du cratère boisé du parc national de la Caldera de Taburiente. Pour le rejoindre, je marche une demi-journée sur les sentiers, parmi des cascades et des sous-bois. Le paysage est à couper le souffle.

E Mirador El Time

À 11km de Los Llanos par la LP-1

F Mirador de la Concepción

À 7km du centre de Santa Cruz

G Mirador de la Cumbrecita

EL PASO (7km au nord du centre des visiteurs) Avr.-oct. : tlj. 8h30-20h ; nov.-mars : tlj. 8h30-18h30 Sur réservation de 8h30 à 16h, au-delà sans rés.

Une balade en bord de plage ?

H Los Cancajos

C'est une jolie crique de sable noir. L'océan y est toujours calme. On y fait de la plongée, il y a des restaurants...

Près de Santa Cruz

SI LA PALMA ÉTAIT...

Une couleur Ce serait le vert : on ne l'appelle pas la *isla verde* par hasard !

SANTA CRUZ

Capitale de l'île, Santa Cruz de La Palma (plan 5, B2) ne se départit pas d'un air distingué et d'un indéniable charme, nourri par la patine des siècles. Cernée de profonds *barrancos* et limitée au sud par les flancs abrupts d'un cratère, elle aligne en front de mer d'irrésistibles maisons colorées aux balcons de bois, image emblématique de cette ville paisible (16 000 hab.) qui a su préserver son abondant patrimoine architectural.

ACCÈS ET INFOS

- Bus : Transportes Insular La Palma Tél. 922 41 19 24 ou 922 41 44 41 www.tilp.es La ligne 500 relie l'aéroport à la capitale et à Los Cancajos (30min) et les trois lignes principales assurent la liaison entre Santa Cruz Los Llanos de Aridane, sur la côte est. Terminus de Santa Cruz : Av. Los Indianos, 14
- Taxi : Taxi La Palma Tél. 686 55 38 68 www.taxilapalma.com. Dessert toute l'île, service de dépose ou ramassage pour les randonnées à pied ou à vélo.
- Centro de Iniciativas y Turismo Insular de La Palma (CIT) Casita de Cristal Plaza de la Constitución Tél. 922 41 21 06 www.lapalmacit.com Assure l'essentiel de l'information sur place.
- Cabildo de La Palma www.visitlapalma.es www.cabildodelapalma.es

À VOIR

Balcons et vérandas

Centre historique 👍

La manière la plus agréable d'aborder la ville est de flâner dans son pittoresque centre historique. Entre la marina au sud et le Barranco de las Nieves au nord, s'étagent de délicieuses places ombragées, reliées par des escaliers ou d'étroites ruelles pavées. De la Plaza de la Constitución, les rues piétonnes O'Daly et Anselmo Pérez de Brito forment la principale artère commerçante de la ville, jalonnée de belles maisons bourgeoises, de boutiques et de bars. De la Plaza de España on grimpe vers la Plaza de Santo Domingo, sur laquelle s'élève l'ancien couvent des Dominicains. De là, n'hésitez pas à arpenter également les jolies Calle San Telmo et Calle Virgen de la Luz qui vous mèneront au cœur des quartiers plus populaires de la ville haute, San Telmo et San Sebastián. On y bénéficie de superbes panoramas. Niché dans ce lacis de ruelles pentues, l'Ermita de San Sebastián dissimule derrière sa modeste façade un riche intérieur et un retable mexicain du 18e s. Enfin, en front de mer, l'Avenida Marítima est absolument exquise avec ses maisons coloniales colorées aux balcons et vérandas de bois ouvragés et fleuris.

Ermita de San Sebastián C/ San Sebastián, 12A 🕒 Seulement lors des offices : 2e mer. du mois à 19h30

Plaza de España 👍

Composant sans doute le plus bel ensemble Renaissance de tout l'archipel, elle est fermée d'un côté par l'**Ayuntamiento** (hôtel de ville) et de l'autre par l'**Iglesia de El Salvador** qui arbore un clocher fortifié et un curieux porche évoquant un arc de triomphe romain. L'intérieur renferme un magnifique

À NE PAS MANQUER

- Le centre historique
- Plaza de España

Plaza de Vandale

plafond polychrome d'inspiration mudéjare. À proximité de la place, l'**espace culturel Rafael Daranas** abrite d'importantes expositions temporaires, principalement d'arts plastiques.

Iglesia de El Salvador ◷ Lun.-ven. 10h30-13h30 et 17h30-20h30, sam. 10h30-14h et 19h-21h, dim. 8h-13h et 19h-21h

Le musée de l'île
Museo Insular de La Palma

Logée dans l'ancien couvent franciscain (16e s.), cette institution compte plusieurs sections : ethnographie (artisanat traditionnel et monde rural), histoire naturelle (impressionnante salle des têtes de requins), beaux-arts (des Flamands du 16e s. à Gregorio Toledo Pérez, peintre *palmero* majeur du 20e s.), et l'intéressante collection Urs Baerlocher de la galerie d'art moderne Marbach (August Puig, Miró, Tàpies, Antoni Clavé, Max Neumann, Juan Sotomayor).

Plaza de San Francisco, 3 ☎ 922 42 31 00 ◷ Oct.-juin : lun.-ven. 10h-19h30, sam. 10h-13h30 ; juil.-sept. : lun.-ven. 10h-18h30, sam. 10h-13h30 € 5€

DRÔLE D'AFFAIRE

Le carnaval ne dure que dix jours à Santa Cruz, mais personne ne manque à l'appel le lundi, veille de Mardi gras. Les Palmeros ont coutume de se moquer des Indianos partis s'enrichir à Cuba. Ainsi, ils se déguisent pour accueillir au port la Negra Tomasa, symbole des femmes noires domestiques de ces émigrants fortunés. Ils la conduisent ensuite avec tous les honneurs et au rythme de la musique cubaine jusqu'aux faux dignitaires de Cuba, avant d'entamer une bataille de talc géante.

Présenter ses hommages à la patronne de l'île

Santuario de Nuestra Señora de Las Nieves

C'est dans le hameau de Las Nieves, au nord-ouest de Santa Cruz, que se dresse le sanctuaire de la patronne de l'île. Son intérieur foisonnant (plafond à caissons, fresques et peintures, sculptures flamandes et baroques, retables) protège une vierge de 82cm, couverte de broderies, dorures et pièces d'orfèvrerie. Un spectacle en soi, en attendant la Bajada (une fois tous les cinq ans), quand la statue est transportée jusqu'à l'église El Salvador, accompagnée notamment de la Danza de los Enanos (danse des nains), chacun se parant d'un énorme bicorne sur la tête.

Las Nieves (sur la LP-101, à 4km du centre) Tlj. 9h-20h (musée 9h-14h) € Entrée libre (dons bienvenus)

Museo Insular de La Palma

NOS ADRESSES

PAUSES

Don Café

Cafe Don Manuel ♥

Dans un patio canarien typique du cœur de la ville, les cafés servis par les baristas qualifiés jouissent d'une haute réputation, avec des expressos impeccables et une spécialité de *barraquitos* au lait concentré sucré, cannelle, zestes de citron et liqueur dorée. Le café Don Manuel colombien est issu du développement durable.

SANTA CRUZ DE LA PALMA (plan 5, B2 n°2) Calle Anselmo Pérez de Brito, 4 922 41 03 17 Lun.-ven. 8h30-13h30 et 16h45-20h, sam. 9h-14h

RESTAURANTS

Sur le pouce

Arepera El Encuentro €

C'est le spécialiste des *arepas*, pains de maïs grillés d'origine vénézuélienne, fourrés selon vos envies. Idéal pour un repas rapide tout en goûtant l'atmosphère de la ville, assis en terrasse face à l'esplanade du musée naval.

Également des *cachapas*, galettes de maïs frais. Avec 10€, vous serez largement rassasié.

SANTA CRUZ DE LA PALMA (plan 5, B2 n°10)
C/Anselmo Pérez de Brito, 87 922 41 10 44
Tlj. 8h-0h

Décor insolite

Chipi-Chipi ♥€€

Une institution locale qui dispense une cuisine paysanne savoureuse. Mais c'est son cadre qui constitue son attrait majeur, sur les hauteurs de Santa Cruz, entre le sanctuaire Nuestra Señora de Las Nieves et l'hôpital : à l'arrière d'un immeuble de petites alcôves ondulent autour d'un jardin, digne d'un conte pour enfants. Environ 20€.

SANTA CRUZ DE LA PALMA (plan 5, B2 n°11)
C/ Juan Mayor, 42 (LP-101) 922 41 10 24
www.chipichipi.es Lun.-sam. 12h30-23h, dim. 12h30-17h30

L'Espagne d'ici et d'ailleurs

Casa Indianos ♥€€

Cet entrepôt centenaire du port a été reconverti en restaurant chic aux allures de loft : néon fluo au bar, immenses peintures représentant les personnages du défilé des Indianos... Carte (13-24€) voyageant entre les Canaries, la Castille et le Pays basque, pour des produits impeccables et des cuissons maîtrisées. Joli choix de vins espagnols. Cuisine en continu.

SANTA CRUZ DE LA PALMA (plan 5, B2 n°12)
Av. Los Indianos, 2 922 41 11 15 Tlj. 12h-1h

Cuisine entre terre et mer

La Lonja €€

Ne vous arrêtez pas à la terrasse postée sur l'avenue maritime, et choisissez, de l'autre côté de ce restaurant traversant, le patio richement végétalisé ou les superbes intérieurs de cette bâtisse historique (16e s.). La cuisine est digne des lieux, exécutée avec finesse (spécialité d'*arroces*). Menu du jour 12€, à la carte comptez 25-30€.

SANTA CRUZ DE LA PALMA (plan 5, B2 n°13)
Av. Marítima, 55 922 41 66 93 Mer.-dim. 11h-16h et 19h-23h

SHOPPING

Souvenirs, souvenirs

Lapalmagalpa

Des t-shirts autour des singularités de l'île : la pluie horizontale, l'astronomie, l'astrophysique ou la Transvulcania, cet ultramarathon de montagne réputé pour sa difficulté... Quelques objets insolites également, au gré des saisons pour des idées de cadeaux.

SANTA CRUZ DE LA PALMA (plan 5, B2 n°33)
Calle Anselmo Pérez de Brito, 39 09 22 41 05 33 Sam.-dim. 10h-14h et 16h-20h, lun.-ven. 10h-20h

SORTIES

La vie nocturne est plutôt réduite à La Palma. À Santa Cruz, les noctambules se réunissent dans le quartier d'El Cuadrilátero, autour de la Calle Álvarez de Abreu.

LE CENTRE ET LE NORD

Certains ne font le voyage à La Palma que pour la magie de son parc national et ses superbes points de vue. La caldeira de Taburiente s'impose dans toute sa majesté dominant le centre et le nord de l'île. Coupée de canyons, difficilement accessible, c'est le royaume des marcheurs, lévitant au-dessus de sa fascinante mer de nuages.

ACCÈS ET INFOS

- Bus : Transportes Insular La Palma Tél. 922 46 02 41 www.tilp.es Trois lignes principales relient Santa Cruz à Los Llanos de Aridane (45min). Estación de Guaguas Los Llanos C/ Ramón Pol Los Llanos de Aridane.
- Point d'information de Los Llanos de Aridane : Plaza Llano de Argual, 31 Tél. 922 42 31 00 www.cabildodelapalma.es
- Office de tourisme de Los Llanos de Aridane Av. Dr Fleming Tél. 922 40 25 83 www.visitlapalma.es

À VOIR

LOS LLANOS DE ARIDANE

Une ville dynamique

Los Llanos de Aridane
(plan 5, A2)

Au cœur de la principale vallée agricole de l'île, Los Llanos de Aridane (20 200 hab.) est la commune la plus peuplée de l'île et vous y goûterez la vie urbaine la plus jeune et la plus active de l'île... de jour comme de nuit ! Son église aux riches intérieurs mudéjars, sa vivante Plaza de España ombragée d'arbres magnifiques et les charmantes ruelles du centre ancien parsemé d'œuvres peintes ou sculptées méritent d'y faire étape. Ne manquez pas non plus son **musée archéologique**, moderne et didactique, qui évoque l'habitat, la relation à la nature, les ressources, l'artisanat, la cosmogonie et les croyances des Benahoaritas, le peuple premier de La Palma.

Museo Arqueológico Benahoarita C/ Las Adelfas ◷ Lun.-sam. 9h-20h, dim. 10h-14h
€ Entrée libre

Plage tranquille et familiale

Puerto de Tazacorte (plan 5, A2)

Une petite station balnéaire coincée entre le Barranco de las Angustias, débouché des eaux de la Caldera, et les Laderas de Amagar, reliefs marquant le début de la zone nord et du tablier intact du Taburiente. Un cadre qui a du caractère, les eaux limpides, le scintillant sable noir et l'atmosphère paisible ne gâtant rien. De l'autre côté du *barranco*, l'activité s'intensifie autour du port de plaisance, départ de nombreuses balades en mer (p.196).

7km à l'ouest de Los Llanos

PARQUE NACIONAL DE LA CALDERA DE TABURIENTE ★

La Caldera de Taburiente (plan 5, A2-B2) signe de son empreinte la géographie et l'identité de l'île. Elle est née de l'effondrement du volcan, qui culminait à

À NE PAS MANQUER

- Parque nacional de la Caldera de Taburiente
- Roque de los Muchachos
- Bosque del Canal y Los Tilos
- Charco Azul

Parque Nacional de la Caldera de Taburiente

3 000m avant de glisser vers l'océan, ouvrant une monumentale béance. Sa partie centrale forme un demi-cercle de 8km de diamètre d'un dénivelé de 2 000m et tailladé d'à-pics de plus de 1 000m. À l'intérieur, la nature a repris ses droits et créé de somptueux et spectaculaires paysages, formations rocheuses parcourues de cours d'eau et de cascades, où se coulent les nuages et les forêts de pins canariens. Le parc national comprend l'ensemble de la caldeira (46,9km^2). Deux accès mènent à l'intérieur de la dépression, conduisant chacun à un belvédère. On peut le gagner en voiture sous certaines conditions mais le site invite plutôt à une découverte à pied. Venez de préférence dans la matinée pour bénéficier d'un temps clair. Espace pédagogique sur les richesses naturelles, scientifiques et culturelles du parc, et renseignements sur les différentes randonnées au centre des visiteurs.

Centro de Visitantes del Parque Nacional de la Caldera de Taburiente Ctra. General de Padrón, 47 El Paso (LP-3, à 10km de Los Llanos, 25km de Santa Cruz, bus 300) 922 92 22 80 www.magrama.gob.es/fr/red-parques-nacionales Tlj 9h-18h

Balcon naturel sur la vallée

Mirador de la Cumbrecita (plan 5, B2)

C'est l'une des deux portes pour accéder à la caldeira par le sud, contrairement au Roque de los Muchachos (p.194). La route de 7km part du centre des visiteurs pour monter jusqu'à 1 287m d'altitude. Attention, son parking est uniquement accessible de 8h à 16h sur réservation. Le mirador marque le point de départ de nombreux chemins de randonnée (la zone de camping est à 7h de marche).

El Paso (7km au nord du centre des visiteurs) 922 48 50 03 (taxi) www.reservasparquesnacionales.es (rés. place de parking) Guérite d'accueil Ouvert avr.-oct. : tlj. 8h30-20h ; nov.-mars : tlj. 8h30-18h30 Sur réservation de 8h30 à 16h, au-delà sans rés.

BON À SAVOIR
Au cœur de la caldeira, un camping gratuit propose un accueil permanent, permettant ainsi de randonner plus d'une journée. Le séjour maximal est de 3 jours en été et 7 jours en hiver. Réservation indispensable auprès du centre des visiteurs d'El Paso ou par Internet (www.reservasparquesnacionales.es).

Panorama 5 étoiles

Los Brecitos (plan 5, A2)

Au nord de Los Llanos, ce mirador (1 081m) ménage des vues saisissantes de calme et de beauté dans toute la profondeur de la caldeira. On peut y accéder en voiture, mais le stationnement y est interdit et vous aurez effectué une ascension en lacets de 25min pour un arrêt consistant en un simple coup d'œil. Garez-vous plutôt au parking situé au fond du Barranco de las Angustias d'où l'on monte en taxi. De Los Brecitos partent les itinéraires les plus courts pour gagner le camping (1h30) et l'intérieur de la caldeira (3h AR). Comptez de 6 à 7h de randonnée pour le trajet Los Brecitos-camping-parking du *barranco*.

Guérite d'accueil Lomo de los Caballos, un lacet avant le parking (5km au nord de Los Llanos) Ouvert avr.-oct. : tlj. 8h-19h25 ; nov.-mars : tlj. 9h-18h30 Taxi Sur les lieux de 8h30 à 12h30 (en dehors de ces horaires, téléphonez) 922 48 50 03 55€ divisibles entre tous les voyageurs

LE NORD

De Tazacorte à Santa Cruz, les laves basaltiques du Taburiente ont formé un bouclier, coupé par des *barrancos* parfois profonds qui partent en étoile des rebords de la caldeira. Au bas de la pinède entourant cette dernière, on traverse donc un paysage accidenté alternant falaises, crêtes rocheuses et gorges plus humides propices au *fayal-brezal* et à la laurisylve. Des miradors aux panoramas imprenables jalonnent la route.

Vue dégagée sur la vallée

Mirador El Time (plan 5, A2)

Dominant Puerto de Tazacorte, il vous réserve une vue d'exception sur toute la vallée de Los Llanos, la caldeira Las Cumbres jusqu'à Fuencaliente, et parfois El Hierro au loin. Cafétéria sur place.

À 11km de Los Llanos par la LP-1

Essaim de hameaux

Tijarafe (plan 5, A2)

Insoupçonnable de la route principale (LP-1), le hameau d'**El Pueblo**, le plus ancien et le plus important de la commune de Tijarafe, mérite une halte pour ses rues pittoresques et sa jolie petite église. La côte réserve également des surprises avec ses villages de Robinson arrimés à flanc de falaise. Le plus spectaculaire, **El Porís de Candelaria**, se cache au fond d'une crique surplombée d'une paroi rocheuse de 200m de haut. Il n'est accessible que par un chemin tout aussi impressionnant. La **Cueva Bonita**, grotte sous-marine dans laquelle

L'ÎLE STAR

Il y a de quoi rêver décrocher la lune sous le ciel canarien, l'un des plus beaux de l'hémisphère nord ! Sa pureté est telle en effet que depuis 1988, une loi "céleste" le protège de la pollution lumineuse, en limitant l'éclairage public, en vue de garantir la qualité des observations astronomiques. L'institut d'astrophysique des Canaries dispose ainsi de conditions idéales pour ses deux bases "flottant" au-dessus de la mer de nuages, à La Palma, cf. Observatorio del Roque de los Muchachos (p.196), et à Tenerife (parc national du Teide), où les spécialistes du monde entier viennent scruter les astres. L'accès de nuit à ces deux sites est réservé aux professionnels, mais les touristes stellaires peuvent faire appel aux guides opérant dans les réserves Startlight où le ciel est protégé (La Palma tout entière, les sommets de Tenerife et de Fuertaventura) ou profiter simplement des belvédères nocturnes, comme ceux de la route des Miradors (Red de Miradores) de La Palma. *Rens. sur www. starsislandlapalma.es.*

L'Observatoire du Roque de los Muchachos

pénètrent les bateaux, est à 1km au sud, de l'autre côté du *barranco*, mais on ne peut la rejoindre que par la mer, au départ de Puerto de Tazacorte (p.190).

À 19km de Los Llanos par la LP-1

Au-dessus des nuages

Roque de los Muchachos (plan 5, A2)

Vous pourrez facilement vous vanter d'avoir gravi le plus haut sommet de La Palma (2 426m) : on le gagne en voiture ! Il vous faudra néanmoins parcourir 17km de virages relevés à partir de Hoya Grande ou bien, au départ de Santa Cruz de La Palma, 25km d'une route flottant au-dessus de la mer de nuages, magnifique mais à peine plus confortable. Passé les télescopes de l'observatoire (p.196), quelques derniers lacets permettent d'accéder au parking. Du roc, un chemin longe une crête vertigineuse et mène à deux belvédères offrant le matin des panoramas époustouflants sur l'île et la caldeira. L'après-midi, le spectacle repose plus souvent sur d'esthétiques compositions nuageuses, entre escarpements et sommets. Un autre sentier fait le tour de la caldeira : comptez 4-5h pour atteindre le Pico de la Nieve, 7-8h pour le refuge de Punta de los Roques, et 4h de plus pour redescendre à l'ermitage de la Virgen del Pino, non loin du centre des visiteurs d'El Paso. Vues magnifiques en perspective !

À 56km de Los Llanos par la LP-1, 42km de Santa Cruz par la LP-4 ⏲ Tlj. 7h-21h

Pétroglyphes aborigènes

Parque Cultural La Zarza y La Zarcita (plan 5, A1)

Cet espace protégé comprend deux sites d'art rupestre des Benahoaritas, qui constituent sans doute l'un des plus beaux ensembles de l'archipel. Il se découvre à la faveur d'un petit parcours plaisant tracé à travers le *fayal-brezal*. Centre d'interprétation à l'entrée, le long de la LP-1.

C/ La Mata Llano Negro (à 5km d'Hoya Grande, 44km de Los Llanos, 54km de Santa Cruz) ⏲ Mar.-dim. 11h-17h € 3€

Plongée dans l'une des plus vastes laurisylves de la planète

Bosque del Canal y Los Tilos (plan 5, B1)

Recevant de plein fouet l'humidité des alizés, le bien nommé Barranco del Agua ("gouffre de l'eau") abrite l'un des plus remarquables exemples de laurisylve. Cette exubérante forêt se prête à de belles balades ou randonnées dans un cadre grandiose. Le circuit classique remonte jusqu'aux **sources de Marcos y Cordero** en suivant un réseau de petits canaux. Il est long et difficile de Los Sauces (7h30 AR, 1 200m de dénivelé), mais on peut se rapprocher en taxi 4x4 jusqu'à la Casa del Monte. Les sources ne sont plus alors qu'à 4km sur un chemin sans dénivelé traversant une douzaine de tunnels taillés dans le roc (comptez 3-4h pour redescendre au Bosque de Los Tilos sans taxi).

Los Sauces (25km au nord de Santa Cruz par la LP-1, puis bifurquer à gauche sur la LP-31 avant le pont) **Centro de Investigación e Interpretación de Los Tilos** Bosque de los Tilos ☎ 922 45 12 46 ⏲ Nov.-juin : tlj. 9h-17h ; juil.-oct. : tlj. 9h-17h30 € Entrée libre **Taxis** ☎ 649 94 54 81 ou 616 41 88 47 ⏲ Tlj. 8h30-15h

En balcon sur la mer

San Andrés (plan 5, B1)

Après une petite baignade au Charco Azul (p.195), ne repartez pas sans faire un détour par l'attrayant quartier de San Andrés (2km), avec ses ruelles pavées en balcon sur l'océan et ses maisons rustiques datant pour certaines du 18e s.

24km au nord de Santa Cruz

À FAIRE

Profitez de piscines naturelles

La Fajana (plan 5, B1)

Trois belles piscines semi-naturelles aux eaux cristallines, un solarium au milieu des rochers, un bar, un restaurant et quelques appartements... Ce hameau balnéaire niché en contrebas de Barlovento a des allures de bout du monde.

À 5km de Barlovento, 30km de Santa Cruz

Charco Azul (plan 5, B1)

Tout près de Puerto Espíndola, petit port de pêche de Los Sauces, Charco Azul est une splendide piscine naturelle où l'on se laisse gentiment brasser par la mer, une cascade lui ajoutant son bouillonnement. Un bassin a été aménagé pour les petits. Des cabines de plage, des douches et un café-restaurant installé sur une terrasse en paliers donnent au lieu une atmosphère de "luxe populaire".

À 25km au nord de Santa Cruz

Charco Azul

Observez les cétacés

Fancy Submarine Vision (plan 5, A2)

À bord de ce petit catamaran, vous irez observer dauphins et baleines, ou caboter le long de la côte nord pour admirer ses falaises et grottes sous-marines, avec arrêt baignade dans des criques (tarif 35€, 4-12 ans 20€). Une futuriste vedette bulle permet d'allier les deux sorties (tarif 50€, 4-12 ans 40€).

PUERTO DE TAZACORTE 609 53 13 76 www.fancy2.com

Ocean Explorer (plan 5, A2)

Cette agence dispose de *Flipper*, un gros zodiac pour partir à la recherche des dauphins et des baleines ou accéder aux grottes sous-marines (tarif 33€, moins de 12 ans 18€), ainsi que de *Bussard*, un vieux bateau de pêche pour une balade le long des falaises avec collation à bord (tarif 59€, moins de 12 ans 35€).

PUERTO DE TAZACORTE 644 16 10 03
www.oceanexplorer.es

Observatorio del Roque de los Muchachos

Tutoyez les étoiles

Observatorio del Roque de los Muchachos (plan 5, A2)

Site majeur de l'observation astronomique en Europe, l'observatoire de La Palma dispose d'équipements astrophysiques parmi les plus puissants au monde. Une quinzaine de télescopes appartenant à une douzaine d'institutions européennes, dont le fameux GranTeCan, le plus grand télescope existant, règnent sur ce site choisi pour sa latitude, la pureté de son ciel et la très faible pollution lumineuse, favorisée par la mer de nuages en contrebas et la mobilisation citoyenne sur le sujet (p.193).

922 40 55 00 www.iac.es Visite (sur rés., formulaire à télécharger sur le site) sem. sainte, vac. scol. de Noël : tlj. 7h-19h 10€

NOS ADRESSES

RESTAURANTS

Sandwichs vénézuéliens

Arepera El Jable €

Cette *arepera* populaire et son bar animé se cachent dans un coin de verdure dominant le parking du centre-ville. Une adresse pour se sustenter simplement et à bon compte d'*arepas* (env. 3€) et de *cachapas* (4-9€), tout en prenant l'air sous les frondaisons.

LOS LLANOS DE ARIDANE (plan 5, A2 n°14) Aparcamientos (parking) Ramón Pol Camino los Pulidos 922 46 41 08 Mar.-dim. 19h-0h (en hiver, dim. jusqu'à 23h)

Cuisine traditionnelle *palmera*

Restaurante San Andrés €

Une table familiale sûre pour une cuisine sans surprise mais généreuse. L'adresse vaut également pour sa terrasse sur la Plaza de San Andrés et pour ses prix doux (comptez 15€ pour entrée-plat ou plat-dessert).

SAN ANDRÉS (plan 5, B1 n°15) C/Plaza 922 45 17 25 www.restaurantesanandres.com Jeu.-dim. 12h-22h, lun. 12h-20h, mar. 12h-18h

Honnête et sans prétention

Casa del Mar €€

Un rendez-vous apprécié qui propose des *platos combinados* autour de 8-14€ (également servis en demi-portion pour environ 5€) et des poissons nobles de saison (12€). Seule la salle un peu triste dénote.

PUERTO DE TAZACORTE (plan 5, A2 n°16) Av. El Emigrante 922 48 01 84 Mer.-lun. 12h30-16h et 19h30-22h30

Terrasse panoramique

La Muralla €€

Ce grand pavé contemporain accroché à flanc de versant offre des vues stupéfiantes sur la côte et l'océan. Les produits locaux y sont traités correctement et avec sagesse dans un style international. Carte 25€.

TIJARAFE (plan 5, A2 n°17) Ctra. de Aguatavar 70 (LP-1) (2,5km au nord d'El Pueblo) 922 69 53 71 www.restaurantlamuralla.com Lun.-jeu. 13h-21h, ven.-sam. 13h-22h, dim. 13h-20h

Stylé

El Rincón de Moraga €€

Rendez-vous sur la superbe place d'Argual pour l'adresse gastronomique de Los Llanos. Le cadre est cosy, entre patine séculaire et luminaires au design contemporain, et le service distingué, le tout au profit d'une cuisine revisitant la tradition *palmera* avec justesse. Comptez 30€, bien raisonnable au regard de la qualité.

ARGUAL (plan 5, A2 n°18) C/ Llano San Pedro, 4 922 46 45 64 www.elrincondemoraga.com Mer.-dim. 13h-16h et 19h-23h

SORTIES

La nuit venue, Los Llanos de Aridane est sans doute la ville la plus animée de l'île : rendez-vous entre la Plaza de España et la Calle Fernández Taño voisine, vous trouverez aussi quelques bars sur l'Avenida Carlos Francisco Lorenzo Navarro.

Bar à vins

Máximo Vinoteca

Un local pour la cave, et un autre pour les charcuteries et les tapas se partagent une grande terrasse, idéale pour observer la vie nocturne à deux pas de la plaisante et conviviale Plaza de España.

LOS LLANOS DE ARIDANE (plan 5, A2 n°42) C/ Real, 6 Lun.-ven. 8h30-15h et 17h30-23h, sam. 9h-23h, dim. 9h-14h30

Ambiance bucolique

La Luna

Des salons colorés et un joli patio fleuri pour grignoter quelques tapas (3-6€) et siroter un verre en soirée. Des concerts y sont parfois organisés.

LOS LLANOS DE ARIDANE (plan 5, A2 n°41) C/ Fernández Taño, 26 922 40 19 13 Mar.-ven. 19h-dernier client

LE SUD

Aux forêts riches des hautes terres du nord répondent les paysages arides du sud, façonnés au cours des millénaires par les éruptions successives de ses volcans. C'est le royaume des pins canariens, des bananeraies et des vignobles, dont on tire des vins réputés. C'est là aussi que vous trouverez les principales plages de l'île, ainsi que des villages et hameaux où se perpétue la tradition artisanale de La Palma.

À VOIR

LA CÔTE SUD-EST

Sur la côte orientale, la municipalité de Breña Alta, en partie enroulée autour de Santa Cruz de La Palma, et celle de Breña Baja, accueillent les extensions de l'aire urbaine de Santa Cruz, l'aéroport et la station balnéaire moderne de Los Cancajos.

ACCÈS ET INFOS

- Bus : Transportes Insular La Palma www.tilp.es. La ligne 200 relie Santa Cruz à Los Llanos de Aridane en 1h20 par le sud (Mazo, Fuencaliente).
- Cabildo de La Palma Point d'information de Villa de Mazo C/ Dr Morera Bravo (Centro Interactivo de la Artesanía Tradicional de La Palma) Tél. 922 44 00 52 www.cabildodelapalma.es
- Office de tourisme de Fuencaliente Plaza Minerva Los Canarios Tél. 615 39 06 16 www.fuencalientedelapalma.es

Question de traditions

Museo del Puro Palmero y de la Fiesta de las Cruces (plan 5, B2)

Dans ce musée moderne sont réunies les deux traditions distinctives de Breña Alta : la production de cigares et la Fiesta de las Cruces (fête des Croix), célébrée tous les 3 mai à l'occasion de laquelle toutes les croix de l'île sont magnifiquement décorées et exhibées le long des séculaires *caminos reales*. Pour admirer la gestuelle d'élaboration du célèbre *puro palmero*, le cigare de La Palma, arrêtez-vous à la sortie du quartier urbain, où la fabrique artisanale **La Inmejorable** a pignon sur rue.

Parque de Los Álamos San Pedro (Breña Alta, à 8km de Santa Cruz, sortie nord de San Pedro) 922 429 567 www.museodelpuropalmero.com Mar.-sam. 10h-13h 3€ La Inmejorable-Tabacos El Rubio C/ 30 de Mayo, 10 San Pedro (Breña Alta) 922 43 70 67 www.tabacoselrubio.com Fabrique Ouvert lun.-ven. 9h-13h et 16h-19h (ouvre parfois le sam.) Boutique Ouvert lun.-ven. 9h-13h et 16h-19h et sam. 10h-13h Entrée libre

Bourg artisanal

Villa de Mazo (plan 5, B3)

Si la plupart des quatorze quartiers qui composent cette municipalité de 4 900 habitants sont principalement agricoles, El Pueblo, le bourg principal (à 11km de Santa Cruz par la LP-2), est davantage tourné vers l'artisanat. Le **Centro Interactivo de la Artesanía Tradicional de La Palma**, dédié aux arts traditionnels, dispose d'une salle d'exposition et d'une boutique vendant les

À NE PAS MANQUER

- Volcán de San Antonio
- Punta de Fuencaliente
- Ruta de los Volcanes

Iglesia de San Blas, Villa de Mazo

productions majeures de toute l'île (rens. sur le site www.artesaniadevilla-demazo.es). Logé dans une superbe demeure néoclassique (20e s.), le **Museo Casa Roja** est consacré à la broderie et aux décorations pour Corpus Christi (méticuleux tableaux, exubérantes compositions de fleurs séchées...). Enfin, **Cerámica El Molino** est un atelier réputé de céramique reproduisant les modèles guanches. Installé dans un moulin à vent, il est complété par un espace muséographique sur la meunerie locale.

Centro Interactivo de la Artesanía Tradicional de La Palma C/ Dr Morera Bravo 922 44 00 52 Lun.-ven. 8h-15h Entrée libre **Museo Casa Roja** C/ Maximiliano Pérez 13 922 42 85 87 Lun.-sam. 10h-14h 2€

LA POINTE SUD

Composée principalement des bourgs de Los Canarios, Las Indias et Los Quemados, la commune de **Fuencaliente de La Palma** (plan 5, B4) occupe toute la pointe sud de l'île. On y cultive la vigne et la banane, mais on y vient surtout pour ses volcans, parmi les plus actifs de l'archipel.

Sur les épaules du volcan

Centro de Visitantes del Volcán de San Antonio (plan 5, B4)

Le centre d'interprétation sur le volcanisme permet d'accéder à pied aux bords du volcan San Antonio (660m), d'où l'on bénéficie d'une vue impressionnante sur son cratère formé en 1677 et, au-delà, sur toute la région. Au bout du sentier, on distingue parfaitement la bouche évasée du dernier-né des volcans de La Palma, le Teneguía (438m).

Ctra. a Las Indias Los Canarios (38km au sud de Santa Cruz) Juil.-sept. : tlj. 10h-18h30 ; reste de l'année : tlj. 9h-17h30 5€

Photogénique
Punta de Fuencaliente

(plan 5, B4)

Salines de Fuencaliente

Spectacle majeur que la descente vers l'extrême sud de La Palma. La route sinueuse traverse le *tabaibal* quand soudain tombe un rideau noir : vous pénétrez sur les terres du volcan Teneguía, dépourvues de toute végétation. Vous avez là l'occasion de toucher un fragment de la croûte terrestre millésimé 1971 (dernière éruption du volcan). Au détour d'une autre courbe apparaît le bout du bout de la terre, signalé par l'ancien et le nouveau phare de Fuencaliente, son hameau de pêcheur et sa plage en contrebas, ses **salines** tellement photogéniques où l'on peut déambuler librement, puis deux autres plages isolées succédant aux pistes par-delà les éoliennes. À l'opposé, à un petit kilomètre en remontant vers l'ouest, Playa Nueva (ou Echentive), également née en 1971, s'inscrit dans un site couleur de jais. C'est là que coulait la Fuente Santa, une source chaude qui a donné à la localité un nom et sa prospérité d'alors, la réputation de ses vertus médicinales ayant atteint l'Europe. Ensevelie par l'éruption du volcan San Antonio en 1677, elle n'est toujours pas accessible.

À 40km de Santa Cruz par la LP-2 puis la LP-130/LP-207, 9km au sud de Los Canarios **Salines de Fuencaliente** 922 69 60 02 www.salinasdefuencaliente.es

BON À SAVOIR

Le terroir volcanique de Fuencaliente en fait un haut lieu de la viticulture. Les vignes rampantes ont pour cépages principaux *listán, bujariego* et malvoisie, qui donnent des vins blancs, secs et liquoreux. Pour les découvrir, rendez-vous dans les *bodegas* de la région (réservation indispensable) ou suivez la **Ruta del Vino** qui regroupe une quinzaine de producteurs à travers toute l'île.

LA CÔTE SUD-OUEST

La côte occidentale de l'île accueille le second complexe balnéaire de l'île (après Los Cancajos à l'est), **Puerto Naos**, dont les belles plages de sable noir sont destinées aux amateurs de soleil et de farniente.

À la découverte des vins *palmeros*

Casa-Museo del Vino – Plaza Mirador de la Glorieta (plan 5, A3)

Un lieu à la gloire des terroirs et des cépages de l'île, de leur histoire et des techniques de la viticulture *palmera*. Avec une offre de dégustation et une boutique, le service est complet. Surtout ne manquez pas, au coin de la rue, le parc Güell, œuvre de l'artiste du pays Luis Morera.

Camino El Callejón, 98 Las Manchas (9km au sud de Los Llanos par la LP-2, signalisation à l'entrée sud du quartier de Las Manchas) 922 49 43 20 Juil.-sept. : lun.-ven. 9h30-15h, sam. 9h-14h ; oct.-juin : lun.-ven. 9h30-16h, sam. 9h30-14h 1,50€

À FAIRE

Profitez de la plus grande plage de l'île

Puerto Naos (plan 5, A3)

Bâtie à partir des années 1980, cette station balnéaire ne déborde pas de charme, hormis peut-être sa promenade en front de mer et sa longue plage de sable noir ponctuée d'un rocher basaltique. Si vous recherchez plus d'intimité, dirigez-vous vers **Charco Verde**, 2km au sud (continuez après les parkings à l'entrée de Puerto Naos), ou vers le quartier populaire de **Bombilla**, 1km au nord (prenez à droite juste avant l'entrée de Naos). Pour du sable fin, poursuivez encore 2km plus au nord, à travers les bananeraies, jusqu'à **Playa Nueva**.

Randonnez sur la crête des volcans

La Cumbre Nueva, qui est paradoxalement la plus ancienne, et la Cumbre Vieja, née il y a 125 000 ans, forment l'épine dorsale du sud de l'île, entre la Caldera de Taburiente et la pointe de Fuencaliente. Sur leurs flancs, les récentes coulées basaltiques dessinent des versants pentus mais relativement réguliers, partagés entre *malpaís*, forêts, vignes et bananeraies.

Ruta de los Volcanes (plan 5, B3)

La route des Volcans suit toute la crête de la Cumbre Vieja. D'oasis ombragées en déserts minéraux, entre verts lumineux des pins canariens, bruns sombres des basaltes, ocres rouges des lapilli, gris des phonolites, scintillement des téphrites, et bleu de l'océan en arrière-plan, ce parcours bien balisé passe de 720 à 1 949m (attention aux variations de température). Comptez 8h30 de marche aller de Fuencaliente (aire aménagée sur la route du stade, en haut de Los Canarios) au **refuge El Pilar**, 24,5km plus au nord. Il est possible d'y dormir (sur réservation) ou de revenir en taxi (Tél. 922 44 08 25 ou 922 41 60 70, tarif 38-42€ en précisant "*parada verde de taxi*"). On peut aussi effectuer le chemin inverse en partant du refuge El Pilar (LP-3 de Los Llanos de Aridane à Santa Cruz, puis LP-203 avant l'entrée ouest du tunnel de La Cumbre).

www.senderosdelapalma.es El Pilar 922 42 31 00 10€, gratuit en camping (toujours après autorisation)

NOS ADRESSES

PAUSES

Gourmandises glacées
Helados Artesanos Taburiente
Si vous êtes de passage à San Pedro pour visiter son musée du cigare et que vous souhaitez goûter à autre chose qu'à son tabac, ce petit glacier émérite, juste en face, comblera toutes vos envies.

SAN PEDRO (plan 5, B2 n°1) C/ La Habana, 18 (Breña Alta) 922 42 93 34 www.heladostaburiente.com Lun.-sam. 10h-22h (21h en hiver), dim. 11h-21h

RESTAURANTS

Cabanons
Casa Goyo ♥€€
Une cuisine qui fait la part belle aux poissons et aux fruits de mer, tous très corrects. Mais l'endroit, surtout fréquenté par les locaux, se distingue aussi par son cadre original, assemblage hétéroclite de baraquements et de cabanons rudimentaires en bois où l'on se retrouve à deux ou à plusieurs. Comptez 15-20€.

LODERO (plan 5, B3 n°19) Camino El Lomito Lodero, 120 (Villa de Mazo), 9km au sud de Santa Cruz 922 44 06 03 Lun.-mar. 8h-17h, mer.-dim. 8h-23h

Paillotes sur cour
Kiosco Playa Salemera €€
L'endroit ne paie pas de mine, mais on vient de loin pour son poisson impeccable et ses accompagnements parfois étonnamment travaillés. De 15 à 20€.

PLAYA SALEMERA (plan 5, B3 n°20) (Villa de Mazo), 16km au sud de Santa Cruz 639 83 76 43 Mer.-sam. 12h-22h30, dim. 12h-20h

Entre vignes et volcan
La Casa del Volcán €€
Cette *bodega* produit un blanc rare de *bujariego*, cépage oublié. La carte assez banale bénéficie néanmoins de la même attention dans son exécution, pas de sa situation privilégiée près du touristique volcan San Antonio. Menu 18€. Comptez env. 15-20€ à la carte.

LOS CANARIOS (plan 5, B4 n°21) C/ Los Volcanes, 23 922 44 44 27 www.lacasadelvolcan.es Mar.-jeu. 13h-21h30, ven.-sam. 13h-22h

Bodegón Tamanca

Pour les locavores

Puesta del Sol ♥€€

Les larges fenêtres de ce bar-restaurant cosy laissent filtrer la lumière douce du coucher du soleil, la "Puesta del Sol". La cuisine, inventive, souffle un vent de fraîcheur sur les produits locaux et les viandes, canards et lapins proviennent des fermes alentour. L'une des meilleures adresses de l'île. Comptez 20-30€ à la carte.

FUENCALIENTE (plan 5, B4 n°22) Los Quemados, 54 06 80 16 07 47 Lun.-sam. 13h-18h

À l'abri du soleil

Bodegón Tamanca €€

L'adresse idéale après un trop-plein de soleil. L'étonnante cave tout en longueur taillée dans le roc est joliment empierrée du sol à la voûte. La viande est ici à l'honneur, rôtie à la braise. La qualité des produits est au rendez-vous et la cuisson à votre convenance. Le tout est simple et efficace (20-25€).

LAS MANCHAS (plan 5, A3 n°23) Ctra. General (sur la LP-2, 13km au nord de Los Canarios) 922 49 41 55 Mar.-jeu. 12h-22h, ven.-sam. 12h-22h30, dim. 12h-17h

Un balcon pour deux

Playa Chica – Las Olas €€

Le coin de charme de Puerto Naos, belvédère sur la Playa Chica et son rocher solitaire. Ces adresses sont tenues par la même équipe, la première en version restaurant, la seconde plus cafétéria moderne. Le poisson en est l'intérêt commun. Comptez de 25€ à la carte.

PUERTO NAOS (plan 5, A3 n°24) Paseo Marítimo, 4 922 40 83 22 www.restaurantelasolas.com Playa Chica Ouvert tlj. 12h-23h Las Olas Ouvert mar.-dim. 12h-0h

Voir aussi El Jardín de la Sal, cf. Rendez-vous avec... (p.184)

SHOPPING

L'appellation d'origine Vinos de La Palma regroupe trois zones de production : Hoyo de Mazo (de Santa Cruz à Villa de Mazo, rouges et blancs), Fuencaliente (jusqu'à Tazacorte, blancs majoritaires dont le *malvasía*) et Norte (blancs et rouges, dont le *vino de tea*, élevé en barrique de pin canarien, à la couleur cerise et aux arômes mâtinés de résine). Pour les découvrir, rendez-vous aux deux adresses ci-après, particulièrement réputées.

Cave coopérative

Bodegas Teneguía

L'une des plus anciennes *bodegas* de l'archipel. Visite guidée et dégustation (payantes).

LOS CANARIOS (plan 5, B4 n°31) C/ Antonio Francisco Hdez. Santos, 10 922 44 40 78 www.bodegasteneguia.com Lun.-ven. 9h-18h, w.-e. et j. fér. 10h-13h

Domaine familial

Bodegas Carballo

Une *bodega* familiale (1989) appréciée notamment pour ses vins de malvoisie.

LOS CANARIOS (plan 5, B4 n°32) Crta. de las Indias, 44 922 44 41 40 www.bodegascarballo.com Mar.-sam. 11h-19h

Derrière leurs hautes falaises rocheuses se précipitant à la verticale dans l'océan, les plus petites îles de l'archipel sont aussi les plus méconnues. Amoureux de nature, randonneurs, plongeurs et autres contemplatifs ne pourront qu'être séduits par les paysages sauvages et les traditions ancestrales que cachent ces deux perles de l'Atlantique.

La Gomera et El Hierro

La montagne rouge d'Agulo, La Gomera

Plan 6

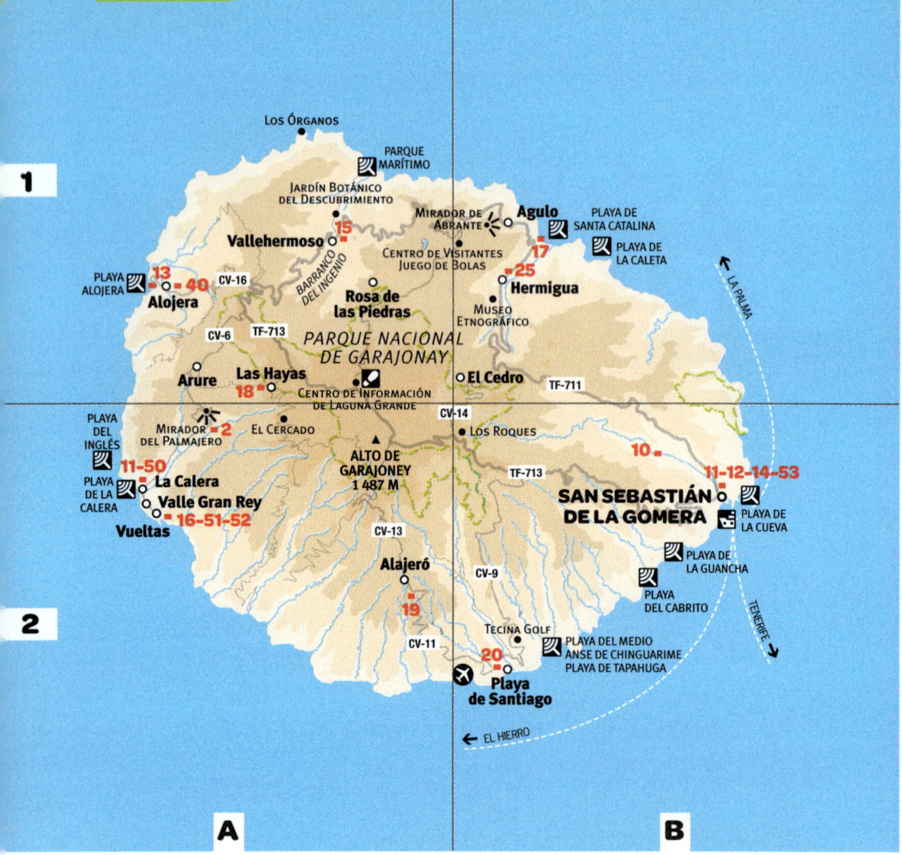

Pauses (n°1 à 3)
1 Dulcería Isabel - *p.222*........ B2
2 Dulcería Laura artesanal - *p.222*....... A2
3 Quesadilla La Auténtica - Adrián Gutiérrez e Hijas - *p.234* D1

Restaurants (n°10 à 29)
26 Asador Artero - *p.235* C1
27 Casa Juan - *p.235*............. D2
14 Cuatro Caminos - *p.223*...... B2
17 El Faro - *p.223*..................B1
19 El Mesón de Clemente - *p.225* A2
20 Junonia - *p.225* B2
21 Kiosko Los Arroyos - *p.234* ...D1
10 La Cabaña - *p.223* B2
24 La Higuera de la Abuela - *p.234* D1
23 La Mirada Profunda - *p.234*...D1
18 La Montaña-Casa Efigenia - *p.224*..........A1
29 Parador de El Hierro - *p.235* . D2
12 Parador de La Gomera - *p.223*........ B2
13 Prisma - *p.223*..................A1
11 Restaurant Mango - *p.224* ... A2
16 Restaurante Abisinia - *p.224*. A2
22 Restaurante Pozo de la Salud - *p.234* C1
15 Tasca El Carraca - *p.223*......A1
25 Tasca Telémaco - *p.224*......B1
28 Zumería la Restinga - *p.235*.. D2

Shopping (n°40)
40 El Masapé - *p.222*..............A1

Sorties (n°50 à 55)
52 Cacatúa - *p.225*............... A2
50 El Mirador La Calera - *p.225* . A2
54 Mirador de la Peña - *p.235*....D1
53 Parador de La Gomera - *p.225*........ B2
55 Restaurante Puntagrande - *p.235*...........D1
51 Támbara Café - *p.225*........ A2

RENDEZ-VOUS AVEC...

Les adresses de Karsten Mohr

Restaurant

G El Horno de Merese - *p.213* ... D1

F El Refugio - *p.213* D2

H Guachinche Aguadara - *p.213* D1

Shopping

D Mercadillo de La Frontera - *p.212* D1

E Mercadillo de Santiago - *p.213* D1

SIX BONNES RAISONS...

... d'explorer ces deux perles insulaires.

LA RESTINGA (p.231), pour se sentir comme un poisson dans l'eau et se laisser émerveiller par la richesse des fonds marins, accompagné des moniteurs des clubs de plongée locaux.

LE MIRADOR DE ABRANTE (p.216), pour jouer les funambules et s'étourdir devant la vue... vertigineuse.

LA FORÊT DU PARC DE GARAJONAY (p.222), pour prendre un grand bain de verdure et se reconnecter avec la nature.

☀ **VALLE GRAN REY** (p.218), pour le charme de son cœur ancien et sa longue plage où s'abandonner à tous les plaisirs balnéaires.

☀ **LE CHARCO AZUL** (p.233), pour barboter tranquillement dans ce bassin naturel aux eaux turquoise fascinantes.

☀ **LE MIRADOR DE LA PEÑA** (p.227), pour guetter le rayon vert sur la baie d'El Golfo.

RENDEZ-VOUS AVEC...

Entre Munich et El Hierro, Karsten Mohr a fait son choix en 2015. L'île canarienne, son isolement et sa beauté brute offrent une forme d'idéal de vie pour ce sportif allemand et son épouse. Moniteur d'apnée, il y a monté son propre centre de plongée, et nous livre ses adresses connectées à la nature.

Mon école de plongée

A Free Diving El Hierro

J'ai choisi l'apnée car c'est une discipline relaxante ; il faut se mettre en condition auparavant, fermer les écoutilles pour profiter pleinement et simplement de la nature. Notre cerveau est le plus gros consommateur d'oxygène il est donc nécessaire de se poser et de se relâcher. C'est un état d'esprit. El Hierro est l'île parfaite pour ça.

646 612 007 www.freediving-el-hierro.com

Mes sanctuaires marins

La Caleta et Tacorón

Un paysage sous-marin façonné par d'étranges formations rocheuses et volcaniques étranges ; on y trouve des grottes, des arches, une faune multicolore. Ce décor extraordinaire est le rêve de tout plongeur. El Hierro est géologiquement la plus jeune des îles canariennes. Comparée à Fuerteventura, vieille de 23 millions d'années, elle n'a "que" 1 million d'années. Ces formations n'ont pas encore eu le temps de se transformer en sable.

B La Caleta À 10km de Villa de Valverde

C Cala de Tacorón À 8km à l'est de La Restinga

Mes *mercadillos*

J'aime me rendre aux marchés de La Frontera et de Santiago, deux marchés aux fruits et légumes en partie bio, produits dans les *ecofincas* (fermes écologiques) sérieuses de l'île. Avec mon épouse, nous sommes très sensibles à l'écologie, nous avons commencé à faire pousser nos propres denrées dans notre *finca* pour les commercialiser.

D Mercadillo de La Frontera

Plaza Benito Padrón Dim. 8h-14h

SI EL HIERRO ÉTAIT...

Une vue Ce serait celle du Mirador del Vasco que l'on rejoint en 1h30 de voiture environ de La Restinga. Une vue d'ensemble sur l'île sauvage !

Produits des *ecofincas* d'El Hierro

E Mercadillo de Santiago

VALVERDE C/ Pérez y Galdos, 3
Sam. 8h-13h

Notre cantine familiale

F El Refugio

De l'océan à l'assiette, ce restaurant est une affaire familiale. Un frère pêche le poisson du jour, l'autre gère le restaurant, la maman est en cuisine... Très jolie décoration typique avec sa tête d'espadon, ses filets... C'est le meilleur restaurant de poissons de l'île.

LA RESTINGA C/ La Lapa, 3 922 55 70 29
Lun.-ven. 19h-23h, sam.-dim. 13h-16h et 19h-23h

Mon spot veggie

G El Horno de Merese

Je suis végétarien et l'un de mes endroits favoris sur l'île est une... pizzeria ! C'est un petit resto rural où Giuseppe Breda, tout nouveau gérant, prépare de véritables créations à déguster sur le pouce. Avec ses deux tables, on y tient à neuf maximum, ce qui fait qu'on mange parfois debout et qu'on prend souvent à emporter ! Le lieu existe depuis des années et les ingrédients sont en partie bio.

LA FRONTERA Merese, 22 922 55 61 49
Tlj. 19h30-23h30 (jusqu'à 18h30 en été)

Apéro au-dessus des nuages

H Guachinche Aguadara

En pleine nature luxuriante, une cabane bourrée de charme, ses tonneaux et tables éparses, pour un dîner ou apéro dînatoire composé de *pinchos* de viande passés au gril, de légumes à la plancha et de bière "kuf kuf" artisanale de l'île. Magique au coucher du soleil.

Camino Casas del Monte, 8B, Erese Alto
629 56 34 33 Mer.-sam. 13h-17h et 19h-23h, dim. 13h-17h

LA GOMERA

Elle est le lieu des légendaires amours cachées, des rebelles *gomeros*, de la geste colombienne, du langage sifflé, des communautés hippies des seventies... Ce petit univers volcanique de 369km² a des allures de terre promise rousseauiste, où les rêves de liberté s'abreuvent d'une nature généreuse. L'île forme une épaisse calotte circulaire aux falaises monumentales entaillées de *barrancos*. Ainsi façonnée de plis et replis, elle est la hantise de l'automobiliste... et le paradis du randonneur.

À VOIR

SAN SEBASTIÁN DE LA GOMERA

Port naturel offrant l'un des meilleurs mouillages de l'archipel, cette petite ville paisible de 8 600 habitants (plan 6, B2) s'est affirmée comme capitale régionale aux heures naissantes de l'empire espagnol. Au bout de son *barranco*, sa marina, ses plages, son quartier colonial, ses maisons colorées à flanc de falaise coiffées des palmiers de son distingué *parador* dessinent une joyeuse carte postale aux notes sud-américaines.

ACCÈS ET INFOS

- Bus : Guagagomera Av. Vía de Ronda San Sebastián Tél. 922 14 11 01 www.guaguagomera.com
- Taxi : Grupo Auto-taxis San Sebastián Centrale de réservation et station le long de la plage en bas de la Plaza de la Constitución Tél. 922 87 05 24
- Site d'informations touristiques : www.lagomera.travel

L'eau de baptême de l'Amérique

Quartier historique

De la Plaza de la Constitución, où s'élève la mairie de style colonial, traversez la Plaza de las Américas jusqu'à la sobre **Nuestra Señora de la Asunción** (16e-18e s.). Sur la Calle Real, la **Casa Colón** (17e s.), désignée à tort comme le logis *gomero* du célèbre navigateur, héberge une précieuse collection d'art et artisanat *chimú* (Pérou), ainsi que des expositions d'art contemporain. Au n°4, le patio de la **Casa de la Aguada** ou Aduana (16e s.) cache un puits dans lequel Christophe Colomb aurait tiré l'eau lui ayant servi à baptiser l'Amérique. Face à la jetée, le Parque del Conde abrite la **Torre del Conde**, bastion défensif médiéval à l'origine de la ville (ne se visite pas).

Iglesia de Nuestra Señora de la Asunción C/ Real Tlj. 8h-20h Entrée libre **Casa de Colón** C/ Real, 56 922 14 01 06 Lun.-ven. 9h30-13h et 15h-17h Entrée libre

LE NORD ET LE CENTRE

Sous les alizés et nantie de nombreuses sources, la face nord de l'île est la plus propice à l'agriculture, de la vigne en terrasses sur les coteaux à la banane dans les vallées et sur la côte ensoleillée. La variété des paysages, leur inaccessibilité parfois, la luxuriance de la végétation, la proximité du parc national de Garajonay (p.217) et la douceur du climat en font une destination de choix pour

À NE PAS MANQUER

- Le quartier historique de San Sebastián
- El Cedro
- Mirador de Abrante
- Playa del Inglés (Valle Gran Rey)

Torre del Conde, San Sebastián

les randonneurs. Pays du *silbo*, le territoire des trois communes d'Hermigua, Agulo et Vallehermoso est aussi le plus fidèle témoin de l'identité *gomera*.

Tourisme vert

Hermigua (plan 6, B1)

La commune s'égraine sur 5km, du Barranco del Cedro à la plaine côtière de Santa Catalina, en un chapelet de pittoresques hameaux. À visiter dans le bourg : le musée ethnographique et le musée archéologique. Dans ce dernier d'étonnantes reproductions de dessins rupestres se distinguent des habituelles gravures géométriques, jusqu'à évoquer la bande dessinée.

MEG-Museo Etnográfico de La Gomera Ctra. General, 9 Las Hoyetas 922 88 19 60 Lun.-ven. 10h-14h et 15h-18h 2,50€ MAG-Museo Arqueológico de La Gomera (plan 6, B1) C/ Torres Padilla, 6 (pl. de l'église de La Asunción) 922 14 15 86 Lun.-ven. 9h-13h30 et 15h-17h 2,50€

Au cœur des traditions

PEG Los Telares-Parque etnografico de la Gomera (plan 6, D1)

Un site original entre musée (visite d'un moulin traditionnel et collection d'art populaire) et boutique (artisanat, un café et une épicerie fine) créé par opérateur privé – Los Telares (p.283) – sur les vestiges d'un couvent du 16e s.

Carretera General Las Poyatas (2km au sud d'Hermiga) 922 88 07 81 www.lostelaresgomera.com Tlj. 12h-16h 4,50€

Refuge isolé

El Cedro (plan 6, B1)

Ce hameau perdu dans les contreforts du parc de Garajonay est une destination classique des randonnées locales et le point d'arrivée de l'une des traversées les plus intéressantes du parc. Aux alentours, cascades, *roques*, laurisylve, ermitages... Un restaurant et l'unique camping de l'île.

Boucle par Los Aceviños (n°37, 5h45) de Hermigua ou plus directement de Las Poyatas (départ du quartier del Estanquillo, AR 2h30) Accès motorisé par une piste maçonnée (TF-711 vers San Sebastián, puis CV-14 dir. Garajonay et aéroport, piste sur la droite après les lacets)

Architecture coloniale

Agulo (plan 6, B1)

Posé sur sa falaise, Agulo est l'un des villages les plus pittoresques de l'île avec de remarquables illustrations de l'architecture canarienne des 18e s. et 19e s., sobres et stylées. Prenez le temps de l'apprécier le long du parcours urbain signalé dans ses ruelles pavées. Il faudra également sortir du bourg pour jouir des magnifiques belvédères alentour. Deux petits accès à la mer : au bas du quartier de Lepe à l'est, ou **Playa de San Marcos** au nord.

www.agulo.es

Agulo

En apesanteur

Mirador de Abrante (plan 6, B1)

En apesanteur... C'est sans doute le sentiment que vous aurez si vous osez poser le pied sur le sol en verre de ce mirador aux lignes contemporaines, suspendu au-dessus du vide, à 500m en surplomb d'Agulo. Il offre des vues saisissantes, avec Tenerife en toile de fond. Un restaurant semi-gastronomique y a ouvert. Abrante est le point de départ de sentiers de découverte traversant la Montaña del Cepo.

C/ de la Palmita Agulo (TF-711, puis CV-5, puis route à l'angle du centre des visiteurs du parc national de Garajonay, ou Juego de Bolas)

Un si "joli val"

Vallehermoso (plan 6, A1)
À l'ombre du Roque Cano, Vallehermoso est le bourg commerçant d'un territoire agricole et pastoral à découvrir de préférence au printemps, quand explosent les couleurs florales. Les hameaux avoisinants constituent d'actifs témoignages de la vie traditionnelle insulaire dans des décors alliant harmonie végétale et chaos tellurique. Vous pouvez accéder à la partie haute de la commune, le long du **Barranco del Ingenio**, et explorer ses sites enchanteurs ponctués de palmiers : Las Chapines, Rosa de las Piedras et son lac, Banda de las Rosas.

Géométrie naturelle

Los Órganos (plan 6, A1)
À l'extrême nord de l'île, ces stupéfiantes colonnes basaltiques, nées de la rétractation d'une coulée de lave refroidissant au contact de l'océan, rayent les parois d'une falaise sur quelque 200m de large et 75m de haut, évoquant un orgue monumental. La découverte de cette curiosité naturelle ne peut se faire qu'en bateau, au départ de Valle Gran Rey et Playa de Santiago ou de San Sebastián, cf. Voguez, pêchez, plongez (p.221).

Hameau en bord de mer

Alojera (plan 6, A1)
Ce village coquet se gagne en affrontant une belle série de virages. Excentrés sur la côte ouest et dégagés de l'influence des alizés, ses paysages sont emblématiques des milieux arides. Ici règnent le *tabaibal* (maquis d'euphorbes), les chardons et les genêts ; seuls quelques palmiers prennent de la hauteur. En dehors de l'été, la plage et son bar-restaurant Prisma (p.223) ont toutes les chances d'être à vous seul.

Le paradis des randonneurs

Parque Nacional de Garajonay (plan 6, A1-A2)
La partie centrale de La Gomera se compose d'un haut plateau oscillant en moyenne entre 800 et 1 200m d'altitude et culminant à 1 487m avec l'**Alto de Garajonay**. Le parc abrite le plus beau vestige de laurisylve, cette forêt subtropicale humide qui s'étendait tout autour du bassin méditerranéen à l'époque tertiaire. Il a été institué en parc national et déclaré patrimoine de l'humanité par l'Unesco. Les lauracées occupent les parties moites et abritées, le *fayal-brezal* et les genévriers les zones les plus exposées. L'ensemble de ce *monteverde* forme un couvert persistant qui capte les alizés, assurant ainsi son approvisionnement en eau. Ces paysages baignés de brume distillent une atmosphère singulière, sensation diffuse d'un type de forêt connu mais regorgeant néanmoins d'espèces insolites et témoignant d'une inhabituelle vitalité... À découvrir au fil de beaux sentiers de randonnées, cf. Parcourez l'île à pied (p.222).

Centro de Visitantes Juego de Bolas (plan 6, B1)
Il renferme une exposition sur les spécificités de la forêt et les secrets du climat de l'archipel, ainsi qu'un musée ethnographique et des ateliers d'artisanat. Accueil diligent (en français) et informations sur les sentiers. Fiches des randonnées également sur le site Internet.

Route d'Agulo à Vallehermoso (TF-7111), panneaux au carrefour de la CV-5 avant Las Rosas La Palmita ☎ 922 80 09 93 ⌚ Tlj. 9h-17h

Centro de Información de Laguna Grande (plan 6, A1)
Situé au cœur du parc, il est doublé d'un sentier d'interprétation (30min) présentant les paysages de Garajonay. De là part également un sentier pour rejoindre le toit de l'île, mais il traverse la partie touchée par les incendies, aussi vaut-il mieux s'arrêter au parking suivant (El Contadero) sur la route de San Sebastián pour un aller-retour sur l'Alto de Garajonay en 1h30.

TF-713, GM-2 ☎ 922 80 09 93 ⌚ Tlj. 8h30-16h30

Los Roques (plan 6, B2)
En arrivant de San Sebastián, on entre dans le parc par un site emblématique : trois pitons rocheux en enfilade, un quatrième de l'autre côté de la route. Dénommés Agando, Carmona, La Zarcita et Ojila, ces quatre géants émergeant de la végétation à 1 200m d'altitude sont d'anciennes cheminées volcaniques ; les coulées et les cônes ont été érodés ! À observer du Mirador de los Roques et de celui del Morro de Agando. Le Mirador del Bailadero offre une autre perspective depuis le nord.

Mirador de los Roques et Mirador del Morro de Agando TF-713, GM-2 et Mirador El Bailadero sur la CV-14, route voisine en direction de Hermigua

Las Loceras (plan 6, A2)
Dans le hameau d'El Cercado, en bordure méridionale du parc, la poterie est pratiquée depuis l'époque guanche. Trois ateliers maintiennent ce savoir-faire séculaire, conjugué désormais au féminin. Également un centre d'interprétation et d'informations touristiques.

Centro de interpretación (plan 6, A2) Plaza de El Cercado ☎ 922 80 41 04 ⌚ Mar.-dim. 11h-15h

LE SUD

Trois communes se partagent le sud. Vers l'ouest, Valle Gran Rey, balnéaire et tropicale ; au centre, La Dama, une excroissance de Vallehermoso jusqu'à la côte, peu accessible et sans équipement d'accueil ; vers l'est, Alajeró, agricole puis balnéaire en façade océane avec la petite station de Playa de Santiago. Plus arides que le nord, les sols se répartissent entre cultures tropicales, palmiers et *tabaibal* le long de reliefs à peine moins accidentés.

Sous la vallée... la plage

Valle Gran Rey (plan 6, A2)
Valle Gran Rey a vu son destin basculer avec l'arrivée de hippies au début des années 1970. Le tourisme s'est depuis structuré pour en faire la première station balnéaire de l'île dans un environnement qui reste préservé. Le long de la vallée joliment étagée, les maisons essaiment jusqu'à **La Calera**, charmant

SI BEAU *SILBO*

Il a pour attrait son esthétique, douces modulations rappelant le chant des oiseaux. Mais si vous aurez plus de chance de l'entendre au salon qu'aux champs, le *silbo* n'est pas pour autant un artifice folklorique ni touristique. Langage sifflé des aborigènes de l'île encore largement pratiqué à la fin du 20e s., il participe de son identité. Les bergers l'utilisaient pour communiquer d'une vallée ou d'un *barranco* à un autre – "Comment ça va ?", "Où es-tu ?", "Comment vont les brebis ?" –, et il servit aussi aux maquisards républicains durant la guerre d'Espagne pour échanger sans se faire comprendre par la Guardia Civil de Franco. Exemple rare au monde de langage non verbal –, il a développé une syntaxe suffisamment sophistiquée pour être reconnu comme une langue à part entière – il a été déclaré patrimoine culturel immatériel de l'humanité par l'Unesco en 2009 et est aujourd'hui enseigné dans les écoles.

Monument au *silbo*, Mirador de Igualero

centre historique aux allures de citadelle, dédale de ruelles cramponnées au flanc du *barranco*. Puis vient le bord de mer, où une bananeraie sépare les quartiers touristiques et résidentiels les plus récents : vers l'ouest, Playa de La Calera (La Playa) ; vers l'est, La Puntilla et Charco del Conde, puis Vueltas et son port. La vie nocturne y est plus animée que dans le reste de l'île, mais vous n'y serez pas dérangé si vous cherchez un peu de tranquillité.

Mirador del Palmarejo (plan 6, A2)

Plus connu sous le nom de Mirador César Manrique, ce belvédère est l'avant-dernière œuvre de l'architecte d'Arrecife. Jouant avec les matériaux naturels bruts, intégré à la roche, il domine toute la vallée et révèle un panorama somptueux.

CV-6, Laurisilva

Le petit port de la playa de Santiago

Entre deux eaux

Playa de Santiago (plan 6, B2)

À l'extrémité de son *barranco* aride, sans histoire ancienne, Playa de Santiago hésite. Village de pêche, petite station balnéaire familiale, ou futur *resort* ? La construction, non loin de l'aéroport, d'un golf et d'un hôtel de luxe annonce peut-être quelques révolutions. Pour l'heure, son charme réside dans sa taille modeste, son soleil omniprésent et ses plages, sans doute caillouteuses, mais les plus vastes de l'île.

À FAIRE

Goûtez au charme de la plage

Playa de La Cueva (plan 6, B2)

Certes, deux plages de sable s'offrent à vous en plein centre de San Sebastián, de part et d'autre du *barranco*, mais pour plus d'intimité la Playa de La Cueva n'est qu'à 10min de marche. Il suffit de passer de l'autre côté de l'embarcadère du ferry pour bénéficier de sa vue dégagée sur Tenerife.

SAN SEBASTIÁN

Playa de La Guancha (plan 6, B2)

En 1h15 d'une marche facile sur le sentier du littoral (GR132), vous pourrez rejoindre cette plage isolée. Passez outre la centrale électrique où démarre le sentier et gagnez les hauteurs des falaises pour bénéficier d'une magnifique vue sur la baie de San Sebastián et le Teide. Après un crochet par le fond d'un *barranco* et une remontée sur un plateau offrant des panoramas vers la côte sud, l'anse désirée est à vos pieds. En marchant 1h de plus, vous atteindrez la plage del Cabrito.

SAN SEBASTIÁN Départ derrière la centrale électrique Endesa : peu avant l'extrémité sud de la jetée, prendre la piste qui suit le cours d'un petit ravin, le sentier est indiqué juste après l'entrée de l'usine

Playa de Santiago (plan 6, B2)

C'est la plus étendue de l'île. Bien qu'elle se trouve en plein centre, vous n'y serez jamais entassé, mais si vous préférez un peu de solitude, trois autres plages se trouvent à proximité, au-delà de l'hôtel Jardín Tecina : **Playa de Tapahuga**, **Playa del Medio** et l'**anse de Chinguarime**.

PLAYA DE SANTIAGO

Playa del Inglés 👍 (plan 6, A2)

Isolée au terme d'une impasse après le quartier de La Playa, à Valle Gran Rey, cette plage de sable fin est la plus confortable de La Gomera et le seul endroit de l'île où le naturisme est toléré. Attention néanmoins aux courants.

VALLE GRAN REY

Playa de la Caleta (plan 6, B1)

Vous trouverez à Hermigua, sur la côte nord-est deux lieux de baignade facilement accessibles : un *charco* (bassin) aménagé au débouché du *barranco*, au pied du vestige du port et de son appontement-transbordeur et de l'autre côté de la falaise, La Caleta, une petite baie parmi les plus agréables de l'île.

HERMIGUA

Voguez, pêchez, plongez

Stand up paddle pour les plus sportifs, kayak de mer en solo pour la pêche ou en duo pour découvrir les criques alentour, petites plongées, excursions au large à la découverte de Los Órganos (p.217) ou pour un safari-photo sur les traces des dauphins et autres cétacés… Les propositions ne manquent pas pour abandonner votre serviette de plage. Par ailleurs, les bateaux basés à Valle Gran Rey opèrent également à Playa de Santiago pour des excursions.

Tina Excursiones - Speedy Adventure (plan 6, A2) Puerto de Vueltas Valle Gran Rey 922 80 54 14 ou 629 99 06 43 www.excursiones-tina.com www.speedy-gomera.com **Excursiones Yani** (plan 6, A2) Puerto de Vueltas Valle Gran Rey 639 88 91 22 www.excursionesyani.es **Oceano** (plan 6, A2) Edf. Amaya C/ Quema, 7 Valle Gran Rey 922 80 57 17 www.oceano-gomera.com **Splash Gomera** (plan 6, B2) Hotel Jardín Tecina Lomada de Tecina Playa de Santiago 626 65 89 01 (excursions) ou 922 14 58 87 (boutique) www.splashgomera.es

Parcourez l'île à pied

Paradis de la randonnée, La Gomera ne compte pas moins de 650km de sentiers ! Au départ de chacun vous trouverez sa description et ses données techniques. Si vous ne voulez pas partir seul, l'agence Ymaguara propose des randonnées accompagnées (à partir de 29€/pers.), ou vous tricote des circuits sur mesure : sorties par nuit de pleine lune, route des artisans, descente à vélo, etc.

Centro de Visitantes Juego de Bolas (plan 6, B1) Route d'Agulo à Vallehermoso (TF-7111), panneaux au carrefour de la CV-5 avant Las Rosas La Palmita Agulo 922 80 09 93 Tlj. 9h-17h **Ymaguara** (plan 6, A1) C/ Pablo González Vera, 13 Vallehermoso 922 80 03 29 ou 659 99 22 05 www.ymaguara.com

Parque Nacional de Garajonay (plan 6, A1-A2)

Cette randonnée particulièrement recommandée dévoile l'ensemble des paysages du massif forestier sur un même cheminement. Départ du parking El Contadero, entre la route d'Alajeró et le point d'information de Laguna Grande, direction El Cedro et sa cascade (2h30 de marche). Pour éviter un retour à pied ou en taxi, vous pouvez faire une brève incursion depuis El Contador jusqu'au premier mirador (1h AR), puis reprendre votre véhicule pour rejoindre El Cedro et marcher ensuite vers l'Ermita de Lourdes (1h30 AR). Vous n'aurez pas tout vu, mais vous connaîtrez l'essentiel...

NOS ADRESSES

PAUSES

Ma langue au chat

Dulcería Isabel

Dans la rue qui conduit à l'église de l'Assomption, la pâtisserie Isabel est la référence de San Sebastián. On se presse pour goûter aux douces spécialités de la Gomera comme la torta de rocina (cake au citron), les *almendrados* aux amandes, ou les langues de chats et les rochers coco.

SAN SEBASTIÁN (plan 6, B2 n°1) Calle Medio, 85 09 22 14 17 18 Lun.-ven. 9h-13h30 et 17h-19h30, sam. 9h-13h30

Au jour le jour

Dulcería Laura artesanal

Certains jours sont réservés aux *rosquetes de manteca*, d'autres aux biscuits et aux madeleines, aux *bollos de leche* et *tortas de cuajada* (tarte au fromage). C'est dire si les douceurs de Laura sont artisanales.

VALLE GRAN REY (plan 6, A2 n°2) Lugar el Retamal (5km au sud d'Arure) 922 80 53 72 www.dulcerialaura.com Lun.-ven. 9h-13h30 et 17h-20h, sam. 9h-14h

DOUCEURS LOCALES

Véritable institution, Doña Aniceta mène son affaire, **El Masapé**, depuis plus de trente ans. Biscuits, *almogrotes*, *mojos*, confitures, un excellent miel de palme... et même un alcool de palme qu'elle ne manquera pas de vous faire goûter si vous lui rendez visite.

ALOJERA (plan 6, A1 n°40) 822 90 20 47 www.elmasape.es Lun.-ven. 8h-14h

RESTAURANTS

Popu

La Cabaña €€

Spécialités de grillades, notamment un *conejo a la brasa* (lapin à la braise), à déguster dans une ambiance populaire. L'endroit idéal pour se faire des amis du cru. Carte 12-18€.Pas de CB.

SAN SEBASTIÁN (plan 6, B2 n°10) C/ Langrero, 23 (à 3km du centre, dir. hôpital, puis route de Chejelipes) 922 87 02 59 Mer. 12h30-16h30, ven.-mar. 12h30-16h30 et 20h-22h30

Cantine de standing

Cuatro Caminos €€

À l'arrière du parc de la Torre del Conde, face au Cabildo Insular, ce restaurant est la cantine des notables locaux. Carte sans surprise, mais avec ce petit supplément d'attention aux cuissons qui font d'un bon produit un plat savoureux. Repas 20-25€.

SAN SEBASTIÁN (plan 6, B2 n°14) C/ Profesor Armas Fernández, 1 922 14 12 60 Été : lun.-sam. 12h30-17h et 19h-23h ; hiver : lun.-sam. 12h-16h et 20h-23h

Parador de La Gomera

Dîner chic

Parador de La Gomera €€€

Ce *parador*, l'un des fleurons de la chaîne hôtelière, est doté d'un restaurant à la patine chic. Menu très correct, cher pour La Gomera, mais bien exécuté, à 35€ : des classiques canariens (*cherne*, *cabrito*...) et espagnols (jambon *ibérico*, morue), mais aussi des spécialités maison (*taco de pampre* et crème de poireau, pâté de perdrix...). Large choix de vins.

SAN SEBASTIÁN (plan 6, B2 n°12) Lomo de la Horca 922 87 11 00 www.parador.es Tlj. 13h30-15h30 et 19h-22h30 (20h-22h30 juil.-oct.)

Le rêve !

Prisma €

Le restaurant rêvé de tout voyageur : perdu, bon, pas cher. Murène, *vieja*, *chocos*, gambas, poulpe... De 10 à 15€ en portions plus que généreuses, à quelques marches de la plage d'Alojera !

PLAYA ALOJERA (plan 6, A1 n°13) (emprunter l'escalier descendant à la plage) 922 80 07 03 Tlj. 10h-23h

Saveurs locales

Tasca El Carraca €€

La valeur sûre de Vallehermoso : ambiance rustique et plats roboratifs savoureux (poissons et viandes, grillés ou en sauce, spécialité de lasagnes...). Carte 15-20€.

VALLEHERMOSO (plan 6, A1 n°15) C/ Nueva Creación 922 80 10 21 Mar.-dim. 12h-23h

Un balcon sur l'océan

El Faro €€

Ce bar-restaurant est une adresse bien connue dans le coin. Tapas, poissons et plats de pâtes à déguster en intérieur ou mieux encore, sur le toit-terrasse ouvrant sur le large. Comptez 15-25€ à la carte.

HERMIGUA (plan 6, B1 n°17) Camino de la Playa de Santa Catalina, 15 922 88 00 62 Tlj. 13h-dernier client (cuisine ferme à 22h)

Baba cool

Tasca Telémaco €€

Dans la partie basse de Hermigua, un petit restaurant aux allures baba cool et sa terrasse abritée, que les treillis protègent du vent. Parmi les plats, de belles salades à 11,50€ (*bacalao* aux oignons caramélisés, salade de chèvre et ananas) et des tapas bien préparées, avec un coup de cœur pour le plat de patates douces recouvert de la préparation locale au fromage de brebis, ail et piment, l'*almogrote* (8,50€).

HERMIGUA (plan 6, B1 n°25) Plaza de la Encarnación,2 922 88 08 12 Jeu.-mar. 13h-15h30 et 19h30-22h30

L'épicerie végétarienne

La Montaña-Casa Efigenia €

Doña Efigenia est l'un des "monuments" de l'île. Elle vous accueille avec charme, générosité et, il faut bien le dire, un certain talent commercial. L'épicerie de village conservée dans son jus est devenue un restaurant servant des plats végétariens élaborés avec les produits du potager adjacent (12€ menu complet, sans boisson). Le *mojo de queso* est peut-être le meilleur de l'archipel.

LAS HAYAS (plan 6, A1 n°18) 922 80 42 48 ou 659 80 74 58 www.efigenialagomera.com Tlj. 8h-20h ; été : 8h-21h30

Tapas typiques

Restaurant Mango ♥€€

Sur le front de mer de la crique familiale de la Calera, au pied de Valle Gran Rey, le restaurant Mango offre un léger twist aux recettes traditionnelles de la Gomera. Des grosses olives farcies et panées (6€) au lapin de la vallée servi avec une sauce salmorejo (7€), en passant par les desserts revisités comme le *bienmesabe* (4,90€), les papilles se font canariennes !

VALLE GRAN REY (plan 6, A2 n°11) Av. Las Palmeras, 2 922 80 53 62 Tlj. 12h-0h

La recette

L'ALMOGROTE

Spécialité de la Gomera, ce *mojo* se fait traditionnellement à partir de fromage de brebis *curado* (affiné). À déguster idéalement à l'apéritif, tartiné sur du pain grillé.

Ingrédients

500g de fromage à pâte cuite et dure
1 à 2 piments rouges
6 à 8 gousses d'ail
Sel
100ml env. d'huile d'olive

Râpez le fromage, écrasez les gousses d'ail à l'aide d'un presse-ail, hachez finement les piments, salez avant de mixer l'ensemble. Versez l'huile progressivement jusqu'à obtention d'une pâte lisse. Tartinez sur du pain grillé.

Agréable rue piétonne

Restaurante Abisinia €€

Une adresse prisée des touristes, et c'est mérité... On y sert en effet une honnête cuisine canarienne, exécutée avec régularité. Qui plus est, l'accueil et le cadre sont agréables. Carte 15-20€.

VALLE GRAN REY (plan 6, A2 n°16) C/ La Cuesta de Abisinia, 7 Vueltas 922 80 58 93 Lun.-sam. 18h-23h

Viandes grillées

El Mesón de Clemente €€

À la sortie d'Alajeró, en direction de l'océan, cette institution locale a pour spécialité les viandes et les volailles rôties, mais vous y trouverez aussi du poisson grillé. Petit plus, un service de taxi gratuit depuis Playa de Santiago (à partir de 2 pers.). Repas environ 25€.

ALAJERÓ (plan 6, A2 n°19) Ctra. General C/ Las Cruces, 6 922 89 57 21 www.elmesondeclemente.com Jeu.-mar. 10h-23h

Gastronomique

Junonia €€

À l'instar du cadre soigné, les assiettes sont tout aussi travaillées. La préparation des produits de la mer témoigne d'une culture culinaire qui dépasse les frontières canariennes et ibériques. L'adresse gourmande du front de mer. Carte 25-30€, choix de vins à prix tenus.

PLAYA DE SANTIAGO (plan 6, B2 n°20) Av. Marítima, 58 922 89 57 61 Jeu.-lun. 12h30-15h et 18h30-22h, mer. 18h30-22h

SORTIES

Avec ses terrasses dominant la vallée, le centre historique de Valle Gran Rey est idéal pour admirer le coucher de soleil tout en pratiquant l'art du *tapeo*. Mais si vous voulez goûter à l'ambiance locale, direction la confrérie *(cofradía)* du port. Et pour prolonger la soirée, demi-tour vers

Parador de La Gomera

Vueltas pour les cocktails chics et le balcon sur mer du **Támbara** ou le patio arboré du **Cacatúa**.

El Mirador La Calera LA CALERA (plan 6, A2 n°50) C/ La Gurona, 13 Valle Gran Rey 922 80 50 86 Ven.-mer. 13h-22h **Támbara Café** VALLE GRAN REY (plan 6, A2 n°51) Prol. Abisinia 922 80 70 95 Mar.-dim. 18h30-22h30 **Cacatúa** VALLE GRAN REY (plan 6, A2 n°52) C/ La Cuesta de Abisinia Vueltas 922 80 61 04 Lun.-sam. 10h-13h et 19h-23h

Pour un verre et des vues

Parador de La Gomera

Construit dans le style traditionnel canarien du 16e s., cet hôtel semble avoir toujours pris part à l'histoire de San Sebastián. Le caractère unique du lieu, planté sur une falaise, réside également dans son foisonnant jardin tropical et ses superbes vues panoramiques sur la baie et l'océan, le Teide en arrière-plan. Si vous n'avez pas la chance d'y loger, prenez-y au moins un verre.

SAN SEBASTIÁN (plan 6, B2 n°53) Lomo de la Horca 922 87 11 00 www.parador.es Tlj. 13h30-15h30 et 19h-22h30 (20h-22h30 juil.-oct.)

EL HIERRO ★

Son nom, "le fer" en espagnol, pourrait avoir été inspiré par ses laves pétrifiées ou sa face orientale, abrupte et sévère. Attendez-vous surtout à une pinède nimbée de quiétude et à d'originaux maquis où flottent les senteurs d'un subtil accord minéral et végétal. La plus petite ($268km^2$) et moins connue des îles de l'archipel sera peut-être votre coup de cœur. Cœur, comme le dessin de son contour ou comme le cœur de ses habitants, dont l'hospitalité participera à la réussite de votre séjour.

À VOIR

VALVERDE ET LE NORD-EST DE L'ÎLE

Occupant la partie nord-est de l'île (plan 6, D1), sous les alizés, Valverde ne s'extrait que rarement de ses nébulosités, bien que les bords de mer soient relativement ensoleillés ou baignés de la lumière réfléchie par l'océan. L'humidité ambiante confère à son arrière-pays de verdoyants paysages, puzzles de pâturages, de cultures (céréales, pommes de terre, prunes et pommes), de forêts humides de *morella faya* et de landes *(fayal-brezal)*.

ACCÈS ET INFOS

- Bus : TransHierro Tél. 922 55 11 75 www.transhierro.com. Dessert l'ensemble de l'île sauf El Julián (sud-ouest) et le centre.
- Taxi : TransHierro Tél. 922 55 07 29 www.transhierro.com. Augusto Benitez Gonzalez C/ Tigaday La Frontera Tél. 696 62 91 08
- Oficina de información turística de El Hierro C/ Dr. Quintero, 4 Valverde (également nommée Calle de la Constitución) Tél. 922 55 03 02 ou 922 55 03 26 www.elhierro.travel

Une minuscule capitale

Valverde (plan 6, D1)

Commune la plus peuplée d'El Hierro (5 000 hab.) englobant plusieurs bourgs agricoles alentour, la paisible capitale perchée à 700m d'altitude est le plus souvent enveloppée d'une écharpe de brume et distille une étrange atmosphère de bout du monde. À quelques exceptions près, l'architecture reste traditionnelle et modeste. Seul monument imposant, l'élégante **Iglesia Santa María de la Concepción** (fin 18e s.), dont un certain classicisme tempère les influences baroques.

À 7km de l'aéroport

Centro Etnográfico Casa de las Quinteras (plan 6, D1)

Les petites *casas* typiques qui l'abritent constituent l'intérêt majeur de ce petit musée dédié à l'artisanat : métier à tisser, ancienne forge, travail du bois, vannerie, collection de poteries bimbaches... Une boutique présente la production actuelle de l'île.

C/ Armas Martel 922 55 20 26 Lun.-sam. 10h-18h 4€

À NE PAS MANQUER

- Mirador de la Peña
- Ecomuseo de Guinea y Lagartario
- Punta de Orchilla
- Parque Arqueológico de El Julan
- La Restinga

Mirador de la Peña

BON À SAVOIR
Profitez du "Pasaporte El Hierro" donnant accès à l'ensemble des musées et centres d'interprétation (vendu dans lieux de visite 18€). Pour les hypers connectés l'application "El Hierro te sigue" (mobiles et tablettes) fournit des commentaires sur plus de cent points d'intérêt, et le site www.elhierrotesigue.com des contenus à télécharger ou à flasher sur place (QR code et wifi sur chaque point).

La crique des pêcheurs
Pozo de las Calcosas (plan 6, D1)

À l'abri de cette crique, les vieilles maisons de pêcheurs, aux murs en pierres volcaniques et aux toits de paille, servent de villégiature de fin de semaine. Quiétude assurée, son seul accès consistant en un interminable escalier d'un dénivelé de plus de 100m ! Le port de ce hameau centenaire, transformé en piscines naturelles, s'encastre dans une belle coulée de lave cordée. Sur le côté, une petite plage rocailleuse est praticable par mer calme.

10km au nord-ouest de Valverde. À l'entrée est d'El Mocanal, prendre la direction Echedo, Pozo de las Calcosas, puis la 2e à droite (pas de panneau), continuer le plus droit possible en laissant la direction Echedo sur la droite

Espectacular !
Mirador de la Peña (plan 6, D1)

Non loin des Roques de Salmor, îlots rocheux formant la pointe septentrionale d'El Golfo, le belvédère accueille la dernière œuvre de César Manrique (p.113), épure organique intégrée à la falaise et surmontée d'une maison traditionnelle stylisée occupée par un restaurant gastronomique (p.235). En balcon sur la vallée de 700m, il offre un spectacle saisissant de beauté, particulièrement au coucher du soleil quand les nuages venus de l'est se déchirent face aux contre-alizés et déclinent toute une palette d'orange.

À 1km de Guarazoca en direction de San Andrés par la HI-10

L'arbre-fontaine

Árbol Santo (Garoé) (plan 6, D1)

Objet de vénération pour les Bimbaches, premiers habitants de l'île (apparentés au peuple guanche), puis des colons, le garoé ("arbre qui pleure") est un feuillu de la famille des lauracées (*Ocotea foetens*). Capable d'accrocher les nuages et de retenir l'humidité du brouillard et des alizés, cet arbre devait à l'envergure et à la densité de son feuillage la particularité de déverser les microgouttelettes ainsi retenues en une pluie fine. Un miracle sur une terre si pauvre en eau ! Un ouragan abattit l'arbre sacré qui se dressait ici en 1610, mais un autre arbre d'une espèce voisine (*til*) y fut planté en 1949 en hommage à l'histoire et à l'identité *herreñas*.

Accès en sortant de San Andrés par la HI-10 en dir. de Guarazoca 922 55 00 78 Tlj. 10h-19h 2,50€ (visite guidée toutes les 1/2h)

COULEUR LOCALE

Garant d'un mode de vie durable avant l'heure, l'arbre-fontaine (p.228) est le symbole de l'île, à laquelle il offre son or bleu – l'eau. Classée réserve mondiale de la biosphère en 2000, El Hierro est un vrai modèle d'écologie, une *smart island* (île à réseaux intelligents) à la pointe d'un développement associant énergies renouvelables et agriculture raisonnée.

L'île en images

Centro de Interpretación de la Reserva Mundial de la Biosfera de El Hierro (plan 6, D2)

Pour en savoir plus sur la biodiversité, les paysages et les écosystèmes de l'île, poussez la porte de cet ancien casino (cercle villageois). On y évoque également l'histoire des lieux et de la société *herreña*.

C/ Ferinto, 32 Isora Mar.-dim. 10h-18h 3€

EL GOLFO

En retrait de la pointe septentrionale de l'île, la superbe baie d'El Golfo déploie en un parfait hémicycle son littoral volcanique déchiqueté, piqueté de piscines naturelles et dominé de prodigieuses murailles. Balayé par les vents, il bénéficie toutefois d'une plage d'ensoleillement plus large que Valverde, qui favorise aussi bien la culture de la vigne que celle de fruits tropicaux.

Camp de base

La Frontera (plan 6, D1)

Essentiellement agricole, La Frontera (4 000 hab.) est la seconde municipalité d'El Hierro. Elle regroupe un chapelet de bourgs s'égrenant des Roques de

Nuestra Señora de la Candelaria, La Frontera

Salmor à la pointe occidentale et englobe les hauteurs du centre. La douceur de son climat et ses accès faciles à la mer en font un attrayant camp de base.

Habitat vernaculaire et lézards géants

Ecomuseo de Guinea y Lagartario (plan 6, D1)

S'il est un seul musée à visiter, c'est bien celui-ci ! Guinea est un site occupé depuis les Bimbaches, qui utilisaient comme refuge les tunnels de lave parcourant le sous-sol. Le village, bâti par les colons, est l'un des plus anciens de l'île, habité du 17e s. jusqu'au milieu du 20e s. Restauré, il présente l'âpre mode de vie des paysans d'alors et les progrès techniques de ces quatre siècles. La visite est couplée avec celle du centre de sauvegarde et de réintroduction de l'endémique lézard géant d'El Hierro (*lagarto gigante*) et de son Lagartario. Le *lagarto*, qui mesurait jadis 120cm de long, avait inquiété les premiers visiteurs avant de devenir l'un des symboles de l'île. Sauvé de l'extinction grâce à diverses initiatives (on en recense un millier dans la réserve de Tibataje), il n'a hélas de géant que le nom : son évolution le cantonne à ne pas dépasser les 60cm.

HI-5 entre Las Puntas et Tigaday 922 55 50 56 Tlj. 10h-18h (visites guidées de 1h30 à 2h) € 9,50€

Sentier côtier

La Maceta - Charco Los Sargos (plan 6, D1)

Envie d'une petite balade après avoir barboté dans les agréables bassins naturels qui émaillent la côte d'El Golfo (p.233) ? À l'est de La Maceta, le sentier littoral aménagé longe la falaise de basalte et rallie Punta Grande en une petite heure de marche paisible. Sur son éperon, un hôtel-restaurant, l'Hotel Punta Grande, annonce l'estacade des pêcheurs locaux. La vue y est au plus près des Roques de Salmor, îlots rocheux de la pointe nord d'El Golfo et habitat naturel des lézards géants.

Au nord de La Frontera par la HI-5

Au bout de l'Espagne

Sabinosa (plan 6, C1-C2)

Perché à 350m d'altitude, à l'extrémité ouest du golfe, ce village de bergers joliment fleuri étage ses maisons traditionnelles le long de chemins escarpés et sinueux. Sur la côte, le hameau de **Pozo de la Salud** doit sa réputation aux vertus médicinales de ses eaux. Un hôtel-spa y accueille des curistes pour le traitement des troubles digestifs et cutanés, ou simples visiteurs pour un parcours relaxant. À 2km vers l'ouest, **Arenas Blancas** est la seule plage de sable clair et relativement fin de l'île.

À l'ouest de La Frontera par la HI-50

LA POINTE OCCIDENTALE ET LE SUD

Dernière-née des trois communes de l'île, El Pinar en couvre toute la partie sud, partageant avec La Frontera la pointe extrême occidentale, les zones dépeuplées de La Dehesa et d'Orchilla. Sur ces terres sauvages et extrêmement arides, même la végétation est revêche – landes d'euphorbes (*tabaibales*) et de genévriers aux formes dantesques –, laissant s'imposer la silhouette pelée des volcans. Seules les hauteurs bénéficient de la douce atmosphère des forêts de pins canariens.

Paillotes sur sable noir

Playa del Verodal (plan 6, C1)

À l'extrémité nord-ouest de La Dehesa, c'est la plage la plus longue, la plus agréable et la moins fréquentée de l'île. Et pour cause, la baignade y est interdite ! D'un côté les traditionnelles paillotes à barbecue et une anse de sable noir au pied des falaises, de l'autre un spectaculaire champ de lave, alternant coulées fluides, lisses, cordées ou chaotiques.

À 10km à l'ouest de Sabinosa par la HI-500

Paysage fantasmagorique

El Sabinar (plan 6, C2)

Au centre du maquis de **La Dehesa**, ce plateau désolé au flanc d'une colline dominant l'océan, livre un spectaculaire décor de genévriers (*sabinas*) aux troncs tordus par les vents violents. De Verodal vers le sud, la route de la côte (HI-550) longe sa partie occidentale en une succession de splendides panoramas. On y accède par la route du sanctuaire de Nuestra Señora de los Reyes vers le Mirador de Bascos.

Méridien zéro

Punta de Orchilla (plan 6, C2)

Extrémité du monde connu selon Ptolémée, le point décidant du méridien zéro, avant que les Anglais ne désignent l'observatoire de Greenwich (1885), se signale par une stèle dressée au milieu des champs de lave. Non loin, le **phare d'Orchilla** (1933) concurrence les bouches volcaniques du haut de ses 132m. À l'extrémité de la piste, l'embarcadère et ses eaux transparentes

DRÔLE D'AFFAIRE
El Hierro doit son surnom d'"île du Méridien" à l'astronome et géographe Ptolémée qui, au 2e s., y fit passer le méridien zéro. Et pour cause, jusqu'en 1492, El Hierro représentait l'extrémité occidentale du monde connu, le dernier bout de terre avant le grand saut dans l'Atlantique.

offrent une oasis de fraîcheur dans ce paysage tourmenté et écrasé de soleil (baignade autorisée).

Ermitage du bout du monde

Santuario de Nuestra Señora de los Reyes (plan 6, C2)

En 1546, en reconnaissance de leur aide, une statue de bois polychrome représentant la Vierge fut offerte aux bergers de La Dehesa par des marins qui entreprenaient la traversée de l'Atlantique. Baptisée Vierge des rois, du jour de son débarquement sur l'île, les bergers la vénérèrent au point de lui construire ce touchant sanctuaire (1577). La sainte patronne de l'île fait l'objet d'un culte important et la fréquentation y est permanente.

Au sud de Sabinosa par la HI-506 Oct.-juin : mar.-dim. 10h-17h30 ; juil.-sept. : mar.-dim. 10h-18h Entrée libre

Sur les traces des Bimbaches

Parque Arqueológico de El Julan (plan 6, C2)

Vaste effondrement semblable à El Golfo (p.228), mais recouvert du produit d'éruptions postérieures, El Julan forme un versant régulier d'une pente à 45°. Ici ont été effectuées les principales découvertes archéologiques concernant les aborigènes de l'île, les Bimbaches. Dans la pinède, un centre d'interprétation détaille et contextualise ces trésors. Pour ceux qui auront réservé, la visite guidée suivra une descente (2h AR sans ombre) le long des *lajiales* pour découvrir un cromlech, des pierres gravées de pétroglyphes (Los Letreros) et une grotte funéraire.

HI-400 922 55 84 23 Tlj. 10h-18h 5€

Réserve marine

La Restinga (plan 6, D2)

Au bout d'un impressionnant désert de basalte scandé de cratères, ce bourg moderne marque l'extrémité méridionale de l'Europe politique. Son charme réside surtout dans la torpeur de ses rues inondées de soleil, ses eaux translucides et calmes

La Restinga

et la richesse de ses fonds marins. Une plage de sable noir permet de se rafraîchir en centre-ville. Plus dynamique, le port se partage entre la pêche et l'activité des centres de plongée (p.233).

Centro de Interpretación Vulcanológico (plan 6, D2)

Deux bâtiments séparent ce centre bien documenté, partagé entre un espace interactif consacré au volcanisme dans l'archipel canarien, et en particulier *herreño, et un autre destiné* à reconstituer l'éruption volcanique sous-marine de 2011. Les visiteurs sont ainsi invités à revivre l'événement par une plongée virtuelle et sonore au fond de la mer...

Au nord de La Restinga sur la HI-4 ☎ 922 55 41 09 ⏲ Tlj. 10h-18h

À FAIRE

Guettez le rayon vert

Cala de Tacorón (plan 6, C2)

La crique isolée mais très accessible de Tacorón invite à une agréable baignade parmi les roches volcaniques. Le site est bien aménagé (échelles et plongeoirs) et les petites anses sont parfaitement abritées de la houle. En bonus, des paillotes à barbecue pour y organiser de solides pique-niques.

À 8km à l'est de La Restinga

Randonnez sur les traces de la Vierge des rois

En 1741, l'île étant touchée par la sécheresse, un pèlerinage s'organisa vers Valverde pour implorer la Vierge des rois, qui avait été proclamée patronne des eaux. Chemin faisant, la pluie s'abattit. La Vierge devint alors patronne de toute l'île et la population fit la promesse d'organiser une marche tous les quatre ans. Promesse tenue jusqu'à nos jours, où le parcours de 28km sur les crêtes, de l'ermitage de la Vierge (p.231) jusqu'à la descente *(bajada)* vers Valverde, rassemble toutes les familles *herreñas* en costume d'apparat ainsi que des milliers de visiteurs. Cet itinéraire balisé (assimilé au GR®131), bien entretenu, est l'occasion d'une grande randonnée

Stèle du méridien, Punta de Orchilla

à la découverte des paysages de la région. Comptez 10h environ, 7h30 pour les plus sportifs.

Barbotez dans une piscine naturelle

Il va falloir attendre quelques dizaines de milliers d'années pour trouver des plages de sable fin à El Hierro ! En attendant, çà et là, des *charcos* (bassins) alimentés en eau de mer ont été aménagés avec pierre et béton pour dessiner des *piscinas naturales*. Ils sont généralement équipés d'une aire d'agrément et font le bonheur des familles.

Pozo de las Calcosas (plan 6, D1)
Pour une baignade près d'un authentique hameau de pêcheurs (p.227).

La Maceta - Charco Los Sargos (plan 6, D1)
Dans la vallée volcanique et ensoleillée d'El Golfo, on vient faire trempette en famille dans trois bassins rocheux protégés de l'océan fougueux. Attention, ils sont submergés lorsque la marée est très haute. "Plage" centrale d'El Golfo, **La Maceta**, aménagée et sûre, dispose d'un promontoire maçonné où se poser à l'heure du coucher de soleil, tandis que 300m à l'ouest, directement accessible par un chemin, **Los Sargos** est restée sauvage et seules quelques échelles permettent d'aller s'immerger entre les rochers. Attention toutefois, la baignade peut être dangereuse à marée haute. Tout au nord, près d'Echedo, le *charco* **Manso** a été équipé, mais ne vous aventurez pas hors des installations, les belles anfractuosités latérales étant de véritables pièges.
La Maceta Au nord de La Frontera par la HI-5

Charco Azul (plan 6, C1)
Dans ce *charco* isolé à hauteur de Los Llanillos, l'agrément de la baignade se double de curiosités géologiques : grottes, arches et orgues basaltiques forment un écrin volcanique de toute beauté pour ce ravissant bassin naturel d'eaux turquoise.

Plongez entre raies et cratères

Eaux transparentes, faune et flore marines d'une grande diversité, spectacle des résurgences magmatiques, **La Restinga** (p.231) est un site (plan 6, D2) couru par les plongeurs et les photographes sous-marins. Ces derniers se réunissent en octobre pour l'Open Fotosub (www.openfotosub.es). Une petite dizaine de centres accueillent les néophytes comme les pratiquants expérimentés pour des sorties excluant la chasse. Le nec plus ultra est de trouver une *restingolita* : cette pierre blanche volcanique inconnue jusqu'alors a été expulsée lors de la dernière éruption canarienne qui eut lieu entre octobre 2011 et février 2012, à 5km au large de La Restinga.

Arrecifal-Dive el Hierro C/ La Orchilla, 30 ☎ 662 93 75 60 www.arrecifal.com **The Green Shark** C/ El Lajial, 7 ☎ 662 921 370 www.thegreenshark.com **Buceo El Hierro** C/ El Rancho, 12 ☎ 609 26 18 38 www.centrodebuceoelhierro.com **Buceo La Restinga** C/ La Orchilla ☎ 922 55 71 67 ou 691 26 99 07 www.buceolarestinga.com **Fan Diving Hierro** C/ El Varadero, 4 ☎ 922 55 70 85 www.el-hierro-tauchen.de **Free Diving El Hierro** ☎ 646 612 007 www.freediving-el-hierro.com **Meridiano "0"** C/ La Orchilla, 19 ☎ 697 33 67 67 www.meridiano-cero.fr **Taxi Diver** Av. Marítima, 4 ☎ 626 78 92 05 www.elhierrotaxidiver.net

NOS ADRESSES

PAUSES

Douceur traditionnelle

Quesadilla La Auténtica - Adrián Gutiérrez e Hijas

Bien différente des *quesadillas* sud-américaines, la *quesadilla herreña* allie consistance roborative et surprenante délicatesse. Depuis trois générations, les Gutiérrez sont les gardiens de la recette traditionnelle de ce gâteau à base de fromage, d'œufs et de farine, parfumé de cannelle, de miel, d'un zeste de citron et d'anis. N'hésitez pas à sonner.

VALVERDE (plan 6, D1 n°3) C/ 22 de Febrero, 2 Villa de Valverde 922 55 02 27 www.quesadillasadriangutierrez.com Lun.-ven. 8h-20h, sam. 9h-20h, dim. 10h-20h

RESTAURANTS

Cabanon de plage

Kiosko Los Arroyos €

Campé sur la grève de la Maceta, il dispose d'une terrasse avec vue imprenable. Poissons bien sûr, mais aussi *conejo* (lapin). Plats 10-12€.

LA MACETA (plan 6, D1 n°21) (au nord de La Frontera par la HI-556) 606 70 15 86 Tlj. 10h-21h

Au rendez-vous des pêcheurs

Restaurante Pozo de la Salud €

Il est d'aspect bien plus modeste que celui de l'hôtel voisin, et les pêcheurs locaux y tiennent salon. Poissons et poulpes certifiés donc, *cabrito*, *conejo*... simplement préparés, vite fait bien fait. Plats 7-12€.

SABINOSA (plan 6, C1 n°22) C/ Pozo de la Salud 664 76 29 87 Tlj. 13h-15h et 19h-22h

La cantine des fines bouches

La Mirada Profunda €€

Ce petit restaurant tout en longueur est tenu par un food-trotter, accommodant les produits locaux selon l'inspiration du jour. Un poulpe fondant et un cochon de lait croustillant comptent parmi ses spécialités. Bon choix de vins et menu simple à 12€, carte 25€.

Pozo de la Salud

VALVERDE (plan 6, D1 n°23) C/ Santiago, 25 Villa de Valverde 922 55 17 87 Mar.-dim. 13h-16h et 20h-23h, lun. 13h-16h

Patio fleuri

La Higuera de la Abuela €€

Quel délice de s'attabler dans le magnifique patio arboré et fleuri de ce restaurant où sont servies des spécialités locales aux justes cuissons (fromage à la plancha, chevreau, produits de la mer de saison). Comptez 15-20€ à la carte.

ECHEDO (plan 6, D1 n°24) C/ Tajaniscaba (5km au nord de Valverde par la HI-15) 922 55 10 26 Mer.-jeu. et dim.-lun. 13h-16h, ven.-sam. 13h-16h et 20h-22h30

Pour les carnivores

Asador Artero €€

Pour se régaler de grillades généreuses (filet de porc, entrecôte, *surtido de ibéricos*), dans un décor un peu kitsch et une ambiance populaire.

TIGADAY (plan 6, C1 n°26) C/ Artero, 20 (entre Tigaday et Los Llanillos) 600 07 91 78 Lun.-mer. et ven.-sam. 12h-23h, dim. 12h-17h

Sur le pouce

Zumería la Restinga €

Ce bar à jus et bar tout court se distingue pour ses *Arepas* (petit pain de maïs vénézuélien) tout simples et de qualité au jambon-fromage ou à l'effiloché de viande — *carne mechada y queso* (2-2,30€). Aussi, la variété de pulgas — petits sandwichs garnis de poulet et de pommes de terre locale (2-4,50€) — et l'incontournable fromage *herreño* au miel (5,50€) font mouche. Sur les quelques tables ou à emporter.

LA RESTINGA (plan 6, D2 n°28) C. Juan Gutiérrez Monteverde, 32 922 07 41 40 Mar.-dim. 7h-15h et 18h-23h

Pêche du jour

Casa Juan €€

L'institution de la ville propose de bons poissons frais du jour, servis grillés, frits ou en *cazuela*, sans oublier une soupe fameuse. Deux grandes salles sans apprêt et un comptoir pour les tapas. Carte 12-25€. En été, menu du jour 14€.

LA RESTINGA (plan 6, D2 n°27) C/ Juan Gutiérrez Monteverde, 23 922 55 71 02 Jeu.-lun. 13h-16h et 19h30-22h

Parador(mir) y comer

Parador de El Hierro €€€

Planté sur la grève au pied d'une gigantesque falaise, l'océan pour seul voisin, ce *parador* enchante par sa tranquillité à peine troublée par le ressac. Son restaurant propose une cuisine de bonne facture : classiques locaux (*cherne*, *choco*), *ibéricos*, suggestions de saison... Menu 30€ (sans boisson), carte environ 35€.

LAS PLAYAS (plan 6, D2 n°29) 922 55 80 36 www.parador.es Tlj. 13h30-15h30 et 19h30-22h

Et aussi **El Refugio** et **El Horno de Merese** (p.213).

SORTIES

Belvédère gastronomique

Mirador de la Peña

Le caractère exceptionnel des lieux (p.227) ne pouvait souffrir de médiocrité dans les cocktails. Préparés par un bar tender créatif, ils se sirotent sur l'incroyable terrasse-belvédère.

GUARAZOCA (plan 6, D1 n°54) Ctra. del Miradora Guarazoca (9km à l'ouest de Valverde par la HI-5) 922 55 03 00 Tlj. 9h-22h30

Régal des yeux et des papilles

Restaurante Puntagrande ♥

Le plus petit hôtel du monde dispose d'un excellent bar-restaurant battu par les vagues, pour un inoubliable cocktail ou un dîner à la tombée du jour !

LAS PUNTAS (plan 6, D1 n°55) 09 22 69 16 93 ou 06 11 28 59 83 www.hotelpuntagrande.com Jeu.-mar. 13h-15h30 et 19h30-0h Réservation obligatoire

Pour aller plus loin

Mirador de Unamuno, Artenara, Gran Canaria

MILIEUX NATURELS

Au large des côtes africaines, les "îles Fortunées" allient à la beauté de leur relief tourmenté, baigné d'eaux turquoise, la douceur d'un printemps éternel. Formant un véritable continent miniature où l'exposition aux alizés et l'altitude jouent de multiples variations, elles constituent le sanctuaire d'une merveilleuse féerie végétale dont l'endémisme puissant trahit un très long isolement.

Des "confettis" d'Europe au large de l'Afrique

Ancré dans l'océan Atlantique à un millier de kilomètres de la métropole espagnole, mais à 100km seulement des côtes marocaines, l'archipel des Canaries se compose de sept îles principales, sommets émergés de volcans sous-marins : Lanzarote, Fuerteventura, Gran Canaria, Tenerife, La Gomera, La Palma et El Hierro. D'une superficie totale de 7 446 km^2, elles forment un chapelet est-ouest plus ou moins rectiligne sur une longueur d'environ 500km (et 200km du nord au sud). Comme le reste de la Macaronésie (Açores, Madère, Cap-Vert), toutes sont le produit d'éruptions successives dues à un volcanisme de point chaud, concentration locale de chaleur provoquant un courant de lave ascendant venant percer la lithosphère pour former un volcan.

> **NOUVELLE ÎLE EN VUE ?**
> Bulles géantes, rejets d'eau et de matériaux volcaniques au-dessus des flots... commencée le 12 octobre 2011, à 2km au sud d'El Hierro, l'éruption sous-marine de la Restinga a fait se tourner les regards vers la petite île, jusque-là quasi méconnue des touristes, tenant en haleine non seulement les habitants, qui sentaient depuis longtemps trembler leur archipel, mais aussi les volcanologues et les journalistes. Déclarée terminée en mars 2012, l'éruption a laissé derrière elle un volcan dont la cime n'était plus qu'à 120m de la surface de l'océan, soit 10m de plus que deux mois auparavant.

Les îles de feu

"Paradis du volcanologue", l'archipel résulte plus précisément de millions d'années d'édification et de destruction engendrées par l'alternance de processus éruptifs et érosifs. L'alignement des îles et leur relief, globalement croissant d'est en ouest, serait ainsi lié au mouvement des plaques tectoniques. Le point chaud étant fixe et la plaque continentale mobile, les volcans sont apparus dans le sens de la dérive de la plaque océanique. À l'est, l'île la plus ancienne (et la plus basse car la plus érodée), Fuerteventura, a surgi du fond de l'Atlantique il y a environ 23 millions d'années. Durant les millions d'années suivants, la plaque aurait continué à glisser, donnant naissance aux îles les plus jeunes ; La Palma et El Hierro, apparues il y

Montana del Cuervo, Parque de los Volcanes, Lanzarote

DANS LES ENTRAILLES DE LA TERRE
Tous les types de roches volcaniques sont largement représentés dans l'ensemble de l'archipel où cratères, cônes adventifs et autres dépressions composent parfois un paysage de bout du monde, du *malpaís* ("mauvais pays") et ses vastes étendues de lave où rien ne pousse, aux champs de scories, des criques de sable noir aux spectaculaires orgues basaltiques (La Gomera). Sous les champs de lave s'étendent parfois d'immenses réseaux de galeries souterraines. Ces "tunnels", parmi les plus longs de la planète, ont été formés par les coulées de lave serpentant sur le flanc des volcans : tandis que leur couche supérieure se solidifiait au contact de l'air, le fleuve de magma chaud et fluide a continué de s'écouler vers l'océan. Une fois la coulée tarie, les tunnels se vidaient.

a moins de 2 millions d'années. La diversité de leurs reliefs résulte ainsi d'une combinaison entre leur ancienneté, l'intense activité tellurique locale et leur exposition plus ou moins importante aux alizés et aux courants marins. Rien de commun, donc, entre les brûlants déserts lunaires de Lanzarote, que les éruptions volcaniques successives ont à moitié recouverte d'un épais manteau de lave déchiqueté, et les forêts humides et verdoyantes de Tenerife, dont les sommets accrochent les nuages. Autres caractéristiques du volcanisme canarien, toujours actif comme en témoigne l'éruption du Cumbre Vieja en septembre 2021, les fameuses caldeiras (mot emprunté au portugais pour chaudron) : le terme a été utilisé après la visite dans l'archipel du géologue Leopold von Buch pour désigner les volcans qui, comme ici, se sont effondrés après que leur chambre magmatique se soit vidée, laissant derrière eux ces gigantesques dépressions circulaires.

Sous les alizés

Situées dans une zone subtropicale proche du tropique du Cancer, les Canaries bénéficient d'un climat doux avec des températures stables tout au long de l'année. Le secret de cette douceur : les alizés, ces vents frais et

L'ÉTERNEL PRINTEMPS
Les Canaries n'ont pas usurpé leur réputation d'archipel de l'éternel printemps. Avec un ensoleillement de près de 300 jours par an, même si le climat connaît quelques variations selon les îles, il reste une des rares destinations où il fait beau douze mois par an. Alliée à cette diversité de microclimats, la faiblesse des amplitudes thermiques a fait de l'archipel un véritable jardin d'acclimatation où l'Europe s'est initiée à des cultures nouvelles : maïs, pomme de terre, haricots, tabac, banane, canne à sucre...

humides venus du nord-est, le courant marin froid qui passe au large des côtes en tempérant les eaux et la proximité du continent africain, ainsi que l'influence chaude de l'anticyclone des Açores en hiver. Le thermomètre affiche ainsi une moyenne annuelle de 22°C (18°C en moyenne l'hiver et 24°C l'été) – l'amplitude thermique ne dépassant pas les 6°C. Quant à la température de l'eau, elle oscille entre 17°C l'hiver et 22°C l'été, invitant à la baignade 365 jours par an. Les mois les plus chauds sont juillet, août et septembre.

Températures et pluviosité Elles varient d'île en île selon la déclivité de chacune, qui peut être très significative entre hauts sommets striés de profonds *barrancos* et falaises verticales plongeant dans l'océan, ainsi que selon leur différente exposition aux courants marins et aux alizés. Si les côtes affichent une température moyenne annuelle de 22°C, il fait plus frais en altitude. Les îles montagneuses (La Palma, La Gomera, Tenerife et Gran Canaria) reçoivent également plus de précipitations que celles dont le relief est moins important (Fuerteventura et Lanzarote) mais qui sont en revanche balayées l'été par la *calima*, ce vent du Sahara à l'origine d'une chaleur parfois écrasante.

La flore des îles... et de nulle part ailleurs

La plus grande partie des espaces naturels des îles canariennes sont protégés et accueillent une grande biodiversité. On en recense 141, dont quatre parcs nationaux. Certains ont été déclarés Réserve mondiale de biosphère ou inscrits au patrimoine mondial par l'Unesco. La flore canarienne, qui fait l'objet de toutes les attentions des botanistes depuis le 19e s., est connue pour sa richesse et sa singularité, puisqu'on y recense environ 500 espèces endémiques.

Vipérine de Tenerife

OÙ LA PLUIE EST UN LUXE

Si les Canaries ont du soleil à revendre, elles manquent cruellement d'eau ! En effet, l'archipel ne possède que peu de rivières et de sources d'eau douce, et souffre d'une carence de précipitations dans la plupart des îles. Indispensable à l'agriculture, l'eau est tout aussi nécessaire au développement industriel et touristique. Face à l'insuffisance historique des moyens pour récupérer l'eau, les Canariens ont développé les techniques de dessalinisation de l'eau de mer (certaines à énergies éolienne et solaire). Plus de 300 centrales de dessalement ont ainsi vu le jour dans l'archipel. À Lanzarote et Fuerteventura, cette méthode comblerait quasiment 100% des besoins.

Riche et variée Ce qui distingue avant tout cette végétation reste cependant sa variété, aussi importante que celle des microclimats rencontrés dans l'archipel. S'y épanouissent aussi bien des plantes xérophiles (résistante aux vents et à la sécheresse) de basse et de haute altitude, que de type méditerranéen, ou encore subtropicale humide, rare. Dans les zones côtières plates et arides on trouve ainsi des succulentes – dont l'*Euphorbia canariensis*, qui avoisine 3m de haut –, cactus, euphorbes, aloe vera, agaves et figuiers de Barbarie. Dans les zones arides très élevées, on retiendra quelques spécimens endémiques comme la *flor del malpaís* qui illumine les interstices basaltiques et les anfractuosités de falaises, la violette du Teide, qui vit vers 2 400m d'altitude ou la vipérine de Tenerife, dont les hampes rouge corail jaillissent des paysages volcaniques du Teide. À moyenne altitude, on rencontre certains des arbres les plus caractéristiques du paysage canarien, comme le dragonnier millénaire, le palmier, le genévrier ou le pin des Canaries à trois aiguilles, connu pour sa résistance au feu. Plus haut encore, c'est le domaine des forêts de laurifères, reliques de la végétation qui couvrait à l'origine la plupart du bassin de la Méditerranée avant son assèchement durant le pliocène. Caractéristiques des versants montagneux soumis aux brumes des alizés, elles se composent en majorité de lauriers à feuilles pérennes pouvant atteindre jusqu'à 40m de haut et abritent un sous-bois riche en fougères et bruyères arbustives. Elles sont considérées comme les plus vieilles forêts du monde. Citons aussi le

VÉNÉRABLE LAURISYLVE

Typiques des îles de Macaronésie (Canaries, Açores, Madère), ces forêts subtropicales humides, caractéristiques des versants montagneux soumis aux brumes des alizés, sont des reliques de la végétation qui couvrait à l'origine la plupart du bassin méditerranéen avant son assèchement durant le Pliocène. Elles se composent en majorité de lauriers à feuilles persistantes pouvant atteindre jusqu'à 40m et abritent un sous-bois peuplé de fougères et d'herbacées. Elles comptent parmi les plus vieilles forêts au monde. Celle de La Gomera a été déclarée patrimoine mondial par l'Unesco en 1986.

garoé, l'"arbre fontaine", une curiosité de la famille des Lauracées originaire d'El Hierro et dont les feuilles retiennent l'humidité du brouillard que le vent restitue en fine pluie.

Un petit monde animal

Les reliefs volcaniques et l'isolement insulaire expliquent le défaut ou la rareté de certaines espèces animales dans l'archipel. Les mammifères sont ainsi peu nombreux, la plupart ayant été introduits par l'homme au fil des siècles. C'est encore à travers les espèces endémiques que les Canaries révèlent toute leur singularité.

Faune terrestre La faune terrestre originelle se caractérise avant tout par l'absence de grands vertébrés et d'espèces nuisibles. Les oiseaux et les reptiles, mais aucun serpent (que les Canariens continuent d'appeler *perenquén*, comme le faisaient les Guanches avant eux), sont les espèces les plus représentées. Le lézard bleuté, le petit lézard de Boettger et le lézard tacheté (rare), ainsi que le gecko *Tarentola delalandii*, gecko uniquement présent à Tenerife et à La Palma, comptent parmi les vertébrés les plus communs. Une curiosité mérite d'être mentionnée, le lézard géant d'El Hierro. Ce reptile endémique des Canaries qui atteignait jadis 1,20m de long et ne mesure plus que 60cm, est en danger critique d'extinction.

Avifaune Les Canaries abritent aussi un grand nombre d'oiseaux, sans compter les migrateurs. On en recense environ 110 espèces, notamment endémiques telles que le pinson bleu et le serin des Canaries, gracieux chanteur ramené en Europe par les marins espagnols pour devenir notre canari et, bien sûr, beaucoup de rapaces et d'oiseaux marins le long des côtes.

Lézard tacheté, Tenerife

Faune marine Elle est aussi très diverse, regroupant une grande variété d'espèces comestibles de l'Atlantique, mais aussi des espèces tropicales et des poissons spécifiques à la Macaronésie comme le mérou (*cherne*) et le poisson-perroquet (*vieja*). Des cétacés s'aventurent parfois dans les eaux au sud de Tenerife et de La Palma, notamment lle globicéphale tropical de 4 à 6m de long et différentes espèces de rorquals. Dauphins bleu et blanc et dauphins à bec étroit s'y croisent également, tandis que des tortues de mer viennent régulièrement visiter l'archipel.

HISTOIRE

Étape idéale sur les routes maritimes conduisant vers l'Afrique australe, l'Asie et l'Amérique, les Canaries sont déjà connues des géographes de l'Antiquité qui y situent les limites du monde connu. Après des décennies d'âpres combats, les Canaries deviennent la première colonie de la Couronne d'Espagne. Restées espagnoles, elles bénéficient toutefois depuis 1982 d'un statut d'autonomie.

Les premiers habitants

L'origine nord-africaine des premières populations qui occupèrent les Canaries à la fin du Néolithique, vers 2500 av. J.-C., est désormais admise par la plupart des spécialistes. À l'arrivée des Européens dans l'archipel au 14e s., les sept îles sont ainsi peuplées d'autochtones que l'on désigne par le nom de Guanche. Cette appellation, qui semble n'avoir appartenu qu'aux seuls habitants de Tenerife, s'applique désormais à l'ensemble des premiers résidents de l'archipel, même si sur chacune des îles ils avaient une identité propre (Benahoritas, Maxos, etc.), palant certes une langue commune mais sous des formes dialectales diverses, au point de ne pas se comprendre d'une île à l'autre. Les Guanches vivaient pour la plupart dans des grottes et formaient des tribus soumises à l'autorité d'un roitelet que modérait une assemblée d'anciens. Les prêtres servaient d'intermédiaire entre les dieux, la nature et les astres, dont l'observation s'imposait dans cette société agropastorale régie par un calendrier précis qui prenait en compte les lunaisons et les solstices. L'économie était essentiellement fondée sur la cueillette, la pêche côtière et l'élevage (caprin, ovin, porcin). Les Guanches, qui ignoraient l'usage de la charrue, cultivaient néanmoins des céréales (orge, froment) et des légumes secs. S'ils ne connaissaient pas non plus le fer, ils le remplaçaient avantageusement par des outils en pierre volcanique taillée. Enfin, ils maîtrisaient l'art de la poterie et de la céramique et utilisaient des caractères évoquant un alphabet, dont la signification demeure cependant obscure.

ÎLES CANINES

L'appellation Canaries n'a rien à voir avec les oiseaux du même nom ! Elle provient du mot *canis*, "chien" en latin, et serait due à Pline l'Ancien qui désignait de la sorte les îles de l'archipel en raison des nombreux chiens sauvages qui les peuplaient.

La conquête espagnole (1402-1496)

La redécouverte de l'archipel par des navigateurs méditerranéens au début du 14e s. va bouleverser ce mode de vie. Phéniciens, Carthaginois et Arabes pratiquent ces rivages depuis longtemps déjà quand les expéditions européennes en quête de routes maritimes vers le Nouveau Monde y accostent, notamment les Portugais et les Espagnols. Si l'on considère le génois Lanzarotto Malocello comme le premier découvreur des Canaries (1312), la conquête des îles ne débute réellement qu'en 1402, sous la férule du Normand Jean de Béthencourt et du Gascon Gadifer de La Salle, qui prêtent allégeance au roi de Castille Henri III pour soumettre les îles. Un fabuleux fleuve d'or, Río de Oro, était réputé couler sous ces latitudes. Après avoir pris possession de Lanzarote, Béthancourt annexe Fuerteventura en 1404, puis El Hierro en 1405, mais échoue dans sa tentative de soumettre Gran Canaria et La Palma. De 1405 à 1496, les îles tombent finalement une à une dans le giron de la Couronne espagnole au terme de nombreux combats contre les Portugais, qui renoncent à leurs prétentions locales par le traité d'Alcáçovas (1479), et contre les Guanches, dont les derniers se soumettent en 1496 (Tenerife). La conquête signe la disparition des Guanches en tant que peuple. Succombant aux maladies introduites par les nouveaux arrivants, aux mauvais traitements et aux déportations vers la métropole où beaucoup seront vendus comme esclaves, ils disparaissent surtout par simple métissage au travers de mariages d'autochtones et d'Espagnols.

Castillo de Santa Bárbara, Lanzarote

La base arrière du nouveau monde

Les Canaries conquises, les Espagnols se tournent vers l'Amérique. C'est de là que Christophe Colomb s'élance vers l'ouest en 1492. Très vite, la position stratégique de l'archipel en fait le principal point de ravitaillement des navires en route pour le Nouveau Monde, dont il devient la base arrière. Le port de Santa Cruz voit défiler les galions remplis de soldatesques et de commerçants. Dès le début du 16e s., une nouvelle société se met en place sur la base des valeurs et principes économiques des conquistadors, généralement issus de l'aristocratie espagnole désargentée et qui entendent s'enrichir rapidement sans se soucier des populations locales. Au cours des 16e et 17e s., l'archipel connaît ainsi un bel essor économique sous l'impulsion de ces colons qui développent notamment la culture de la canne à sucre et des vignes. Le passage des galions qui rapportent l'or du Nouveau Monde et des esclaves y contribue grandement aussi. Tant de richesses ne manquent pas de susciter les convoitises des nations, des pirates et corsaires britanniques, français et hollandais.

Une prospérité en dents de scie

Le 17e s. marque la fin de l'âge d'or et le début d'une période de crise pour les Canaries : restrictions du commerce avec les Indes et émigration massive des îliens vers l'Amérique. Les capitaines généraux jouissent d'un pouvoir politique égal à celui des vice-rois en Amérique. À leur tour, les Bourbons négligent les îles et il faut attendre le mitan du 18e s. pour que l'archipel renoue avec la prospérité. La politique de liberté commerciale permet aux exportations vers la métropole, l'Amérique et l'Angleterre de reprendre, tandis que diverses initiatives relancent d'anciennes activités (canne à sucre, orseille, soude) et en introduisent de nouvelles : cochenille, coton, tabac, mais surtout la banane, qui va constituer une nouvelle manne.

FRANCO EN GRANDE CANARIE

En février 1936, le front populaire qui vient de sortir victorieux des urnes cherche à éloigner le jeune général Franco dans l'archipel pour l'empêcher de participer aux complots destinés à instaurer la dictature de Sanjurjo. Nommé gouverneur militaire des Canaries, Franco y réprime les ardeurs républicaines locales. Au lendemain du 17 juillet 1936, date du soulèvement militaire de la garnison de Melilla au Maroc espagnol, il quitte Tenerife pour s'y rendre et prendre la tête des opérations insurrectionnelles. La guerre civile éclate.

L'autonomie

1821 : les Canaries deviennent une province espagnole avec pour capitale Santa Cruz de Tenerife. Dès lors naît une inévitable rivalité avec l'autre grande île de l'archipel, Gran Canaria. À la fin du 19e s., l'archipel ne prend pas le train de l'indépendance dans le sillage de Cuba et des colonies hispaniques des Caraïbes et de l'océan Pacifique, et reste sous la férule espagnole comme les autres possessions africaines. Durant tout le 20e s., son histoire bat au rythme de celle de la péninsule : monarchie, Seconde République, guerre civile, dictature franquiste et retour à la démocratie. En 1927, sous la dictature du général Primo de Rivera, les Canaries sont divisées en deux provinces : celle de Las Palmas, qui couvre les îles orientales, et celle de Santa Cruz de Tenerife, qui regroupe les îles occidentales. La dictature franquiste musellera toute velléité séparatiste. Après la Seconde Guerre mondiale, la misère pousse à nouveau des milliers de Canariens à fuir vers le Venezuela. L'ouverture de l'Espagne au tourisme au début des années 1960 sauve les îles du marasme économique. En 1982, la loi de décentralisation octroie enfin aux Canaries le statut de communauté autonome de l'État, dirigée par un gouvernement conjoint (Santa Cruz de Tenerife et Las Palmas).

ÉCONOMIE

Des terres arides impropres à l'agriculture, une industrie restée à quai… Les principales richesses de l'archipel sont bien ses paysages somptueux et son éternel printemps qui attirent toujours plus de visiteurs, faisant du tourisme le fer de lance de l'économie.

Une terre difficile à exploiter

Par le passé, l'agriculture a joué un rôle prépondérant dans l'économie canarienne. Les cycles de plantations s'y sont succédé : la canne à sucre et la vigne, au lendemain de la conquête espagnole, puis la cochenille pour la teinture (1830-1870), et enfin le bananier, dont la culture périclita au début du 20e s., victime de la concurrence des pays latino-américains. Aujourd'hui, érosion et pénurie d'eau obligent, seules 5% des terres sont cultivées (céréales, vignes, tabac, fleurs, bananes, tomates et fruits tropicaux) occupant à peine 3% de la population active. Quelques productions s'exportent toujours néanmoins : la banane, la tomate, l'aloe vera, mais aussi le fromage et le vin. L'absence de matières premières justifie la faiblesse du secteur industriel (9% du PIB). Néanmoins, au carrefour de trois continents – l'Afrique, l'Europe et l'Amérique –, l'archipel est traditionnellement une escale stratégique dans l'Atlantique et les activités portuaires (commerce, transport de voyageurs, réparations navales) y restent dynamiques. De même pour le raffinage (Tenerife abrite la plus grande raffinerie de pétrole d'Espagne) et l'industrie agro-alimentaire.

Une escale de rêve

Aujourd'hui, l'économie canarienne est dominée par le secteur tertiaire, qui emploie plus des trois quarts de la population active, notamment le tourisme, qui représente environ 80 % du revenu brut de l'archipel. Et pour cause : avec l'un des climats les plus favorables au monde, une infinie variété de paysages et de possibilités d'activités de plein air, l'archipel, deuxième destination touristique en Espagne après la Catalogne, a attiré en 2018 près de 14 millions de visiteurs. Après le tourisme de masse *100% sol y mar* ("soleil et mer") encouragé dans les années 1960, depuis 2010 la part de l'écotourisme et du tourisme culturel progresse chaque année.

Plantation d'aloe vera, Lanzarote

POPULATION

Les colons espagnols et portugais et, dans leur sillage, les commerçants de tous horizons, ont fait de l'archipel un véritable creuset culturel. Venus d'Europe, d'Amérique du Sud ou d'Afrique, les immigrants continuent d'apporter de nouvelles influences à cette escale maritime depuis toujours.

Une population à l'étroit

La population canarienne est importante par rapport à la petite superficie habitable dont elle dispose, 40% des terres insulaires étant des espaces protégés. En 2017, l'archipel comptait environ 2 millions d'habitants (5% de la population espagnole) inégalement répartis selon les îles. Ils se concentrent en effet principalement à Tenerife (915 000 hab.) et à Gran Canaria (860 000hab.), qui connaissent une densité démographique bien supérieure à celle du reste de l'archipel, déjà élevée (environ 282 hab./km^2 contre 93 dans le reste de l'Espagne).

Allers et venues

Immigration On compte entre 12 à 13% d'étrangers, un chiffre qui s'explique par la persistance de trois sources d'immigration : une en provenance de la métropole, attirée par les emplois du tourisme, une autre émanant d'étrangers (souvent d'Europe du Nord) désireux de s'établir sous "le meilleur climat du monde" et, enfin, une immigration "invisible", estimée à environ 20 000 personnes chaque année, essentiellement issue des pays sud-américains, de l'Europe non communautaire et du Maghreb.
Émigration Après la conquête et la christianisation des îles, les monarques espagnols encouragèrent la population à partir s'installer sur les nouvelles terres colonisées aux Amériques. Aux 16e et 17e s., beaucoup d'îliens embarquèrent pour le Nouveau Monde, puis à nouveau au début du 19e s., quand l'archipel connut un important exode rural des îles les plus pauvres (La Gomera et El Hierro) et, enfin, dans les années 1950 – cette fois plus particulièrement au Venezuela qui passe depuis pour la *"Octava Isla"*, la "huitième île" de l'archipel. De leur côté, à Cuba comme au Venezuela, les communautés canariennes ont eu à cœur de perpétuer leurs traditions et les échanges avec leur terre natale.

LE PARLER *CANARIO*

La langue officielle de l'archipel est l'espagnol mais le *canario* se différencie du castillan par des variantes phonétiques et lexicales. Ainsi, le visiteur entendra dire *guagua* comme à Cuba pour "bus" ou "car". Un certain nombre de mots guanches subsistent également comme *tamaragua* pour bonjour, *sansofé* (bienvenue), *ataman* (ciel).

HABITATS

Si les Canaries ont pour monuments leurs paysages grandioses – volcans imposants, *barrancos* verdoyants et mers de dunes –, le patrimoine bâti ajoute au charme des villes coloniales et des émouvantes traditions vernaculaires le mystère de sites archéologiques où l'âme guanche palpite à chaque pas.

L'habitat guanche

Certes, les premiers habitants des Canaries orientales bâtissaient également des maisons, mais les Guanches qui occupaient les îles de l'archipel avant l'arrivée des Européens vivaient principalement dans des grottes. Naturelles ou artificielles, elles étaient creusées dans la roche, à proximité de points d'eau de sources ou de cascades, sur les pentes des ravins ou sur les hauteurs non loin de l'océan. La composition du paysage facilitait ce type d'habitat, frais en été et chaud en hiver. La vie domestique et artisanale s'y déroulait dans l'entrée, un endroit éclairé et aéré, parfois protégé de l'extérieur par un mur. Les cavernes abritaient également des greniers à céréales collectifs, des sanctuaires et servaient de dernières demeures aux défunts (on déposait les corps momifiés dans les moins accessibles).

GRENIER COMMUNAUTAIRE

Situé sur la montagne d'El Gallego (Gran Canaria), un endroit très escarpé et difficile d'accès, le **Cenobio de Valerón** (p.56) est considéré comme l'un des monuments archéologiques les plus impressionnants de l'histoire préhispanique. Au départ, les historiens imaginaient qu'il s'agissait d'un ancien couvent, d'où son nom (*cenobio* signifiant "monastère"). Mais avec ses quelque 300 cavités creusées dans la roche à flanc de falaise, cette structure était destinée à entreposer les réserves en céréales des familles résidentes. Un silo à grains donc, où ont été trouvées des idoles, des céramiques et des *pintaderas* (p.251) – sceaux en argile qui servaient à distinguer le lot de chaque clan. Du littoral, la face nord était invisible, afin de protéger la récolte des assauts d'éventuels pirates.

La touche coloniale

Sous l'influence de la colonisation, l'architecture locale, somme toute peu développée à la fin du 15e s., va suivre les évolutions stylistiques en vogue dans la péninsule ibérique : arabo-andalou (mudéjar) et néo-gothique au 16e s., baroque au 17e s. puis néoclassique au 18e s. etc. Les premiers bâtiments érigés par les colons sont des fortifications, dont il subsiste de beaux exemples à Lanzarote et La Gomera. Dès la fin du 15e s., les premières villes coloniales voient le jour, comme La Laguna, à Tenerife. Les colons doivent adapter le schéma urbain espagnol type (rues tracées au cordeau autour d'une place centrale où se dressent les édifices publics

Casa de Colón, Las Palmas de Gran Canaria

et religieux) aux caprices du relief local souvent escarpé. De remarquables demeures seigneuriales sont construites en pierre taillée. Elles comportent plusieurs niveaux, des toits de tuiles et surtout de remarquables balcons sculptés en bois de pin canarien, parfois colorés, couverts d'un auvent de tuiles rouges ou même clos de jalousies, ces fenêtres ajourées inspirées des moucharabiehs. Les plus beaux specimens sont toujours visibles à La Orotava et à Santa Cruz de La Palma. Avec la colonisation, des cathédrales vont également sortir de terre dans les plus grandes villes. Leurs façades y contribuent au mélange des styles Renaissance, baroques, néoclassiques, tandis que sont érigées de petites églises moins sophistiquées, faites de matériaux locaux blanchis à la chaux mais dont les intérieurs sont souvent richement ornés.

PATIO...NÉMENT

Avant même la colonisation, l'habitat des îles subit l'influence espagnole. La maison rurale consistait d'abord en une grande salle carrée recouverte de tuiles à laquelle on ajoutait, au besoin, des pièces ou un étage, éventuellement un balcon. Au centre, le patio était conçu pour fournir aux demeures un espace au microclimat aussi tempéré que possible sous ces latitudes fortement ensoleillées. Il est resté un lieu de vie privilégié.

Sauver l'architecture vernaculaire

Comme toute l'Espagne, les Canaries sont marquées par le boom touristique des années 1960 voulu par Franco, et la nécessité de construire à la hâte des structures d'accueil pour les nombreux visiteurs appelés à venir découvrir l'archipel. De grands complexes hôteliers se font jour. La crainte de voir leur littoral défiguré par ces pyramides de béton fait réagir les Canariens, et notamment l'artiste César Manrique (1919-1992) qui sauve l'île de Lanzarote en imposant un développement touristique fondé sur le respect de la nature et de la culture locale : limitation du nombre de visiteurs, interdiction de polluer le paysage par des panneaux publicitaires, obligation de construire dans le style traditionnel (habitations basses aux murs blancs) et mise en valeur maîtrisée des sites naturels.

ARTS ET LITTÉRATURE

En dehors de leurs villages troglodytiques et des peintures rupestres réalisées sur les parois de nombreuses *cuevas*, les Guanches n'ont presque pas laissé de traces matérielles de leur culture, qui s'est peu à peu perdue. Influencés par les arts de la métropole et ceux des multiples populations qui ont peuplé les îles depuis le 15e s., les Canaries ont été le terreau d'artistes, plus que de mouvements. Qu'ils soient peintres, écrivains ou cinéastes, ils affirment de plus en plus leur insularité.

Lettres

L'histoire d'une saga Les Canaries ont plus inspiré les écrivains qu'elles n'en ont produits. Mais l'archipel peut s'enorgueillir d'avoir donné naissance à l'un de plus grands romanciers espagnol du 20e s., le plus important après Cervantès selon certains : Benito Pérez Galdós (1843-1920). Né à Las Palmas, il s'installe à Madrid en 1862 pour suivre des études de droit. Très vite, il délaisse les manuels juridiques pour l'écriture. Infatigable collaborateur de presse, il est aussi l'auteur de romans historiques. "Les épisodes nationaux" (46 tomes) constituent une magnifique reconstruction littéraire de l'histoire de l'Espagne au 19e s. Des générations d'Espagnols ont appris l'histoire de l'Espagne contemporaine au travers de cette saga. Parmi les autres grands écrivains canariens, Isaac de Vega (1920-2014) est l'auteur de *Fetasa*, un roman symboliste dégagé de la littérature sociale de l'époque ; Rafael Arozarena (1923- 2009), poète et romancier a fait revivre le paysage mythique de Lanzarote dans *Mararía* ; Luis León Barreto (né en 1949), romancier et journaliste plusieurs fois primé, est connu pour *Les Spirites de Telde* et *Carnaval de Indianos* ; on compte aussi José Luis Correa (né en 1962) et Lázaro Martin Manca (né en 1960) pour ses *Mystères de Tenerife*.

Ancrage poétique Le monde insulaire a favorisé l'âme poétique. L'omniprésence de l'océan a forgé chez les poètes canariens des rapports contradictoires entre isolement et ouverture. Parmi les plus connus citons Tomás Morales (1884- 1921) et Alonso Quesada (1886-1925) ou encore Félix Casanova de Ayala (1915-1990).

Peinture

Tous les grands courants artistiques européens du 20e s. ont touché l'archipel qui a vu naître des peintres de valeur. Pour n'en citer que quelques-uns : Valentín Sanz Carta (1849-1898), un des premiers peintres paysagistes canariens, avec Lorenzo Pastor (1784-1860) et Filiberto Lallier (1844-1914) dont on peut voir les œuvres au musée municipal des Beaux-Arts de Santa-Cruz de Tenerife ; Manuel González Méndez (1843-1909) maître de la lumière et de la couleur ; Eduardo Westerdahl (1902- 1983), directeur

L'ART DE LA *PINTADERA*

C'est l'héritage le plus emblématique transmis par les Guanches. Cet objet en terre cuite est orné de motifs géométriques variés en relief (le plus souvent des triangles). On y a vu des signes servant à identifier un clan ou à marquer le bétail ou encore à reconnaître les greniers à grains des différentes tribus. L'usage de la *pintadera* comme tatouage lors de rites d'initiation n'est pas non plus exclu, surtout lorsqu'on connaît les liens de parenté entre les Guanches et les Berbères (Imazighen) d'Afrique du Nord où cette pratique perdure.

de la revue internationale *La Gaceta de Arte* et organisateur de la première exposition surréaliste d'Espagne à Tenerife en 1935 ; Óscar Domínguez (1906-1957), le plus illustre représentant canarien du mouvement surréaliste, qui s'est imposé avec ses paysages insulaires oniriques et l'invention du procédé pictural de la décalcomanie dès 1936 – avant Max Ernst. Parmi les peintres abstraits, citons les plus connus : Manolo Millares (1926-1972) et César Manrique (1919-1992), mondialement reconnu (p.113), ou encore Ildefonso Aguilar de la Rúa, artiste contemporain qui a fait des matériaux volcaniques de Lanzarote l'essentiel de sa palette.

Pétroglyphes de La Zarza, La Palma

Cinéma

L'archipel a servi de décor à moult films et organise de nombreux festivals dédiés au septième art, lesquels malheureusement proposent plutôt des films étrangers que canariens. Pourtant, les îles ont vu naître à des réalisateurs de talent : les frères Teodoro et Santiago Ríos auxquels l'on doit une trilogie sur l'immigration : *Guarapo* (1989), *Mambí* (1998) et *El Vuelo del Guirre* (2007) ; Antonio José Betancor (1942-2006) qui a adapté en 1998 le roman de Rafael Arozarena, *Mararía* ; David Baute et Cirilo Leal qui ont présenté *Los Alzados de La Palma* (2006), un rappel de la guerre civile et de la répression dans l'archipel ; David Baute, originaire de Tenerife, qui s'est fait connaître par une série de documentaires historiques sur l'archipel, ou encore Armando Ravelo, dont le court-métrage primé en 2013 évoque la résistance des Guanches durant la conquête de Gran Canaria.

ARTS ET TRADITIONS

L'insularité canarienne a participé au maintien d'une tradition artisanale forte, puisant dans les différents héritages, guanche et colonial, de l'archipel. C'est aussi aux temps forts de la vie agropastorale des anciens comme à la ferveur religieuse espagnole que les îles doivent chacune leur étourdissante activité festive.

Poterie

Les mains des premiers potiers guanches ont pétri la glaise pour fabriquer des ustensiles domestiques, notamment des pots (*gánigos*), des marmites, mais aussi des objets décoratifs et des bijoux (colliers). Les Guanches ne connaissaient pas le tour, mais leur travail de la terre a atteint une maîtrise certaine du moulage, de la cuisson et la pureté esthétique. La céramique canarienne varie d'une île à l'autre en fonction du type d'argile, des mélanges, du meulage et de l'inspiration. Les unes sont entaillées de motifs géométriques courbes ou aux lignes brisées, d'autres sont lisses et recouvertes d'un vernis ocre rouge, *la almagra*. Chipude (La Gomera), Gáldar (Gran Canaria), San Andrés (Tenerife), La Palma (où l'on façonne l'argile noire) et Lanzarote restent réputées pour le travail de ces *alfareros* (céramistes).

Vannerie

Du tronc aux feuilles, en passant par les fruits, sans oublier la sève dont on tire le sirop appelé miel de palme, l'emblématique palmier autochtone est entièrement exploité. Comme les aborigènes qui en faisaient des cordes et des filets de pêche, les Canariens continuent de tirer profit de sa fibre végétale pour fabriquer de multiples objets. Le tressage des palmes perdure notamment à La Palma. Les nattes de toutes dimensions entrent dans la fabrication de tapis, paniers, chapeaux et récipients divers. Le traditionnel *ramo* (palme tressée) reste associé à l'office religieux du dimanche des Rameaux et l'on voit encore les employés municipaux balayer la ville à l'aide de longues palmes. Les Canariens sont également passés maîtres dans la fabrication de cages à oiseaux destinées au fameux serin jaune et olivâtre des Canaries. Essentiellement en roseau, bois de pin et résine naturelle, ces volières présentent des formes variées adaptées au type d'oiseau qu'elles hébergent tout en rivalisant de créativité.

Art *naife*

La coutellerie des Canaries doit sa réputation à un couteau appelé *naife* (déformation du mot anglais *knife*), dont le manche en bois est incrusté d'anneaux de différentes matières telles que l'os, la corne, le nacre, l'ivoire ou le métal, parfois l'argent ou différents alliages. Objet indispensable dans la culture agropastorale des Canariens, cet outil traditionnel est devenu un objet d'art.

Broderie, soierie, travail du bois...

Apparues après la conquête, des traditions encore vivaces comme la broderie, la dentelle et la soierie ont fait la renommée et la richesse de plusieurs localités. On peut citer les complexes rosettes de dentelle de Vilaflor (Tenerife), les broderies ajourées au fil tiré (*el calado*) d'Ingenio (Gran Canaria) et le travail de la soie à El Paso (La Palma). Enfin, le travail du bois est également un artisanat d'art très dynamique. Il se distingue notamment dans le ciselage par les ébénistes pour le mobilier et les fameux balcons ouvragés, et dans la fabrication d'instruments de musique par les luthiers, notamment le *timple*, petite guitare à quatre ou cinq cordes proche de l'ukulélé polynésien et peut-être introduit dans les îles par les esclaves berbères.

Une vie de fêtes

La vie canarienne est ponctuée d'une multitude de *fiestas*. Religieuses ou profanes, elles sont aussi nombreuses, dit-on, que les jours de l'année !

Carnaval de Teguise

Carnaval Interdit sous la dictature de Franco, le carnaval revit des jours heureux depuis 1976. Cette fête qui commence traditionnellement peu avant le Carême (c'est, littéralement, "l'adieu à la viande") est la plus populaire de l'archipel, de sorte qu'elle prend place dans plusieurs villes des différentes îles selon un calendrier qui s'efforce de ne pas les faire coïncider. Les carnavals de Las Palmas de Gran Canaria et de Santa Cruz de Tenerife sont les plus importants, ce dernier se plaçant pour son exubérance juste derrière celui de Rio, prétendent les *aficionados* ! Les préparatifs commencent dès la fin du carnaval précédent et sont déjà des événements dont la presse fait soigneusement état. Les réjouissances, qui s'étalent sur trois semaines environ, débutent par des fêtes de rue et des bals au rythme desquels les foules dansent jusqu'à l'aube. *Comparsas* (mascarades), *murgas* (fanfares), défilés, samba, carrosses, déguisements et élection de la reine (autour d'un thème qui donne le ton aux fastueuses parures des jeunes candidates) scandent l'événement à l'ambiance à la fois extravagante et bon enfant. Travesti, grimé, bien caché derrière un masque, chacun se libère d'une année de

PRATIQUE RELIGIEUSE
Le catholicisme est la religion historique du royaume d'Espagne et donc des Canaries où elle rassemble 85% de fidèles. Trois facteurs ont toutefois modifié considérablement la pratique des Espagnols et plus encore celle des Canariens : l'adoption de la Constitution de 1978 (qui reconnaît d'autres religions que la religion catholique, seule autorisée durant le franquisme), le rapprochement de l'Afrique et l'arrivée massive d'immigrants, surtout du Maroc, et enfin le tourisme.

tensions et l'on profite de l'occasion pour critiquer la politique nationale, régionale ou locale par le biais de saynètes ou de chants traditionnels dont on détourne les paroles. L'"enterrement" d'une effigie de sardine (désormais incinérée) met fin aux festivités carnavalesques en s'inspirant d'une tradition ancestrale, le défilé des pleureuses revêtues de noir. Des hommes déguisés en femmes, l'espace d'un moment qui légitime sans pudeur toutes les caricatures et les accoutrements, escortent le poisson.

Romerias De nombreuses fêtes désignées par le terme générique de *romerias* sont liées à l'éphéméride catholique. Fête votive ayant pris le relais d'une tradition plus profane autour du solstice d'été et temps fort de la vie agropastorale des anciens, le Corpus Christi qui a lieu en juin, est l'une des célébrations les plus spectaculaires. Préalablement dessinés à la craie, des motifs sont recouverts de sable et de lave aux teintes variées puis de milliers de pétales de fleurs multicolores fraîchement coupées. La Fête-Dieu de La Orotava, à Tenerife, est très populaire. Le somptueux parcours floral foulé par la procession est une attraction à ne pas manquer.

Fête de La Orotava, Puerto de la Cruz, Tenerife

La dévotion à Marie Très enracinée dans les îles, les fêtes mariales font l'objet de processions qui prennent souvent un tour pittoresque et festif. Le 16 juillet, toutes les îles oublient leurs divisions pour glorifier la patronne des pêcheurs, Nuestra Señora del Carmen. L'événement se singularise dans les ports autour de cortèges de bateaux qui emmènent un prêtre bénir l'océan, remercier la Vierge d'avoir protégé les marins dans l'année et la prier de renouveler ses auspices pour l'année à venir.

GASTRONOMIE

Une bonne dose d'influences ibériques, un zeste d'Afrique, une pincée d'Amérique du Sud... la cuisine des Canaries cultive le goût d'ailleurs. Un exotisme démultiplié par chacune des îles qui y ajoute ses propres spécialités !

Bar à *papas* !

L'aliment le plus ancien des Canaries est le *gofio*, une farine élaborée à partir de céréales (surtout blé ou maïs) torréfiées qui accompagne de nombreux repas. Parmi les légumes, base traditionnelle de l'alimentation locale, les vedettes sont les pommes de terre, auxquelles le sol volcanique confère une texture et une saveur toutes particulières. Il en existe 29 variétés ! Il est vrai qu'il s'agit d'une très vieille tradition ici car on acclimatait déjà ce tubercule d'Amérique du Sud quelques années avant qu'il n'atteigne le continent européen. Star parmi les stars, les *papas arrugadas*, ces petites "pommes de terre ridées" servies avec des *mojos*, sauces aux nombreuses variantes dans laquelle on trempe à peu près tout. Les soupes sont très appréciées aussi comme le *rancho canario* (bouillon, pois chiches, viande et patates). Côté poisson, préférez les locaux, comme la *vieja* (poisson-perroquet) ou le *cherne* (mérou). Ils se cuisinent en soupe (*caldo*) ou bouillis (*sancochada*). Les viandes (chèvre, porc, veau, poulet, lapin) sont volontiers préparées en ragoût. La *ropa vieja*, à base de pois chiches, de viande effilochée de bœuf et de poulet et le *conejo en salmorejo*, une recette de lapin mariné au vinaigre, avec laurier, thym et romarin et huile d'olive, sont incontournables. Autre must, les fromages, dont les saveurs uniques sont dues à la nature endémique du bétail et des pâturages spécifiques (sur sol volcanique). Mention au fameux chèvre *majorero* de Fuerteventura. En dehors des coupes de fruits frais, les nombreux desserts sont souvent très sucrés, comme le *bienmesabe* de Tejeda, mélange d'amandes grillées, d'écorce de citron, de sucre et d'œufs, parfois agrémenté de miel ou le *principe alberto* qui associe la douceur du miel. Autre goût des îles, enfin, les boissons à l'aloe vera, d'une texture inhabituelle mais fort rafraîchissantes.

CRUS VOLCANIQUES

Grâce à la terre volcanique et aux microclimats des îles, la vigne profite d'un terroir original. On trouve de nombreux vins locaux à La Palma et Tenerife, mais les crus de Lanzarote sont les plus réputés. Tirant parti d'un ingénieux savoir-faire ancestral (p.123) – utilisation du sable volcanique (*picón*) pour conserver l'humidité et de murets en pierres pour arrêter le vent –, les viticulteurs de La Geria produisent un vin de caractère exceptionnel.

CATA
CASH

Carnet pratique

Boutique de souvenirs artisanaux, Teguise, Lanzarote

ⓘ INFOS UTILES

Déjeunez à l'heure espagnole, cédez à la tradition du *tapeo*, lézardez sur la plage en plein hiver, barbotez dans un *charco*, sillonnez l'île en *guagua*, rêvez dans un *parador*... Profitez pleinement de tout ce que les Canaries, petit bout d'Europe ultramarin, ont à vous offrir de plaisir et de dépaysement.

AVANT DE PARTIR

ASSURANCE

Il est conseillé de souscrire un contrat d'assurance voyage pour parer à toute annulation du séjour, perte ou vol des bagages, maladie ou accident, et bénéficier, le cas échéant, d'une assistance médicale (remboursement des frais engagés sur place et rapatriement sanitaire éventuel). Vérifiez qu'un tel service n'est pas déjà inclus ou proposé à moindre coût par votre mutuelle de santé, votre assurance automobile ou domestique, voire par votre assurance bancaire. Dans ce dernier cas, prenez bien soin de payer vos titres de transport et contrats de location sur place avec votre carte de crédit. Les compagnies aériennes et les agences de voyages proposent également des contrats assurance-assistance. Vérifiez que votre assurance couvre les activités dites "à risques" comme la plongée, la randonnée, les sports aériens, l'escalade, le VTT et l'équitation.

AVA
01 53 20 44 20 www.ava.fr

Europ Assistance
01 41 85 93 65 (lun.-sam. 8h30-19h) www.europ-assistance.fr

Allianz Global Assistance
01 84 78 41 57 www.allianz-voyage.fr/assurances/

BUDGET ET PRIX

Les prix vous étonneront par leur sagesse. Les Canaries ne sont pas des îles où tout doit être importé à des coûts exorbitants, et ses secteurs agricole et maritime sont prospères. Classé Région européenne ultrapériphérique, l'archipel bénéficie surtout d'un régime fiscal particulier, notamment caractérisé par l'absence de l'*IVA* (TVA espagnole à 21%), remplacée par une taxe locale similaire, l'*IGIC* (Impuesto General Indirecto Canario) au taux général de 7%.

VARIATIONS SAISONNIÈRES

La saisonnalité des tarifs n'est pas très marquée, les Canaries étant fréquentées toute l'année. Seuls le Nouvel An, la période des carnavals et la Semaine sainte peuvent voir les prix augmenter, ou localement lors d'une fête majeure (*bajadas*, *romería*...). Quand il y a des variations, ce ne sont pas les mêmes selon les îles : Tenerife atteint ses pics de fréquentation en hiver, Lanzarote et Fuerteventura en été. Sur une même

GAMME DE PRIX
Dans ce guide, les fourchettes de prix des hébergements s'entendent pour une chambre double en haute saison. Celles des restaurants sont établies sur la base de deux plats (une entrée et un plat ou un plat et un dessert) ou du premier menu, sans la boisson.

Restauration	Hébergement
€ < 15€	€ < 50€
€€ 15-30€	€€ 50-100€
€€€ > 30€	€€€ > 100€

île, une station balnéaire pourra être en haute saison, alors que 5km à l'intérieur des terres ce sera la basse saison pour un prestataire travaillant avec des randonneurs.

BUDGET JOURNALIER

Pour un couple, prévoyez de 100 à 120€ par jour, avec un hébergement en pension ou dans un petit hôtel, un repas privilégiant la cuisine locale et la location d'une voiture. Avec 160-170€ par jour, vous pourrez loger dans un hôtel de charme et fréquenter quelques tables courues de l'archipel. Enfin, un budget de 200-220€ par jour permet de conjuguer hébergements et restaurants de bon standing. Les éventuels parcs d'attractions, sorties nocturnes et transferts entre les îles sont à compter en plus.

HÉBERGEMENT ET RESTAURATION

Le logement sera le poste le moins économique. Les prix pratiqués sont en effet comparables à la moyenne des pays d'Europe de l'Ouest (sans les augmentations de très haute saison). En revanche, il est possible de se restaurer pour très peu cher aux Canaries. Vous pourrez trouver, dans certains quartiers populaires ou hameaux retirés en montagne, des adresses proposant des menus complets à moins de 10€. Dans un établissement traditionnel, les plats, servis généreusement, sont compris entre 8 et 12€, le poisson étant meilleur marché. Dans les grandes stations balnéaires, vous pourrez repérer des adresses pratiquant des prix proches des moyennes européennes, essentiellement fréquentées par la clientèle étrangère, tout autant que des tables canariennes à prix modérés, en vous éloignant un peu de la station. L'affichage des tarifs peut être source de confusion, dans la mesure où l'IGIC n'est pas toujours incluse dans les prix affichés à l'extérieur mais bien sur la carte ou inversement. Quel que soit le cas de figure, la précision (IGIC incluse ou non) est obligatoire. Autre supplément récurrent, le prix du pain, qui est facturé (moins de 1€/pers. en règle générale), mais vous pouvez préciser ne pas en vouloir.

QUAND PARTIR ?

L'un des attraits majeurs des Canaries est son climat subtropical, tempéré par le courant océanique du même nom. Les “îles du printemps éternel” enregistrent ainsi des températures moyennes de 13 à 21°C en hiver, et de 19 à 29°C en été (p.239). Les mois de mai et juin, étonnamment les moins fréquentés, offrent l'avantage des tarifs les plus mesurés et du spectacle d'une nature fleurie et vivace.

DÉCALAGE HORAIRE

Les Canaries vivent à l'heure UTC (*Universal Time Coordinated*, en français Temps universel coordonné), qui correspond aussi à l'heure GMT. Quand il est midi aux Canaries, il est donc 13h en France et dans la péninsule espagnole. Les passages à l'heure d'été et à l'heure d'hiver (derniers dimanches de mars et d'octobre) s'effectuent de la même manière que dans le reste de l'Europe.

FORMALITÉS

Aucune formalité n'est nécessaire auprès des autorités espagnoles pour les ressortissants européens. Seuls sont requis un passeport ou une carte d'identité d'une validité supérieure à trois mois.

INFORMATIONS TOURISTIQUES

EN FRANCE

Office de tourisme espagnol
01 45 03 82 50 www.spain.info/fr
Permanence téléphonique Ouvert lun.-jeu. 9h-17h, ven. 9h-14h Office fermé au public

SUR INTERNET

www.gobiernodecanarias.org
Site officiel de la Junta (région) des Canaries.

www.holaislascanarias.com
Un portail qui présente les sept îles de l'archipel.

www.spain.info
Site officiel de l'office de tourisme espagnol, très bien fait. Il comporte notamment des liens avec des centrales de réservation d'hôtels.

AGENDA

Entre les jours fériés nationaux, ceux propres aux Canaries et les fêtes patronales de chacune des îles ou localités, les jours chômés ne manquent pas ! À cela s'ajoute la période chahutée des carnavals, autour du Mardi gras. En revanche, El Día de la Hispanidad, fête nationale espagnole et commémoration de la découverte de l'Amérique par Colomb est diversement suivie aux Canaries. Les administrations et les banques nationales ferment selon les municipalités. Notez également que les musées, sites touristiques et offices de tourisme ferment les 1er et 6 janvier, Jeudi et Vendredi saints, 1er et 30 mai, 24 (après-midi), 25 et 31 décembre (après-midi).

PRINCIPALES CÉLÉBRATIONS

1er janvier	**Año Nuevo** Jour de l'An
6 janvier	**Día de los Reyes** Épiphanie
2 février	**Nuestra Señora de la Candelaria** Jour férié à Tenerife
Jeudi et vendredi précédant le dimanche de Pâques	**Jueves Santo** Jeudi saint **Viernes Santo** Vendredi saint
1er mai	**Fiesta del Trabajo** Fête du travail
30 mai	**Día de Canarias** Commémoration de la première session du Parlement des Canaries
1er dimanche de juin	**Nuestra Señora de las Nieves** Jour férié à La Palma
Juillet (tous les 4 ans)	**Nuestra Señora de los Reyes** Jour férié à El Hierro
15 août	**Asunción** Assomption
8 septembre	**Nuestra Señora del Pino** Jour férié à Gran Canaria
15 septembre	**Nuestra Señora de los Dolores** Jour férié à Lanzarote
3e samedi de septembre	**Nuestra Señora de la Peña** Jour férié à Fuerteventura
Lundi suivant le 1er dimanche d'octobre	**Nuestra Señora de Guadalupe** Jour férié à La Gomera
12 octobre	**Día de la Hispanidad** Fête nationale et commémoration de la découverte de l'Amérique
1er novembre	**Día de todos los Santos** Toussaint
6 décembre	**Día de la Constitución** Fête nationale de la Constitution espagnole
8 décembre	**La Inmaculada Concepción** Fête de l'Immaculée Conception
25 décembre	**Navidad** Noël

TRANSPORTS

ALLER AUX CANARIES

EN AVION

La durée moyenne d'un vol direct entre la France et les Canaries est de quatre heures. La plupart des liaisons sont assurées par des compagnies *low cost*, susceptibles de changements d'horaires impromptus ou d'interruptions certains mois. S'ajoutent à cela les propositions de charters des voyagistes. Pour compléter cette offre ou bénéficier de tarifs attractifs en période de vacances scolaires dans les pays francophones, de nombreux vols peuvent se combiner via une escale dans la péninsule ibérique. Le tarif d'un billet AR varie considérablement selon les dates : comptez entre 450 et 750€ de France.

EasyJet
Départs de Roissy Charles-de-Gaulle pour Tenerife Sur Reina Sofía.
0820 42 03 15 www.easyjet.com

Iberia
Départs d'Orly et de Roissy-Charles-de-Gaulle pour Tenerife Norte, Tenerife Sur Reina Sofía, Lanzarote, Gran Canaria et Fuerteventura avec escale.
0825 80 09 65 www.iberia.com

Ryanair
Départs de Beauvais pour Tenerife Sur Reina Sofía.
0892 56 21 50 www.ryanair.com

Volotea
Départs de Nantes pour Gran Canaria, Tenerife Sur Reina Sofía, Fuerteventura et Lanzarote ; de Bordeaux pour Fuerteventura et Tenerife Sur Reina Sofía ; de Toulouse pour Tenerife Sur Reina Sofía.
0899 23 20 50 www.volotea.com

Vueling
Départs d'Orly pour Tenerife Sur, Lanzarote et Gran Canaria. Départs de Roissy Charles-de-Gaulle pour Gran Canaria, Lanzarote, La Palma et Tenerife Norte et Sur. Départs de Toulouse pour Gran Canaria et Tenerife Norte.
www.vueling.com

Comparateurs de vols

www.alibabuy.com

www.easyvoyage.com

www.illicotravel.com

www.kayak.fr

www.liligo.fr

Mesures de sécurité pour le bagage de cabine

Les voyageurs peuvent être en possession de produits liquides (gels, substances pâteuses, lotions, contenu des récipients à pression, dentifrice, gel capillaire, boissons, parfums, mousse à raser, aérosols...) à condition que les contenants ne dépassent pas, chacun, 100ml ou 100g et qu'ils soient regroupés dans un sac en plastique transparent à fermeture par pression et glissière, bien scellé, d'une capacité maximale de 1l (env. 20cmx20cm). Les articles ne doivent pas remplir le sac à pleine capacité ni en étirer les parois. Un seul sac est permis par personne. Les aliments pour bébé et le lait, quand les passagers voyagent avec un enfant de deux ans ou moins, de même que les médicaments vendus sur ordonnance et les médicaments essentiels en vente libre ne sont pas soumis à ces restrictions. Nous vous conseillons donc de placer dans vos bagages de soute, avant l'enregistrement, tous les produits liquides dont vous n'aurez pas besoin en cabine.

Aéroports

Les Canaries comptent six aéroports internationaux (à Gran Canaria, Lanzarote, Fuerteventura, La Palma et Tenerife) et deux aéroports nationaux (à La Gomera et El Hierro) :

Aeropuerto internacional de Las Palmas (LPA)
Il est situé sur la baie de Gando, à 19km au sud de Las Palmas et à 25km des zones touristiques de la ville.
Las Palmas Gran Canaria www.aena.es

Aeropuerto de Fuerteventura (FUE)
Il se trouve à 5km au sud de Puerto del Rosario.
Ctra. Gral de El Matorral El Matorral Fuerteventura www.aena.es

Aeropuerto internacional de Lanzarote (ACE)
Il est situé à 5km au sud-ouest d'Arrecife, la capitale de l'île.
Arrecife Ciudad Arrecife Lanzarote
www.aena.es

Aeropuerto de Tenerife Norte (TFN)
Anciennement nommé Los Rodeos, il permet de relier les autres îles de

l'archipel et l'ensemble de la péninsule Ibérique. Quelques vols également pour le reste de l'Europe continentale dont un Paris-Orly et un Paris-CDG (Iberia, avec escale à Madrid).
Tenerife À 13km de Santa Cruz
www.aena.es

Aeropuerto de Tenerife Sur Reina Sofía (TSF)
C'est le principal aéroport des destinations pour l'Europe continentale et des vols charters.
Tenerife www.aena.es

Aeropuerto de La Palma (SPC)
Il se trouve à 8km au nord de Santa Cruz de La Palma, la capitale de l'île. Cet aéroport international est relié à Madrid, Londres, Bruxelles, Amsterdam et plusieurs villes d'Allemagne. Vols domestiques pour Tenerife et Gran Canaria.
Ctra. La Bajita Villa de Mazo La Palma
www.aena.es

Aeropuerto de La Gomera (GMZ)
L'aéroport, aux airs de gare de ville moyenne, est situé dans le sud de l'île, à 2km de Playa de Santiago. Son offre se limite à deux liaisons quotidiennes pour Tenerife Nord, avec Bintair Canarias.
Alajeró Playa de Santiago La Gomera
www.aena.es

Aeropuerto de El Hierro-Los Cangrejos (VDE)
Une piste en bordure d'océan au pied de Valverde. Petite aérogare des plus accueillantes, avec une aire de jeux pour les enfants au centre et une terrasse de bar au ras des flots. Renseignements touristiques au point information. Vols Binter des seuls aéroports de Gran Canaria et Tenerife Nord.
Valverde El Hierro www.aena.es

EN BATEAU

Il est possible de rejoindre Arrecife (Lanzarote) au départ de Cadix (Espagne) en bateau (1 AR/sem.). S'y rendre avec votre véhicule ne sera intéressant que si vous dépassez trois semaines de location, sans compter le trajet jusqu'à Cadix. L'aller simple dure un jour et demi et coûte environ 150€ pour un siège, 315€ pour une cabine, et 365€ pour un véhicule. AR environ -10%.

LIAISONS INTER-ÎLES

EN AVION

Deux compagnies permettent de traverser l'archipel. Achetés à l'avance, les billets sont à peine plus chers que ceux du bateau. **Binter Canarias** assure la plupart des trajets possibles, avec ou sans correspondances ajustées, et **Canary Fly**, basée principalement à Las Palmas, relie également Tenerife Norte à La Palma. Binter Canarias exploite aussi des lignes vers le continent africain.

Binter Canarias
902 39 13 92 www.bintercanarias.com

Canary Fly
902 80 80 65 www.canaryfly.es

EN BATEAU

Tenerife et Gran Canaria sont les plaques tournantes du trafic passager maritime entre les îles. Hormis une liaison hebdomadaire directe entre Gran Canaria et La Palma, la connexion entre les îles occidentales et orientales passe par les deux îles-capitales. Sous forme d'escale ou avec transbordement, ce transit allonge donc les trajets d'un bout à l'autre de l'archipel, alors que les îles voisines sont desservies rapidement plusieurs fois par jour – mis à part El Hierro, qui ne compte qu'une desserte quotidienne (excepté le samedi). Deux compagnies principales se partagent principalement les lignes : **Naviera Armas** et **Fred Olsen**. Les bateaux de cette dernière sont plus rapides, un peu plus chers, et moins confortables par temps agité. Un troisième opérateur, **Trasmediterránea**, vous conduira d'île en île sans transbordement, mais à un rythme de sénateur. C'est la ligne de Cadix qui fait ensuite la tournée de l'archipel.

Naviera Armas
www.navieraarmas.com

Fred Olsen
www.fredolsen.es

Trasmediterránea
www.trasmediterranea.es

De Gran Canaria
Les deux ports reliant Gran Canaria aux autres îles de l'archipel sont ceux de **Las Palmas** au nord-est, et d'**Agaete** au nord-ouest. Liaisons avec Fuerteventura (de Las Palmas vers Puerto del Rosario et Morro Jable), Lanzarote (Las Palmas-Arrecife) et Tenerife (de Las Palmas vers Santa Cruz de la Palma et Santa Cruz de Tenerife, d'Agaete vers Santa Cruz de Tenerife).

De Fuerteventura
Trois ports pour rallier les autres îles de l'archipel : **Puerto del Rosario** sur la côte est de l'île, **Corralejo** au nord, et **Morro Jable** au sud. Liaisons avec Tenerife (Morro Jable-Santa Cruz de Tenerife, Puerto del Rosario-Tenerife), Gran Canaria (Morro Jable-Las Palmas, Puerto del Rosario-Las Palmas) et Lanzarote (Corralejo-Playa Blanca).

De Lanzarote
Les deux ports qui relient Lanzarote aux autres îles de l'archipel sont ceux d'**Arrecife** et de **Playa Blanca**. À Arrecife, le quai pour prendre le ferry est situé un peu à l'extérieur de la ville, au nord ; ne le cherchez pas aux alentours de la marina de plaisance ! Par ailleurs, une navette maritime au départ du petit port d'**Órzola** permet de rejoindre l'îlot de La Graciosa au nord de l'île. Liaisons avec Fuerteventura (Playa Blanca-Corralejo), Gran Canaria (Arrecife-Las Palmas), La Palma (Arrecife-Santa Cruz de La Palma) et Tenerife (Arrecife-Santa Cruz de Tenerife).

De Tenerife
Tenerife compte deux ports de passagers : **Santa Cruz de Tenerife** et **Los Cristianos**. Liaisons avec Gran Canaria (de Santa Cruz de Tenerife vers Las Palmas et Agaete), Fuerteventura (de Santa Cruz de Tenerife vers Morro Jable et Puerto del Rosario), Lanzarote (Santa Cruz de Tenerife-Arrecife), La Palma (Los Cristianos-Santa Cruz de La Palma), La Gomera (Los Cristianos) et El Hierro (Los Cristianos)

De La Palma
Le port de passagers est à **Santa Cruz de La Palma**. Liaisons quotidiennes vers San Sebastían de La Gomera et Los Cristianos à Tenerife.

De La Gomera
Station maritime au cœur de **San Sebastián de La Gomera**. Traversées vers Tenerife (Los Cristianos) et La Palma (Santa Cruz de La Palma).

D'El Hierro
Seule la compagnie Naviera Armas dessert El Hierro. Liaison pour

Tenerife (Los Cristianos). Arrivée à **Puerto de la Estaca**, au pied de Valverde.

EN VOITURE

Le réseau routier canarien est moderne et en très bon état. Seules quelques rares extrémités de territoire peuvent se révéler cahoteuses. Les autoroutes de Tenerife et de Gran Canaria sont gratuites. Malgré ces équipements, ne sous-estimez pas vos temps de parcours sur toutes les îles occidentales et à Gran Canaria ; 30km de distance peuvent prendre jusqu'à une heure à La Gomera, au nord de La Palma ou au centre et à l'ouest de Gran Canaria. Avaler des kilomètres ne devrait pas être trop coûteux, l'essence étant 25% moins chère qu'en France. La location d'un véhicule est peu onéreuse quand elle est réservée assez longtemps à l'avance (15-20€/j.). Cependant, seule la compagnie de location de voiture Cicar autorise les traversées en ferry.

TRANSPORTS EN COMMUN

Les autobus canariens, familièrement appelés *guagua*, assurent la desserte des moindres recoins des îles, avec au minimum 2 AR par jour. Les principales stations sont reliées par des lignes fréquentes, parfois express sans arrêts intermédiaires. Renseignements sur chacun des réseaux dans les rubriques "Accès" des chapitres de ce guide.

SUR PLACE

ARGENT

MONNAIE

Les Canaries font partie de la zone Euro. Agences bancaires et distributeurs automatiques de billets ne manquent pas dans l'archipel.

CARTES BANCAIRES

Les cartes Visa, Mastercard et American Express sont acceptées par la grande majorité des hôtels et des restaurants de moyenne et de haute catégorie, la carte Diners Club plus rarement. Il vous sera parfois demandé une pièce d'identité en complément (notamment aux stations-service). Certains restaurateurs, minoritaires, pratiquent un supplément pouvant aller jusqu'à 5% pour un paiement par carte. Les pensions, les restaurants en dehors des zones touristiques ou en montagne, les kiosques, les guinguettes de plage, les *guachinches* ou *bochinches* (viticulteurs proposant une table ou tavernes) n'acceptent pas toujours le paiement par carte (*tarjeta de crédito*) : prévoyez au préalable une réserve de monnaie équivalant au moins à un repas et une nuitée en pension. Dans la zone Euro, l'utilisation de cartes bancaires n'entraîne pas de frais supplémentaires. En cas de perte ou de vol, contactez les numéros suivants :

Serveur interbancaire d'opposition
Serveur français où l'on peut faire opposition en cas de perte ou de vol d'une carte bancaire, quelle que soit la carte.
0892 705 705 (0,34€/min)

CONSULAT

Agence consulaire de France
C/ Alonso Quintero, 29 Las Palmas
928 947 034 CONSULAT DE FRANCE
C/ Marqués de la Ensenada, 10 Madrid
917 00 78 00 www.ambafrance-es.org

HANDICAPÉS

À l'exception de Fuerteventura et de Lanzarote, les îles ont un relief escarpé et un littoral souvent constitué de criques et de falaises. Seule une petite partie des sites naturels est accessible aux personnes ayant des difficultés motrices, mais les grands sites (Teide et Cueva del Viento notamment) et stations balnéaires majeures sont équipés. L'information est inégale selon les îles :

www.tenerife-accesible.org

www.lanzaroteaccesible.com

www.gomeraexperience.es
Circuits dédiés.

www.adfilpa.org
Le site de l'association des handicapés physiques de La Palma propose un guide en téléchargement.

HORAIRES

En règle générale, les **banques** et les bureaux des **administrations** sont ouverts du lundi au vendredi de 8h à 14h. Le bureau de **poste** (*correos*) principal des villes d'importance est accessible du lundi au vendredi de 8h30 à 20h30, et le samedi de 9h30 à 13h. Les succursales n'ouvrent que de 8h30 à 13h30-14h. Les **commerces** ouvrent en principe du lundi au vendredi de 10h à 13h30-14h et de 17h à 20h30-21h, et le samedi de 10h à 14h. Dans les zones touristiques urbaines, la journée continue est souvent pratiquée, avec des ouvertures jusqu'à 22h, ainsi que le dimanche, tandis que dans les villages, la pause est de rigueur dans l'après-midi. Les **musées** et les **sites touristiques** ouvrent habituellement du mardi au samedi de 10h à 19h, et les dimanches et jours fériés de 10h à 14h-15h. Les horaires des **offices de tourisme** varient considérablement d'une île à l'autre : dans les principales localités touristiques, ils sont généralement ouverts du lundi au vendredi de 9h à 17h-18h, et le samedi de 9h à 13h. Ils sont réduits à la matinée dans les zones rurales. Pour les services de restauration, voir "Rythmes" (p.267).

INTERNET

La plupart des hôtels, restaurants, bars et cafés possèdent un réseau wifi et le partagent gratuitement (à l'inverse des *resorts*). N'hésitez pas à en demander le code (*código*). Les offices de tourisme mettent parfois une tablette ou un ordinateur à la disposition des visiteurs pour une courte durée.

PLAGES ET *CHARCOS*

Si vous rêvez surtout de vastes étendues de sable pour y passer le plus clair de votre temps, le choix est facile : direction Lanzarote et

Fuerteventura, éventuellement Gran Canaria (Maspalomas). Ailleurs, la baignade sera plus sauvage, dans de rares petites anses de sable, de plus en plus noir en allant vers l'ouest, ou dans les criques aménagées des *charcos* (bassins naturels). Le tourisme canarien dispose sur son site Internet d'un moteur de recherche des plages. Quel que soit votre choix, lisez les informations à l'entrée des sites : certaines plages forment des courants de baïnes pouvant vous entraîner au large (ne pas se débattre, se laisser porter et regagner la côte plus loin). Quant aux *charcos*, ne sortez pas de leur périmètre aménagé et ne les fréquentez pas par forte houle.

POSTE

En dehors des horaires d'ouverture des bureaux de poste (p.266), vous pourrez expédier votre courrier n'importe où en ville, dans les boîtes aux lettres jaunes (*buzón*es). Les timbres (*sellos*) sont en vente dans les bureaux de tabac (*estancos*) et dans les épiceries de village. Le courrier arrive à destination en quatre ou cinq jours en moyenne pour l'Europe.

Correos
902 19 71 97 www.correos.es

POURBOIRE

Il est bienvenu de laisser l'équivalent d'au moins 5% de votre addition si vous êtes satisfait. Ne laissez aucun pourboire marquerait votre insatisfaction. Dans les taxis, arrondissez le montant de la course au chiffre supérieur.

RESTAURATION

RYTHMES

Comme dans toute l'Espagne, vous ne risquez pas de mourir de faim ! Entre *cafeterías*, cafés et bars, vous trouverez partout et à toute heure de quoi vous sustenter. Pour un service plus traditionnel, les restaurants servent habituellement entre 13h et 16h-17h, puis entre 20h30 et 22h30-23h (voire minuit). Sur les sites très touristiques, les services commencent plus tôt (12h et 19h) pour la clientèle nord-européenne tout en finissant aussi tard.

US ET COUTUMES

L'une des coutumes locales les plus typiques et agréables est le *tapeo*, déambulation urbaine de bar en bar pour un apéritif dînatoire à base de tapas et de *pinchos* s'apparentant parfois à de véritables plats en réduction. En groupe au restaurant, les Canariens comme les Espagnols commandent plusieurs plats choisis et dégustés ensemble.

TYPES D'ÉTABLISSEMENT

Les frontières entre les différentes catégories ne sont pas étanches : les *kioscos*, les guinguettes de plage et les buffets de place publique peuvent très bien préparer une cuisine élaborée, certains restaurants servent des tapas et des *raciones* au comptoir, et il arrive dans les bars que l'on vous présente des tapas dignes de bouchées gastronomiques.

SANTÉ

ACCÈS AUX SOINS

Les services de santé n'ont rien à envier à leurs homologues européens. Ils sont organisés autour de groupes hospitaliers – un ou deux, selon les îles. Ils peuvent avoir une antenne d'urgences dans une zone peuplée éloignée, et être complétés sur l'ensemble du territoire par un maillage serré de centres médicaux (*centros de salud*). Le réseau complet est disponible sur le site Internet du gouvernement des Canaries : www.gobiernodecanarias.org. Il existe également un groupe privé qui possède quatre cliniques à Tenerife, deux à Gran Canaria et une à Lanzarote, toutes à même de recevoir des urgences.

Urgences
112

Cliniques privées
www.hospiten.com

Pharmacies de garde
www.farmaciasdecanarias.es

CONSULTATIONS MÉDICALES

La carte européenne de santé permet aux ressortissants de l'UE de bénéficier d'une couverture médicale dans tous les pays membres qu'ils visitent. Cette carte couvre vos frais de santé (imprévus) sur place et vous évite d'avoir à débourser de l'argent. De retour en France, vous n'avez aucune démarche à entreprendre. Pour vous procurer cette carte, il suffit de la demander à votre centre de Sécurité sociale qui vous la délivrera gratuitement par courrier sous 15 jours. Attention, dans ce cadre, seuls seront couverts les soins délivrés par des médecins et organismes publics. Si vous préférez vous adresser à des cliniques ou praticiens privés, sachez que les consultations, non remboursables, coûtent de 70 à 100€.

SÉCURITÉ

Numéro européen d'urgence-Centre de coordination des urgences et de sécurité des Canaries
Accueil en espagnol, anglais, allemand.
112 www.112canarias.com

Police nationale
091

Guardia Civil
062

Sauveteurs en mer
900 202 202

SPORTS ET LOISIRS

La douceur du climat, l'océan bordant la montagne et le vent font des Canaries un terrain particulièrement favorable aux activités de plein air. Les sites web de tourisme de chaque île répertorient parfaitement l'ensemble des prestataires pouvant accueillir adeptes confirmés ou néophytes.

SPORTS NAUTIQUES

Les sports nautiques remportent la palme avec d'innombrables amateurs de **natation**, **plongée sous-marine**, **planche à voile**, **surf** et **kitesurf**. De nombreux yachts en provenance d'Europe et d'ailleurs mettent le cap sur les îles pour fuir les rigueurs de l'hiver septentrional. Ils trouvent dans les **ports de plaisance** (plus de quarante dans les îles) de multiples points d'accostage, un havre sûr équipé d'infrastructures offrant toutes les commodités nécessaires (ravitaillement, réparations, loisirs, etc.), dans un environnement de rêve.

SPORTS DE PLEIN AIR

En altitude, on pratique le **parapente** ou le **deltaplane** ; sur la terre ferme, on trouve des parcours de **roller**, des pistes pour les **cyclistes** urbains sur les promenades longeant la mer, et des circuits de **VTT** explorant de fabuleux paysages.

RANDONNÉE

Les Canaries sont très prisées par les **randonneurs**, et les marches en montagne donnent aux amateurs l'occasion de découvrir la biodiversité des îles tout en les récompensant de leurs efforts par des vues panoramiques uniques. L'une des plus impressionnantes est celle que l'on a des hauteurs des îles environnantes sur le Teide enneigé.

GOLF

Les îles peuvent s'enorgueillir de nombreux greens, savamment dessinés dans des sites enchanteurs. Vingt-cinq terrains de golf sont répartis sur cinq îles : Tenerife (neuf, dont sept 18-trous), Gran Canaria (huit, dont cinq 18-trous), Fuerteventura (quatre, dont trois 18-trous), Lanzarote (trois, dont deux 18-trous) et La Gomera (un 18-trous).

TÉLÉPHONE

Les numéros commençant par 922 sont ceux des lignes fixes de la province de Santa Cruz de Tenerife, le 928 pour ceux de Las Palmas. Les numéros commençant par 900 sont gratuits. Le numéro commençant par 6 indique un téléphone portable. Pour les appels vers la France, composez le 00+33, suivi du numéro de votre correspondant sans le 0.

TÉLÉPHONE PORTABLE

Les Canaries disposent en général d'une bonne couverture 3G et 4G, mais les zones montagneuses sont parfois mal couvertes, en particulier sur l'île d'El Hierro. Si vous souhaitez utiliser votre portable, assurez-vous avant de partir que l'option internationale est comprise dans votre abonnement. Depuis juin 2017, les appels à l'intérieur de l'espace européen ne sont plus surtaxés.

Hébergements

Puerto de Mogán, village de pêcheurs à Gran Canaria

SE LOGER

Quel que soit le type d'hébergement recherché – *resorts*, hôtellerie classique ou location – le choix ne manque pas. Si les prix sont comparables à ceux pratiqués en Europe de l'Ouest, ils ne varient toutefois guère au fil des saisons, car les Canaries sont fréquentées toute l'année. Vous pouvez réserver via les grands sites web de discount hôtelier, parmi lesquels www.destinia.com et *www.doyouspain.com*, plus centrés sur le monde ibérique.

HÔTELS ET PENSIONS

Les grands *resorts* des stations balnéaires proposent le plus souvent des locations à la semaine dans le cadre de forfaits vendus par un voyagiste, mais ils louent directement aussi à la nuitée en période creuse, offrant de forts rabais sur leurs sites Internet ou sur ceux des *discounters* hôteliers. Du rustique au design contemporain, l'hôtellerie classique cohabite avec les résidences hôtelières (kitchenette en sus) et les *pensoas*, peu chères mais souvent spartiates.

LOCATION

La location de maisons ou d'appartements à la nuitée (avec parfois un minimum de 3 j.) ou à la semaine est particulièrement répandue. Certains propriétaires sont fédérés en association ou par un service Internet commun.

www.ecoturismocanarias.com
Membre de l'association espagnole de tourisme rural.

www.casasruralescanarias.com
Groupement privé.

www.toprural.com
Réseau national espagnol.

AUBERGES DE JEUNESSE

Sept auberges de jeunesse sont membres du réseau HI pour tout l'archipel. Le réseau des auberges rurales (*albergues juveniles*), ouvertes à tous, est recensé par le gouvernement des Canaries.

Hostelling International
www.hihostels.com

Red de Albergues Juveniles de Canarias
www.juventudcanaria.com

CAMPINGS

Les Canaries n'ont qu'une offre très limitée (1 camping à La Gomera, 3 à Tenerife, et 2 à Agüimes sur Gran Canaria) et le camping sauvage est strictement interdit. Il existe également quelques aires naturelles (*área de acampada*), parfois à l'intérieur des parcs nationaux, où il est permis de planter sa tente pour une nuit mais jamais pour des séjours prolongés. On trouve l'ensemble des offres sur le site du gouvernement des Canaries (www.juventudcanaria.com).

GRAN CANARIA

LAS PALMAS

Eco Hostel Bettmar €

Luminaires à base de recyclage, ampoules à économie d'énergie et panneaux solaires... l'auberge de jeunesse Bettmar s'inscrit dans son temps. Les dortoirs de 4 à 8 pers. sont pratiques, élégants et clairs, les sanitaires minimalistes et design. Une halte sans prétention mais fraîche et moderne. 16€ la nuit, petit déj. inclus, en haute saison.

LAS PALMAS C/ Pedro Díaz, 20 (Vegueta) 928 32 28 81 www.ecohostelcanarias.com

OYO Bora Bora The Hotel €

Voilà 18 chambres sobrement aménagées, certaines un peu exiguës, mais on aime l'esprit bon enfant de ce petit hôtel, avec sa sympathique terrasse tapissée d'herbe artificielle et ses cordes à linge pour pendre les vêtements... Wifi gratuit et accueil agréable. À partir de 45€ la double en haute saison. Pas de petit déj. et pas d'ascenseur. Parking 7€/j.

LAS PALMAS C/ Anzofé, 31 828 01 12 66

Casa de Vegueta ♥€€

Cette vaste demeure (1913) avec patio compte 3 chambres agencées avec un exquis raffinement par l'adorable Ana. Le mobilier est chiné ou signé d'un décorateur de renom et des œuvres d'art ornent les murs. Wifi. Double 92€, délicieux petit déj. inclus.

LAS PALMAS Plaza de Santo Domingo C/ Pedro Díaz, 5 (Vegueta) 696 46 89 82 www.lacasadevegueta.com

NH Imperial Playa €€€

Si l'on ne s'extasie pas face à l'immeuble, on peut se réjouir de la vue très dégagée sur la plage de Las Canteras. Les chambres affichent un air standardisé : meubles sombres, bureau, harmonie de beige et brun, parquets clairs... Rien de fou, mais on ne manque pas de confort moderne, et les détails sont soignés. Parking (12€/j.) à proximité. 85€ la double sans vue, 101€ la chambre avec vue, sans les 7% de taxe et le petit déjeuner buffet (15,50€).

LAS PALMAS C/ Ferreras, 1 (Las Canteras) 928 46 88 54 www.nh-hotels.fr

Reina Isabel €€€

Face à la baie de Las Canteras, avec piscine sur le toit, la Reina Isabel ne manque pas de panache. Des 225 chambres, certaines optent pour un minimalisme plutôt impersonnel, d'autres (les suites) pour un style néoclassique, avec tapis et bois sculpté. Centre de fitness agréable et spa avec vue sur la mer. Wifi. Double avec vue sur ville/océan 130€/165€ en haute saison, copieux petit déj. inclus. Gratuit pour les moins de 6 ans.

LAS PALMAS C/ Alfredo L. Jones, 40 (Las Canteras) 928 26 01 00 www.bullhotels.com

The Maresía Canteras €€

Un hôtel urbain situé à quelques encablures de la plage de Las Canteras et du quartier de shopping. Quatre étages, six chambres fonctionnelles par étage et une terrasse solarium sur le toit. Au petit-déjeuner (inclus), les produits canariens sont à l'honneur : *biscochos* (biscuits locaux) et *suspiros de moya* meringués au citron, confiture de Terror, de San Matteo, papayes... Double 80-110€.

LAS PALMAS Calle Leon Tolstoi, 1 08 28 12 48 36 www.maresiacanteras.com

LE NORD

Finca Las Longueras ♥€€€

Une des meilleures adresses de l'île. Cette demeure coloniale de prestige (1895) siège dans un cadre luxuriant exceptionnel. Ses 14 chambres et suites sont élégantes et chaleureuses, ses salons richement décorés. La vaste piscine est divine. Possibilité de déjeuner ou dîner. Double 95-110€ en haute saison, petit déj. inclus.

AGAETE Ctra. del Valle (à 4km d'Agaete, demander la "casa roja", "maison rouge") ☎928 89 81 45 www.laslongueras.com ◷Fermé en août

La Hacienda del Buen Suceso €€€

Bâtie en 1572 par un explorateur, cette jolie résidence noyée dans un champ de bananiers porte les marques de la noblesse du temps. Les 18 belles chambres et suites, certaines dotées de lits à baldaquin, sont empreintes de romantisme et de nostalgie. La piscine ronde, la salle de sport et le jacuzzi augmentent sa cote d'amour. Double de 110€ (mai-sept.) à 160€ (oct.-avr.).

ARUCAS Ctra. de Arucas a Bañaderos Km1 ☎928 62 29 45 www.haciendabuensuceso.com

LE CENTRE

Hotel Rural Maipez €€

Au cœur d'une nature luxuriante, à quelques minutes à vol d'oiseau du Jardin Botanique, l'hôtel Rural Maipez est l'écrin des amateurs de tranquillité. Des 8 chambres et des 3 suites portant le nom de villes locales (Santa Brígida, Agaete, Mogán...), trois sont logées à l'étage de la grande demeure rustique, aux murs de pierres apparentes. Boisée chic ou classique, chacune revêt un cachet particulier. Petite piscine et service de restauration en haute saison (octobre-mai). Double 70-90€.

LAS PALMAS Carretera la Calzada, 104 (10km au sud du centre-ville) ☎09 28 28 79 72 www.maipez.com

Parador Cruz de Tejeda €€€

Juché sur les hauteurs de Cruz de Tejada, cet hôtel au luxe sans ostentation offre un panorama exceptionnel. Son vaste et agréable spa (25€ pour 1h30, gratuit si séjour de 4j. ou plus) n'est pas son seul intérêt. Ses 43 chambres claires et fleuries offrent quasiment toutes une vue sur la montagne. Double 160-180€ en haute saison, petit déj. 20€.

TEJEDA Cruz de Tejada ☎928 01 25 00 ou 902 54 79 79 (rés.)

Hotel Las Tirajanas €€€

Bâtie sur un mirador, avec une vue grandiose sur le Barranco de Fataga, cette grande bâtisse propose 58 chambres de style rustique, mais suffisamment originales, colorées et confortables. Des sentiers de randonnée partent de l'hôtel, excellent point de chute pour les marcheurs et les cyclistes. Piscine couverte, sauna et hammam. 75€/nuit/pers.

SAN BARTOLOMÉ DE TIRAJANA C/ Oficial Mayor José Rubio ☎928 56 69 69 www.hotelrurallastirajanas.com ◷Oct.-mai

Hotel Rural Las Calas €€€

Dans le quartier historique du village de La Lechuza, cette jolie bâtisse du XIXe siècle a été minutieusement restaurée dans le respect de la tradition. Pour autant, les 9 chambres et suites, d'un confort absolu, vibrent de modernité. Restaurant (si vous ne souhaitez pas vous rendre à San Mateo, à 4km), jardin planté de poiriers, de mandariniers, de dahlias et de camélias, et piscine non chauffée.

À partir de 90€ la double, petit déjeuner inclus, et beaucoup d'offres promotionnelles sur le site.

VEGA DE SAN MATEO C/ Arenal, 36 La Lechuza ☎ 928 66 14 36 www.hotelrurallascalas.com

LE SUD

Hotel Rural Casa de los Camellos €€

Pour retrouver l'hôtel dans le dédale de ruelles d'Agüimes, repérez le camélidé de bronze proche de l'entrée. Les chambres simples, au plafond de poutres sombres, ont un lit un peu dur et leur insonorisation laisse à désirer, mais elles n'en sont pas moins charmantes. Les plus agréables sont situées au 1er étage, le long de la mezzanine. Double 95€ en haute saison, petit déj. inclus.

AGÜIMES C/ El Progreso, 12 ☎ 928 78 50 03 www.hotelcasaloscamellos.com

Apartamentos Puerto de Mogán €€€

Sur le port, de petits immeubles blancs surlignés de couleurs vives abritent de vastes 2-pièces agréables et pratiques, au design contemporain et pop. Kitchenette, télé satellitaire et wifi. Seul petit bémol : les fenêtres donnent la plupart du temps sur la terrasse des voisins. Réception et parking (en sus) à l'hôtel Puerto de Mogán. Appartement à partir de 100€ en haute saison.

PUERTO DE MOGÁN Urbanización Playa de Mogán ☎ 928 56 50 66 www.hotelpuertodemogan.com

Hotel Puerto de Mogán €€€

Bien placé au bout de la jetée entre la marina et la plage de Puerto Mogan, cet hôtel joue sans forcer la carte balnéaire. Chacune des 56 chambres est dotée d'un petit balcon ouvrant sur la piscine et la mer ou sur sur le port. Le toit-terrasse solarium s'invite en paradis du bronzage, de même que les abords de la piscine cernés de lits bain de soleil (30€/j. bouteille de cava, fruits et café inclus). En sus, accès à la mer et petit spa et piscine intérieure (15€/j.). Double 175-290€.

PUERTO DE MOGÁN ☎ 09 28 56 50 66 www.hotelpuertodemogan.com

FUERTEVENTURA

LE NORD

Avanti Hotel Boutique €€€

Cet exquis boutique-hôtel renferme 14 chambres aux tentures vaporeuses, lanternes arabes en verre outremer, poutres turquoise et murs d'un blanc éblouissant. Sur le toit-terrasse, jacuzzi avec vue sur l'océan. Wifi gratuit. Double 155-175€ en haute saison. Moins de 16 ans non admis.

CORRALEJO C/ Delfín, 1 Av. Marítima de Corralejo ☎ 928 86 75 23 www.avantihotelboutique.com

LE CENTRE

Casa Princess Arminda ♥€

L'ancienne demeure familiale de 600 ans d'âge a été restaurée avec un goût très sûr par son charmant propriétaire. Dans les pièces aux épais murs en pierre de lave, chaque objet a été minutieusement chiné.

Juan propose aussi une cuisine familiale dans le beau patio, où une petite scène accueille des groupes locaux... et parfois sa guitare ! Double 55€.

BETANCURIA C/ Juan de Bethencourt, 2
928 87 89 79

Casa Isaítas €€

Une demeure typique restaurée dans le respect de l'architecture canarienne : patios de gravier noir, balcons de bois massif et murs à la chaux. Les 4 chambres très simples sont d'une blancheur lactescente (télé avec satellite, wifi). Le salon-bibliothèque est bienvenu, car les attractions ne sont pas nombreuses à Pájara. Bar-restaurant. Double 85€, petit déj. inclus.

PÁJARA C/ Guize, 7 (à 40km de Puerto del Rosario par la FV-610) 928 16 14 02 ou 607 92 83 07 www.casaisaitas.com
Fermé début juil.-mi-août

LE SUD

Hotel Igramar €€

L'un des rares hôtels de dimension raisonnable à Morro Jable : 49 chambres entourent une charmante piscine, dans la partie touristique de la station, où trouver bars et restaurants. Les vastes chambres, avec kitchenette, disposent d'une terrasse, certaines avec vue sur le port. Centre aquatique avec massages. Double à partir de 80€ en haute saison.

MORRO JABLE C/ Peatonal Las Gaviotas, 3
928 16 64 23 www.igramarmorrojable.com

Casablanca Apartamentos €€€

Dans la zone résidentielle de Morro Jable, cette immense villa divisée en 11 appartements et un *penthouse* coquets flirte avec le style rococo : enfilades de balcons, statues classiques, palmiers... La piscine, sur la terrasse, est bienvenue. Wifi, air conditionné, télévision, ménage quotidien... De 150 à 200€ en haute saison (15€ par pers. suppl.). Chiens admis.

MORRO JABLE Av. del Faro, 6 928 54 17 44 www.apartamentos-casablanca.com

Villa Christina €€€

Ces discrètes et jolies villas aux formes rondes (de 2 à 6 pers.) ouvrent sur le bleu de l'océan Atlantique et la plage de Sotavento à perte de vue. Enchanteur... À partir de 115€/nuit pour 2 pers. (175€/nuit de 3 à 6 pers.).

RISCO DEL PASO (Km72 par la FV-2 en direction de Morro Jable via Costa Calma)
696 94 39 41 www.villa-christina.eu

LANZAROTE

ARRECIFE ET ALENTOUR

Apartamentos Islamar €

Appartements modernes au confort certain et bien situés dans la ville (lecteur DVD, wifi gratuit). Leur point fort est un balcon plein sud avec vue sur la plage de Reducto, et un solarium sur le toit. Le tout pour un prix vraiment minime : 46€/nuit pour 1 pers., 52€ pour 2. Parking 10€/j.

ARRECIFE Av. Rafael González, 15 928 81 15 00 www.apartamentos-islamar.com

Hotel Lancelot €€€

Ce grand immeuble qui sourit au front de mer se déploie en éventail à l'arrière. Il possède 110 chambres nettes et confortables. Préférez celles avec vue sur l'océan. Salle de sport, piscine sur le toit, vaste restaurant aux larges baies vitrées, personnel très attentif, wifi gratuit : un bon rapport qualité-prix. Double 90-100€ en haute saison, petit déj. (copieux) inclus.

ARRECIFE Av. de la Mancomunidad, 9
928 80 50 99 www.hotellancelot.com

Villa Vik €€€

Une élégante villa reconvertie en hôtel haut de gamme doté d'une agréable piscine. Les 14 chambres raffinées sont toutes différentes, avec balcons ou terrasses. La plage n'est qu'à 200m et on vous prête des vélos pour les balades ! Demi-pension obligatoire : 320€ pour 2 pers. en haute saison.

PLAYA DEL CABLE C/ Hermanos Díaz Rijo, 11 Urbanización La Bufona (à 2km d'Arrecife et à 3km de l'aéroport) 928 81 52 56 ou 902 16 06 30 (rés.) www.vikhotels.com

Buenavista Lanzarote ♥€€€

Au milieu des vignes de la Geria, cet ecolodge est superbement intégré au paysage volcanique. Les 5 appartements contemporains pensés pour deux ou trois personnes (45-80m^2) ouvrant par de larges baies transparentes offrent une extraordinaire vue sur les paysages environnants. Installé dans un de ces nids douillets on se reconnecte avec la nature et si on a envie de bouger on profite des activités comme le yoga, la course à pied, ou le golf... Double 140-200€, petit déj. inclus.

MASDACHE Carretera Conil-Tegoyo 22
06 06 93 57 53 www.buenavistalanzarote.com

LE NORD ET LA GRACIOSA

Finca de Arrieta ♥€€€

Dans un paisible village, 15 yourtes avec kitchenette et 11 habitations d'un luxe discret, où vivre en harmonie avec les éléments, tout près de la plage d'Arrieta. Tila et Michelle veillent à être le plus écolos possible (panneaux solaires, éoliennes...), sans rien céder du confort : joli mobilier, textiles élégants, piscine, espace lounge, jardin... Des poules et un âne ! Proposition d'excursions. De 120 à 390€ la nuit en haute saison.

ARRIETA C/ Diseminado Tabayesco, 34A
928 82 67 20 www.lanzaroteretreats.com

Finca La Crucita €€€

Un joli petit domaine qui abrite 8 vastes et confortables maisons (2-8 pers.), toutes différentes, meublées dans un style rustique. L'une d'elle dispose d'une grande piscine intérieure, les autres partagent la piscine commune... Le jardin planté de palmiers et d'espèces végétales locales constitue une agréable oasis. De 80 à 240€/pers./j. en haute saison (min. 5 jours).

HARÍA C/ San Juan, 63 649 48 85 51
www.villasdelanzarote.com

L'OUEST

Villa Famara €€

Le village de Caleta de Famara est si agréable que l'on y fait volontiers une halte. L'une des rares solutions d'hébergement consiste à séjourner dans l'une de ces 7 maisons modernes (4-6 pers.) à l'aménagement soigné et confortable. Deux sont dotées de piscines privées, d'autres réservent de magnifiques vues sur la mer. À partir de 85€ par nuit.

CALETA DE FAMARA Corona de la Reina, 166 / Alamillo, 76 649 48 85 51
www.villasdelanzarote.com

Tiagua 81 €€

Michelle et Tila, également propriétaires de la Finca de Arrieta (p.277), ont réaménagé une propriété canarienne dans le village traditionnel de

Tiagua. Un ensemble de cottages (2-pers.) et maisons d'un luxe sobre disposé autour d'une piscine chauffée par panneaux solaires. Les teintes douces, les matières brutes, les éclairages, le mobilier design ou recyclé... tout incite au bien-être. À partir de 80€ la nuit pour 2 personnes.

TIAGUA 928 82 67 20
www.lanzaroteretreats.com

Casa Tomarén €€

Restaurée, cette propriété du 18e s. est devenue un refuge apaisant aux ambiances indiennes et marocaines ! La maison familiale (8 pers.), les 5 villas (2-5 pers.) et les 3 studios (2 pers.) sont agencés dans un style ethnique et noyés dans une végétation inhabituelle par ici. Dans ce havre de paix où de grands bouddhas vous couvent du regard, vous pouvez suivre des cours de yoga, pratiquer le reiki, le shiatsu, la réflexologie, profiter de la piscine, de séances de massage... Comptez 85€/nuit pour 2 pers. en haute saison.

SAN BARTOLOMÉ El Islote C/ El Parral, 144
660 40 40 79 www.tomaren.es

Caserío de Mozaga €€€

Une maison de campagne meublée à l'ancienne, perpétuant une atmosphère bourgeoise rurale du début du 20e s. Les 8 chambres et 3 suites de cette bâtisse du 18e s. sont disposées autour d'une cour. La propriétaire francophone est très attentive. Tous les détails charment. Ambiance familiale. Restaurant raffiné. Double 120-150€, petit déj. inclus.

MOZAGA Malva, 8 928 52 00 60
www.caseriodemozaga.com

Casa La Geria €€

Cette petite maison traditionnelle (2 ch.), même si elle n'est pas éloignée de la route, constitue un havre de paix et offre une vue incroyable sur les volcans de Timanfaya et les vignes. L'intérieur, très soigné et chaleureux, donne dans l'ethnico-asiatico-ibérique. TV par satellite, lecteur DVD, wifi... Double 110€ (petit déj. inclus).

LA GERIA (près du village de La Asomada)
928 83 03 92 (9h-15h) ou 699 417 871
www.casaelmorro.com

Casona de Yaiza €€€

C'est dans les terres et non sur la côte que nous trouvons les joyaux hôteliers de Lanzarote. Dans cette grande bâtisse à l'étage de bois, précieusement aménagée, nous découvrons 10 chambres meublées dans un style baroque tout à fait incongru dans la région mais absolument bienvenu. Au menu des réjouissances : une piscine, un jacuzzi, la location de vélo, une galerie d'art et un incroyable restaurant joyau où l'on a envie de dîner tous les soirs tant la qualité gustative et l'inventivité sont au rendez-vous. Double 162€, petit déj. inclus (120€ en basse saison).

C/ El Rincón, 11

Casa El Morro ♥€€€

Les hôtes de ces lieux ont beaucoup voyagé avant d'élire domicile à Lanzarote et d'y rénover plusieurs propriétés. Près du village d'Uga, celle-ci est une merveille de raffinement et de bien-être. Ses 7 suites mêlent les styles ethnique indonésien, colonial et espagnol, avec lits à baldaquin, tissages, mobilier en bois ouvragé. Grande piscine entourée de lits indiens. Des cours de yoga et autres disciplines orientales sont organisés sous une yourte. Servi dans le jardin, le petit déjeuner et ses gâteaux maison sont à tomber. À partir de 118€ la suite pour 2 pers. (min. 2 nuits), petit déj. inclus.

YAIZA C/ El Morro, 1 Uga 928 83 03 92 (9h-13h) ou 699 417 871 casaelmorro.com

TENERIFE

SANTA CRUZ ET ALENTOUR

Albergue Montes de Anaga €

Un refuge de montagne moderne sur la crête du Bailadero, dominant San Andrés. Chambres de 2, 4 ou 6 pers. et vaste espace commun pour se détendre. 20€/pers. en dortoir avec petit déj. (drap et couette fournis). Une "double" avec salle de bains privative à 40€.

EL BAILADERO (route de Chamorga, à 21km de Santa Cruz) 922 82 32 25 www.alberguestenerife.net Fermé 1er jan., 5 jan., 6 jan. et 24-25 déc.

Hotel Horizonte €

Un modeste hôtel de charme. Les chambres sont spacieuses, la literie est parfaite, mais l'horizon promis n'est qu'illusoire. Bon esprit et accueil jovial. Double 44€. Pas de petit déj.

SANTA CRUZ DE TENERIFE C/ Santa Rosa de Lima, 11 922 27 19 36 www.hotelhorizontetenerife.es

Casona Santo Domingo €€

Installé dans le patio de cette belle demeure du 16e s., on oublie vite sa situation en bordure d'une rue passante du centre de Güímar. Grandes chambres au mobilier rustique du 19e s. Accueil affable. Selon la saison, double 70-80€, avec petit déj.

GÜÍMAR C/ Santo Domingo, 32 922 51 02 29 www.casonasantodomingo.com

NH Tenerife €€

Comme les autres établissements de la chaîne, il propose confort, espace et épure contemporaine, parfois à des prix cassés. Situation on ne peut plus centrale, à deux pas de la Plaza de España. Double 75-160€ selon la saison, petit déj. inclus.

SANTA CRUZ DE TENERIFE Candelaria Esquina Doctor Allart 922 53 44 22 www.nh-hotels.fr

LA POINTE NORD-EST

Pensión Padrón €

Des cellules monacales, organisées autour d'une cour de garage, avec des salles de bains partagées. Mais le tout est propre, la literie très correcte, les prix sont doux (double 30€), l'accueil est adorable et c'est central. La seule option bon marché à La Laguna, hormis la lointaine et déprimante pension Berlin.

LA LAGUNA C/ Núñez de la Peña, 29 922 25 91 16 www.pensionpadron.com

La Asomada del Gato €€

Le bâtiment ancien est en bonne partie refait, mais il a été patiné avec goût, donnant à l'adresse le charme des maisons d'hôtes. Double avec petit déj. autour de 80€.

LA LAGUNA C/ Anchieta, 45 922 26 39 37 www.laasomadadelgato.es Fermé en août

Hotel Laguna Nivaria €€

Propose un très grand nombre de chambres avec kitchenette dont vous n'aurez pas à vous plaindre. Fonctionnel et cosy, voire luxueux pour les suites. Restauration en continu et spa. Double standard 135€, petit déj. compris.

LA LAGUNA Plaza del Adelantado, 11 San Cristóbal ☎ 922 26 42 98 www.lagunanivaria.com

LA CÔTE NORD

Albergue Bolico €

Dans un site isolé enchanteur, cette auberge du massif du Teno dispose d'installations modernes. Cinq dortoirs, plutôt coquets, de 4, 6 ou 10 lits (15€/pers./nuit). En semaine, il faut réserver un dortoir complet (solo 30€, duo 50€, 15€/pers. sup.). Petit déj. 5€. Wifi dans les communs.

LAS PORTELAS Camino Las Barreras (10km au sud de Buenavista del Norte sur la route de Masca) ☎ 922 12 79 38 www.alberguebolico.com

Pensión Silene €

Le charme d'une maison de famille du 19e s. à un prix doux pour la région. Double 36-40€, petit déj. compris ; suite (2-4 pers.) 65€.

LA OROTAVA C/ Tomás Zerolo, 9 ☎ 922 330 199 www.sileneorotava.es

Hotel Monopol €€

Institution locale, cet hôtel accueille les touristes depuis 1888, avec des pétales de fleurs disposés solennellement chaque matin sur le seuil. Le patio couvert est cerné par trois étages de galeries aux balcons de bois. Les chambres, certaines un peu défraîchies mais confortables, dégagent un parfum nostalgique... sensation accentuée par l'impeccable service *old school*. Double 70-140€ selon la saison, petit déj. compris.

PUERTO DE LA CRUZ C/ Quintana, 15 ☎ 922 38 46 11 www.monopoltf.com

Hotel Rural Orotava €€

Une grande et belle maison de la fin du 16e s., parfaitement conservée. Les chambres sont toutes différentes, mais chacune a son cachet, jusqu'à la suite dans l'ancienne chapelle. Double 95€, petit déj. et parking inclus.

LA OROTAVA Carrera Escultor Estévez, 17 ☎ 922 32 27 93

Hotel San Agustín €€

Dans une vaste maison de ville du 18e s., 8 belles chambres réparties le long de la coursive surplombant le patio. Moins stylée que les hôtels historiques de Garachico, cette adresse n'en a pas moins de dignité séculaire. En plein centre, elle conviendra à ceux qui apprécient un peu d'animation. Double 95-110€, petit déj. inclus.

ICOD DE LOS VINOS C/ San Agustín, 18 ☎ 922 81 31 94 www.hotelsanagustin.es

Hotel Rural Costa Salada ♥€€€

Entre Valle de Guerra et Tejina, quelques lacets descendent la falaise. Au bout de la piste, l'océan est à vous... et aux hôtes de cette villa de charme. Balcons, terrasses et belvédères vous invitent à la contemplation. Chambres chics meublées d'antiquités, piscine et jacuzzi. Double 55-160€ (220€ avec vue face à la mer), petit-déj. inclus. Seul le restaurant n'est pas à la hauteur.

VALLE DE GUERRA Camino de la Costa, Finca Oasis (à 15km de La Laguna) ☎ 922 69 00 00 www.costasalada.com ⏲ Fermé en août

La Quinta Roja ♥€€€

Ancienne maison des marquis de la Quinta Roja, ce petit palais du 16e s. se dresse sur deux étages autour de son patio. Escaliers en pierre monumentaux, superbes planchers, plafond traditionnel canarien, noblesse des matériaux... Une promesse de calme et de volupté sur la place centrale de Garachico. Jacuzzi et solarium sur les toits. Double 130-170€.

GARACHICO Plaza de la Libertad, 1 ☎ 922 13 33 77 www.quintaroja.com

Hotel San Roque ♥€€€

Un édifice historique, du même acabit que la Quinta Roja. Piscine dans l'un des patios et de belles pièces années 1950. Les chambres duplex, à peine plus chères, offrent un cadre de vie bien supérieur. Restaurant de bonne tenue. Double 185-200€.

GARACHICO C/ Esteban de Ponte, 32 ☎922 13 34 35 www.hotelsanroque.com ⌚Fermé en juin

LE PARC DU TEIDE

Parador Las Cañadas del Teide €€€

Chalet massif, ce Parador n'est pas le plus distingué d'Espagne, mais c'est le seul établissement qui vous offrira le soir venu la jouissance de Las Cañadas en solitaire et le Teide pour voisin. Confort et service à la hauteur, piscine intérieure. Double 95-170€. Petit déj. 20€.

LAS CAÑADAS DEL TEIDE (à 40km de La Orotava par la TF-21) ☎922 38 64 15 www.parador.es

Hotel Villalba €€€

Encadrée de pins, cette immense bâtisse invite à respirer à pleins poumons l'air de Vilaflor. Les chambres sont classiques, décorées de sobres boiseries, dotées d'un salon et d'un balcon. Une longue piscine semi-couverte, un spa, un mur d'escalade et les chemins de randonnée complètent l'offre. Double standard 105-155€. Enfants de moins de 14 ans non admis.

VILAFLOR Camino San Roque ☎922 70 99 30 www.hotelvillalba.com

LA CÔTE SUD

Hotel Atlantic Holiday €€

Excentré à 15km au nord-ouest de l'embarcadère du ferry, il a pour avantages de pratiquer des prix serrés, d'être confortable, voire agréable, et logé en première ligne face à la mer. Double 80€. Appartements 70-100€ pour 2 pers.

CALLAO SALVAJE C/ de la Lava, 10 (6km à l'ouest d'Adeje) ☎922 74 00 23 www.atlantic-holiday.com ⌚Mi-avr.-début oct.

Casona Santo Domingo €€

Installé dans le patio de cette belle demeure du 16e s., on oublie vite sa situation en bordure d'une rue passante du centre de Güímar. Grandes chambres au mobilier rustique du 19e s. Accueil affable. Selon la saison, double 70-80€, avec petit déj.

GÜÍMAR C/ Santo Domingo, 32 ☎922 51 02 29 www.casonasantodomingo.com

Hotel El Médano €€€

Grand paquebot blanc avançant au cœur de la baie d'El Médano, cet hôtel moderne et élégant inauguré en 1963 fut le premier établissement construit dans la région. Confortables, les chambres n'ont pas les équipements et mobiliers qu'il mériterait, mais ses vues, coursives et terrasses sur l'océan et la Montaña Roja éclairent l'ensemble. Double standard 95-120€, petit déj. inclus.

EL MÉDANO Paseo Picacho, 2 ☎922 17 70 00 www.medano.es

La Casona del Patio €€€

Ancien gîte des seigneurs de Santiago depuis le 17e s., cet hôtel quatre étoiles allie sobriété et séduction entre ameublement aux lignes contemporaines et architecture séculaire. Restaurant, spa, salle de fitness, centre d'équitation et randonnées tout autour. En haute saison, double 140-220€, petit déj. inclus.

SANTIAGO DEL TEIDE Av. de la Iglesia, 68 ☎922 83 92 93 www.ginestarhotels.com

LA PALMA

SANTA CRUZ

Pensión La Cubana €

Hôtel au confort rudimentaire mais au charme indéniable, occupant une vieille maison du centre-ville. Accueil en français. Double avec salle de bains partagée 35€, avec salle de bains privative 42€. Pas de petit déj.

SANTA CRUZ DE LA PALMA C/ O'Daly, 24 922 41 13 54 www.cubana-pension.com

Apartamentos La Fuente €

Dans une rue piétonne du centre, une résidence hôtelière dont les appartements du rez-de-chaussée sont peu onéreux mais un peu sombres. Préférez ceux des étages, à peine plus chers et bénéficiant pour certains d'une vue sur la baie. De 43 à 67€ pour 2 pers. (+10€ pour une 3e pers.).

SANTA CRUZ DE LA PALMA C/ A. Pérez de Brito, 49 922 41 56 36 www.la-fuente.com

LE CENTRE ET LE NORD

Hotel Edén ♥€

Cet hôtel sympathique et on ne peut plus central n'affiche rien de luxueux, mais des chambres bien tenues, au cachet désuet. Baignées de lumière, celles en angle de rue sont particulièrement agréables. Double 55-60€ avec salle de bains privative. Pas de petit déj.

LOS LLANOS DE ARIDANE Plaza de España C/ Angel, 1 922 46 06 98 www.lapalmahoteleden.com

Hotel Benahoare €€

Aménagées dans un immeuble moderne, les chambres, claires, sobres, fonctionnelles et confortables, sont dotées d'un grand balcon. Cafétéria au rez-de-chaussée et terrasse solarium sur le toit. Double 68-90€ selon la période. Petit déj. 9€.

LOS LLANOS DE ARIDANE C/ Las Adelfas, 12 922 40 30 13 www.hotel-benahoare.com

Hotel Hacienda de Abajo €€€

Cette ancienne ferme sucrière, propriété d'une même famille depuis le 17e s., a été complétée de bâtiments modernes conçus pour respecter l'aspect originel des lieux. À l'intérieur, la décoration s'harmonise autour des collections familiales. Service à l'avenant. Piscine et spa. L'adresse la plus luxueuse de l'île. Double standard 190-240€ selon la période, petit déj. inclus.

TAZACORTE C/ Miguel de Unamuno, 11 922 40 60 00 www.hotelhaciendadeabajo.com

LE SUD

La Palma Hostel - Pensión Central €

Une pension plutôt coquette, au confort simple, située dans l'une des rues hautes de Los Canarios. Elle loue 4 appartements (40€ pour 2-3 pers.), 4 chambres doubles (35€) et 1 individuelle (30€). Cuisine et machine à laver à disposition. Accueil en français.

LOS CANARIOS C/ Yaiza, 4 (Fuencaliente) 692 47 95 06 www.lapalmahostel.com Réception Ouvert tlj. 9h-20h30 (en dehors de ces horaires, appeler pour prévenir de son arrivée)

Apartamentos Colón €€

Les appartements et bungalows de 1 à 2 chambres sont joliment étagés face à l'océan, dans un environnement verdoyant. Piscine et bonne table, au pied de ce petit complexe familial. Comptez 65€ la nuit pour

2 pers. et 90-100€ pour 4 pers. Tarifs dégressifs à partir de 3 nuitées.

LOS QUEMADOS C/ Antonio Hernández Rodríguez, 40 (Fuencaliente) 679 00 22 64

Parador de la Palma €€€
Ce parador n'a pas les attraits patinés attendus dans ce genre d'établissement, mais élégance et confort sont au rendez-vous, et l'on retrouve le caractère unique des *paradores* dans le jardin botanique dévalant le versant, avec vue sur la baie de Santa Cruz. Double 100-140€.

BREÑA BAJA Ctra. de El Zumacal 922 43 58 28 www.parador.es Restaurant Ouvert tlj. 7h-10h, 13h30-15h30 et 19h30-22h30

Finca Arminda €€€
Cet hôtel de charme est installé dans une vieille ferme rénovée dominant la côte, avec le Teide à portée de regard. Location à la semaine, mais il est parfois possible d'obtenir un court séjour à la dernière minute. Double 95-150€ selon la période.

VILLA DE MAZO C/ Lodero, 181 922 44 04 11 ou 603 71 24 27 www.fincaarminda.com

LA GOMERA

La Vista €
Le seul camping de l'île, au cœur d'El Cedro (El Cedro p.215). Installations rustiques à l'emplacement d'anciennes cultures en terrasse (4,50€/nuit/pers.). Wifi gratuit. Service de taxi. Pas de CB.

HERMIGUA El Cedro 922 88 09 49 www.camping-lavista.jimdofree.com (Restaurant)

Pensión Candelaria €
À l'arrière d'immeubles modernes, cette pension propose des studios équipés parfaitement entretenus à prix serrés (de 27 à 43€ pour 2 pers.).

VALLE GRAN REY C/ Italia, 18 670 80 50 89 www.pensioncandelaria.com

Pensión La Gaviota €
Très centrale. Petites chambres plutôt coquettes, la plupart avec vue sur le port et la baie. Double 40-55€.

PLAYA DE SANTIAGO Av. Marítima, 35 922 89 51 35 www.pensionlagaviota.es

Los Telares €
Des appartements loués à la nuitée, du studio spacieux (33€) aux gîtes (42€ pour 2 pers). Le bâtiment est en bordure de la route principale, mais les chambres donnent de l'autre côté. Piscine dans la plaisante annexe.

HERMIGUA Ctra. General, 10 922 88 07 81 www.lagomera.apartments/fr

Residencial Jardín La Punta €
À mi-chemin entre Hermigua et Agulo, ces résidences modernes à flanc de falaise offrent des vues incroyables sur l'océan et le Teide. Appartements de bonne facture, loués à la nuitée (70€ pour 2 pers.). Tarif dégressif à partir de 2 nuits. Piscine. Wifi à la réception.

HERMIGUA Ctra. General, 265A 922 14 60 97 ou 628 51 29 48

Hotel La Colombina €€
Chambres petites mais confortables aux standards contemporains. Double 71-89€, petit déj. inclus, en haute saison. Restaurant et solarium sur le toit-terrasse.

SAN SEBASTIÁN C/ Ruiz de Padrón, 83 922 87 22 26 www.hotellacolombina.com

Ibo Alfaro €€
L'institution chic et rurale de l'île dans une maison de maître du

19e s. Terrasse-belvédère, intérieurs suranné, chambres confortables et de bon goût : tomettes, bois et émaux de Briare, fenêtres à embrasement. Tout a été refait à neuf en 2016. Double 65-90€, suite 90-140€, suite familiale (4 pers.) 220€, copieux petit déj. inclus.

HERMIGUA Barrio Ibo Alfaro ☎922 88 01 68 www.hotel-gomera.com ⌚Fermé juin-juil.

Torre del Conde €€

Chambres tout confort, offrant bien plus de lumière et de chaleur que les communs. Demandez celles avec vue sur le parc de la Torre del Conde. Sauna et jacuzzi. Double 77-120€ selon la vue et la période.

SAN SEBASTIÁN C/ Ruiz de Padrón, 7 ☎922 87 00 00 www.hoteltorredelconde.com

Parador de La Gomera €€€

Ce parador, avec piscine et sauna, est l'un des fleurons de la chaîne hôtelière. Double 170-218€ avec petit déj. selon la période.

SAN SEBASTIÁN Lomo de la Horca ☎922 87 11 00 www.parador.es

Finca El Cabrito €€€

On accède à ce lieu d'exception uniquement par la mer, depuis San Sebastián. Jolies chambres doubles ou maisonnettes familiales réparties dans une exploitation agricole à la luxuriante végétation, la mer pour seul horizon. Séjour à la semaine et en pension complète : 79-89€/pers./j. selon la taille du logement. L'arrivée et le départ peuvent se faire uniquement le samedi.

PLAYA DEL CABRITO (au sud de San Sebastián) ☎922 14 50 05 www.elcabrito.es

Hôtel Playa Calera €€

L'empreinte design de l'architecte de Tenerife Teótimo Rodríguez Hermoso s'est posée sur ce bel hôtel installé à 20m de la petite plage de Calera. Du hall d'entrée au restaurant jusque dans les 63 chambres avec salon et terrasse, les nuances ocre habillent les murs, pour un résultat zen. Le toit-terrasse ouvert sur la nature environnante est agrémenté d'une belle piscine ainsi que d'un bassin pour enfants. Double 60-75€ (vue sur la mer suppl. 10€), petit déj. inclus.

VALLE GRAN REY Calle Punta Calera, 2 ☎09 22 80 57 79 www.hotelplayacalera.com

EL HIERRO

Hostal Residencia Casañas €

Une pension de famille traditionnelle, avec de grandes chambres bien tenues. Choisissez celles à l'étage, avec leur véranda ouvrant sur l'océan. Bon rapport qualité-prix. Double 42€, studios 50€, appart. (4 pers.) 60€. Ni petit déj., ni CB.

VALVERDE C/ San Francisco, 9 Villa de Valverde ☎922 55 02 54

Villa El Mocanal €€

Cet hôtel domine la côte. Chambres et salles de bains fonctionnelles qui font apprécier davantage le décor des parties communes avec baie vitrée, tomettes au sol, bureau patiné, mobilier contemporain... Double 72€ avec vue sur le large, 85€ avec terrasse-solarium. Petit déj. 7€. Dîner 18€.

EL MOCANAL C/ Barlovento, 18 (5km au nord-ouest de Valverde par la HI-5) 922 55 03 73 www.villaelmocanal.com

Hotelito Ida Inés €€

Jolie villa avec vues sur la vallée et l'océan, au pied du campanile de Candelaria. Sans avoir le goût d'un hôtel de charme, l'intérieur est aménagé avec soin et le jardin, prolifique. Double 82€, petit déj. inclus.

LA FRONTERA C/ Belgara Alta, 2 922 55 94 45 www.hotelidaines.com

Hotel Punta Grande €€

Sauvage à l'extérieur et cosy à l'intérieur : 4 chambres sur un promontoire face à la mer. Rés. obligatoire. Double 120€ (2 nuits min.). Bar et restaurant ouverts le soir. Réservé aux adultes uniquement.

LAS PUNTAS 611 28 59 83 www.hotelpuntagrande.com

Hotel Balneario Pozo de la Salud €€

À deux pas du "puits de la santé", ce complexe hôtelier héberge un institut proposant des soins médicaux et d'esthétique, complété d'un spa. Chambres confortables face à l'océan. Double 95€, petit déj. compris.

SABINOSA C/ Pozo de la Salud 922 55 95 61

Parador de El Hierro €€€

Planté sur la grève au pied d'une falaise, l'océan pour seul voisin, ce parador enchante pour sa quiétude à peine troublée par le ressac. Confort standard, bâtiment moderne, salle de fitness, piscine, sauna et jacuzzi, restaurant. Double 100-150€.

LAS PLAYAS 922 55 80 36 www.parador.es
Restaurant Ouvert tlj. 13h30-15h30 et 19h30-22h

LE B.A.-BA

PRONONCIATION

L'accent tonique est marqué sur la pénultième (avant-dernière syllabe) sauf indication (accent écrit). Les mots se terminant par d, l, r ou z sont accentués sur la finale.

Consonnes
ñ "gn" comme dans "grogner"
s "ss" comme dans "Suisse"
g "gu" comme dans "blague"
g "r" guttural devant e et i
v presque comme "b"
r roulé
c "k" comme dans "Pâques"
c devant e et i "th" anglais
ll "l" mouillé comme dans "alliance"
z "ss" comme dans "sept"
j comme un "r" guttural (la jota)
x comme un "r" guttural
Voyelles
a "a"
e "é"
i "i"
o "o"
u "ou"
y "i"
Pas de diphtongues : au se prononce "aou", oi "o-i", etc.

PREMIERS CONTACTS

Oui Si
Non No
Bonjour Buenos días
Bonsoir Buenas tardes
Bonne nuit Buenas noches
Salut ! ¡ Hola !
Enchanté Mucho gusto/encantado
Comment allez-vous ? ¿ Cómo está ?
S'il vous plaît Por favor
Merci Gracias
Je vous en prie De nada
Excusez-moi Perdón
Je suis français Soy francés/francesa
Je ne parle pas l'espagnol No hablo español
Je ne comprends pas No entiendo
Je m'appelle... Me llamo...
Comment vous appelez-vous ? ¿ Cómo se llama (Usted) ?
Au revoir Adiós
À bientôt Hasta luego
Bon voyage Buen viaje

SE REPÉRER / SE DÉPLACER

Avenue Avenida
Arènes Plaza de toros
Auberge de jeunesse Albergue juvenil
Autoroute Autopista
Banque Banco
Bureau de tabac Estanco
Château Castillo
Épicerie Tienda de comestibles
Essence Gasolina
Forêt Bosque
Gare ferroviaire Estación de trenes
Gare routière Terminal de autobuses
Hôtel Hotel
Lac Lago
Librairie Librería
Mairie Ayuntamiento
Moto Moto, motocicleta
Musée Museo
Office de tourisme Oficina de turismo
Parking Estacionamiento
Péage Peaje
Pharmacie Farmacia
Place Plaza
Plage Playa
Port Puerto
Poste Correos
Police Policía
Restaurant Restaurante
Rivière,fleuve Río
Rue Calle
Sans plomb Sin plomo

Sortie Salida
Station-service Gasolinera
Supermarché Supermercado
Village Pueblo
Ville Ciudad
Voiture Coche

DEMANDER SON CHEMIN

Y a-t-il... ? ¿ Hay... ?
Où est... ? ¿ Dónde está... ?
Où est la pharmacie la plus proche ? ¿ Dónde está la farmacia más cerca ?
Où est la route de... ? ¿ Dónde está la carretera de... ?
Proche Cerca
Loin Lejos
À combien de kilomètres A cuántos kilómetros
Est Este
Ouest Oeste
Nord Norte
Sud Sur
À gauche A la izquierda
À droite A la derecha
Tout droit Todo recto
Tournez à droite Gire a la derecha
Prenez la deuxième rue à gauche Tome la segunda calle a la izquierda
Je me suis perdu Me he perdido
Je cherche... Busco...

REPÈRES TEMPORELS

Janvier Enero
Février Febrero
Mars Marzo
Avril Abril
Mai Mayo
Juin Junio
Juillet Julio
Août Agosto
Septembre Septiembre
Octobre Octubre
Novembre Noviembre
Décembre Diciembre
Lundi Lunes
Mardi Martes
Mercredi Miércoles
Jeudi Jueves
Vendredi Viernes
Samedi Sábado
Dimanche Domingo
Aujourd'hui Hoy
Hier Ayer
Avant-hier Anteayer
Demain Mañana
Après-demain Pasado mañana
Ce matin Esta mañana
Ce soir Esta noche
Tard Tarde
Tôt Temprano
Plus tard Más tarde
Quelle heure est-il ? ¿ Qué hora es ?
Il est 1h Es la una
Il est 8h Son las ocho
Il est 21h Son las nueve de la tarde
Il est 7h30 Son las siete y media

SE LOGER

Camping Camping
Tente Tienda de campaña
Douche Ducha
Chambre simple Habitación individual
Chambre double Habitación doble
Avec salle de bains Con cuarto de baño
Lit double Cama matrimonial
Dortoir Dormitorio común
Lit Cama
Air conditionné Aire acondicionado
Toilettes Servicios
Je voudrais réserver une chambre Quisiera reservar una habitación
Avez-vous une chambre double ? ¿ Tiene una habitación doble ?

À combien est la chambre ? ¿ Cuánto cuesta la habitación ?

TTC IVA includo

La chambre a-t-elle une vue sur la mer ? ¿ Da al mar la habitación ? / ¿ Tiene vista al mar la habitación ?

Petit déjeuner inclus Con desayuno incluido

Pouvez-vous me montrer la chambre ? ¿ Puede enseñarme la habitación ?

Pouvez-vous me donner la note ? La cuenta, por favor

Pouvez-vous me réveiller à 7h ? ¿ Me puede despertar a las siete ?

VISITE / SHOPPING

À quelle heure ouvre/ferme le musée/le magasin ? ¿ A qué hora abre/cierra el museo/ la tienda ?

Fermé(e) Cerrado(a)

Ouvert(e) Abierto(a)

Interdit(e) Prohibido(a)

Combien coûte... Cuánto cuesta

Cher(ère) Caro(a)

Bon marché Barato(a)

Gratuit(e) Gratuito(a)

Tarif réduit Tarifa reducida

Acceptez-vous les cartes de crédit ? ¿ Accepta tarjetas de crédito ?

SANTÉ ET HYGIÈNE

Pharmacie Farmacia

Tampons Tampones

Serviettes hygiéniques Toallas higiénicas

Préservatif Preservativo

Aspirine Aspirina

J'ai besoin d'un médecin Necesito un médico

Urgences Urgencias

Pansement Tirita®

AU RESTAURANT

Je voudrais réserver une table Quisiera reservar una mesa

Avez-vous une table pour deux ? ¿ Tiene mesa para dos personas ?

Puis-je voir la carte s'il vous plaît ? La carta, por favor

Menu du jour Menú del día

Plat Plato

Que me / nous recommandez-vous ? ¿ Que me / nos recomienda ?

Serveur Camarero

Table Mesa

Chaise Silla

L'addition s'il vous plaît La cuenta por favor

LIRE LA CARTE

ALGUNAS TAPAS / QUELQUES TAPAS

Albóndigas Boulettes de viande aux herbes

Croquetas Croquettes de morue ou au jambon

Pimientos Poivrons marinés, parfois farcis (rellenos)

Boquerones Anchois marinés ou grillés

Montaditos, bocaditos, ligeritas Petits sandwichs

Caracoles Petits escargots au court-bouillon

Cabrillas Grands escargots au court-bouillon

VERDURAS Y LEGUMBRES / LÉGUMES ET FÉCULENTS

Alcachofa Artichaut

Arroz Riz

Berenjena Aubergine

Cebolla Oignons

Ensalada Salade garnie

Garbanzos Pois chiches

Gazpacho Gaspacho

Habas Fèves
Judías Haricots
Lechuga Laitue
Pastas Pâtes
Patata Pomme de terre
Patatas fritas Frites
Patatas a lo pobre (recette avec du lard et du fromage)
Patatas bravas (avec une sauce piquante)
Patatas aliñadas (en vinaigrette)
Pepino Concombre
Pimiento Poivron
Pimiento relleno Poivron farci de morue
Pipirrana (thon, salade, tomates, oignons, poivron et concombre)
Potaje Potage
Salmorejo Gaspacho plus épais et servi à température ambiante avec des œufs durs effrités
Setas Champignons
Sopa Soupe
Tomate Tomate

CARNE / VIANDE

Buey Bœuf
Cabrito Cabri
Cerdo Porc
Chuleta, chuletitas Côtes, côtelettes
Conejo Lapin
Cordero Agneau
Cordoro lechal Agneau de lait
Filete Escalope
Flamenquín Rouleau de jambon et de veau pané
Jabalí Sanglier
Lomo Échine de porc, entrecôte pour le veau et le bœuf
Pierna Gigot d'agneau
Rabo de toro, cola de toro Queue de taureau
Solomillo Filet de porc, aloyau de bœuf
Ternera Veau
Vaca Vache, viande de bœuf

AVES Y HUEVOS / VOLAILLES ET ŒUFS

Codorniz Caille
Huevos de codorniz Œufs de caille
Huevos cocidos Œufs durs
Huevos fritos Œufs au plat
Huevos revueltos Œufs brouillés garnis de légumes, de charcuteries, de viande, etc.
Pato Canard
Pechuga de pollo Blanc de poulet
Perdiz Perdrix
Pollo Poulet
Pollo asado Poulet grillé
Tortilla Omelette aux pommes de terre, préparée à l'huile d'olive
Tortilla de camarones Omelette très cuite aux petites crevettes

PESCADO / POISSON

Atún Thon
Bacalao Morue
Cazón Chien de mer
Corvina Corbeau de mer
Dorada Daurade
Emperador, pez espada Espadon
Lenguado Sole
Lubina Bar
Rape Baudroie
Salmón Saumon
Sardinas Sardines
Trucha Truite
Mariscos Fruits de mer
A la plancha Grillés sur une planche métallique
Bogavante Homard
Calamar Calamar
Camarones Petites crevettes grises
Cámbaro Tourteau
Cangrejo Crabe
Cangrejo de río Écrevisse
Chipirones Encornets
Choco Seiche (à Huelva)
Cigalas Langoustines
Coquinas Petites clovisses

En adobo Marinés
Fritos Frits
Gambas Crevettes roses de taille moyenne
Langosta Langouste
Langostinos Gros bouquets
Mejillones Moules
Nécora Étrille
Puntillitas Petites seiches grillées
Sepia Seiche
Chacinas Charcuterie
Embutidos Charcuterie variée
Jamón serrano Jambon (porc blanc)
Jamón ibérico Jambon (porc noir, haut de gamme)
Riñones Rognons

DESAYUNO / PETIT DÉJEUNER

Mantequilla Beurre
Mermelada Confiture
Tostadas Tartines grillées
Quesos, postres y frutas Fromages, desserts et fruits
Alfajores Biscuits feuilletés parfumés à l'anis, au citron
Arroz con leche Riz au lait
Flan Crème caramel
Manzana Pomme
Naranja Orange
Natilla Crème aux œufs et cannelle
Tocino de cielo Flan très sucré
Tortas de aceite Galettes à l'huile d'olive
Yema Flan épais au jaune d'œuf

BEBIDAS / BOISSON

Agua Eau
Agua de grifo Eau en carafe
Agua mineral con gas Eau minérale gazeuse
Agua sin gas Eau plate
Café Café
Café cortado Café avec un nuage de lait
Café solo Café noir
Café con hielo Café frappé
Caña Demi (25cl de bière à la pression)
Cerveza Bière
Clara Panaché
Jarra Pinte (50cl) de bière
Leche aparte Avec le lait à part
Tubo 33cl de bière
Vino blanco Vin blanc
Vino rosado Vin rosé
Vino tinto Vin rouge
Zumo Jus de fruits frais

EL HIERRO

FUERTE-VENTURA

GRAN CANARIA

LA GOMERA

LANZAROTE

NOTES

NOTES

NOTES

Crédits photographiques

ILLUSTRATION RÉALISÉE EN PARTENARIAT AVEC **hemis.fr**

Couverture © GUIZIOU Franck/hemis.fr **4e -** © LE TOURNEUR D'ISON Cyril / hemis.fr **3** - ©Julien BASTIDE - stock.adobe.com **4** - bas à droite © imageBROKER/ hemis.fr, bas à gauche © imageBROKER / Alamy Stock Photo, haut à droite © Jon Arnold Images/ hemis.fr, haut à gauche © Karol Kozlowski / Alamy Stock Photo **6** - © GUIZIOU Franck / hemis.fr **10** - © DOZIER Marc / hemis.fr **11** - bas © Karol Kozlowski / Alamy Stock Photo, haut © GUIZIOU Franck / hemis.fr **12** - haut © Jon Arnold Images/ hemis.fr, bas © ANSALONI Marco / hemis.fr **13** - © SOBERKA Richard / hemis.fr **14** - © Art Kowalsky / Alamy Stock Photo **15** - haut © GUIZIOU Franck / hemis.fr, bas © Westend 61 / hemis.fr 16 haut © Tamara Kulikova / Alamy Stock Photo, bas © DIRSCHERL Reinhard / hemis.fr **17** - © LE TOURNEUR D'ISON Cyril / hemis.fr **18** - © MONTICO Lionel / Hemis.fr 20 - © Westend 61 / hemis.fr **22** - © SUDRES Jean-Daniel / hemis.fr **24** - © Jon Arnold Images/ hemis.fr **27** - © Jon Arnold Images/ hemis.fr **28** - © Michael Utech / Alamy Stock Photo **30** - © SOBERKA Richard / hemis.fr 32 - © DEGAS Jean-Pierre / hemis.fr **33** - © GUIZIOU Franck / hemis.fr **34** - © GERAULT Gregory / hemis.fr **38** - bas à droite © Jon Arnold Images/ hemis.fr, bas à gauche © Tamara Kulikova / Alamy Stock Photo, haut © Michele Falzone / Alamy Stock Photo **39** - © Jon Arnold Images/ hemis.fr **40** - bas © MOIRENC Camille / hemis.fr, haut © Chris Howes/Wild Places Photography / Alamy Stock Photo **41** - bas © MONTICO Lionel / Hemis.fr, haut © MOIRENC Camille / hemis.fr **42** - DR **43** - © SOBERKA Richard / hemis.fr **45** - © imageBROKER / Alamy Stock Photo **47** - © Westend61 GmbH / Alamy Stock Photo **49** - © robertharding / Alamy Stock Photo **51** - © Nico Tondini - www.agefotostock.com 52 - © Peter Forsberg / Alamy Stock Photo **53** - © Atman Victor / Alamy Stock Photo **55** - © Salvador Aznar/ Shutterstock.com **57** - © travelpixs / Alamy Stock Photo **59** - © espixx / Alamy Stock Photo **60** - © MORANDI Tuul et Bruno / hemis.fr **61** - © Jon Arnold Images/ hemis.fr **63** - © robertharding / Alamy Stock Photo **64** - © Jon Arnold Images/ hemis.fr **67** - © Chris Howes/Wild Places Photography / Alamy Stock Photo **74** - © Cultura / hemis.fr 78 - haut © Markus Lange - www.agefotostock.com, bas à gauche © Jon Arnold Images/ hemis.fr, bas à droite © CW Images / Alamy Stock Photo **79** - © Jon Arnold Images/ hemis.fr 80 - © FRILET Patrick / hemis.fr **81** - bas © Jon Arnold Images/ hemis.fr, haut © SIERPINSKI Jacques / hemis.fr **82** - DR **83** - © Spl / Hemis.fr **85** - © philipus / Alamy Stock Photo **86** - © Rob Francis / Alamy Stock Photo **88** - © Robert Schneider / Alamy Stock Photo **90** - © JACQUES Pierre / hemis.fr **93** - © Naeblys / Alamy Stock Photo **97** - © NATUREWOLRD / Alamy Stock Photo **98** - © Naeblys / Alamy Stock Photo **100** - © SUDRES Jean-Daniel / hemis.fr **104** - bas © imageBROKER / Alamy Stock Photo, haut © Jon Arnold Images/ hemis.fr **105** - bas © Jon Arnold Images/ hemis.fr, haut © Jon Arnold Images/ hemis.fr **106** - © FRILET Patrick / hemis.fr **107** - bas © Greg Balfour Evans / Alamy Stock Photo, haut © Jon Arnold Images/ hemis.fr **108** - DR **109** - © Pawel Kazmierczak / Alamy Stock Photo **111** - © Westend 61 / hemis.fr **113** - © imageBROKER / Alamy Stock Photo **115** - © Pierre JACQUES **116** - © JACQUES Pierre / hemis.fr **119** - © Jon Arnold Images/ hemis.fr **121** - © Martin A. Doe / Alamy Stock Photo **123** - © Agencja Fotograficzna Caro / Alamy Stock Photo **124** - © Photoshot / Pearce / hemis.fr **127** - © imageBROKER / Alamy Stock Photo **128** - © Paul Vidler / Alamy Stock Photo **130** - © Westend 61 / hemis.fr **134** - bas à gauche © Westend61 GmbH / Alamy Stock Photo, haut © Jan Wlodarczyk / Alamy Stock Photo, bas à droite © Markus Lange/imageBROKER - www.agefotostock.com **135** - © Jon Arnold Images/ hemis.fr **136** - © estend 61 / hemis.fr **137** - bas © Cyril Bana - www.agefotostock.com, haut © Karol Kozlowski / Alamy Stock Photo **138** - DR **139** - © MONTICO Lionel / Hemis.fr **141** - © Jon Arnold Images/ hemis.fr **143** - © Westend 61 / hemis.fr **144** - © imageBROKER / Alamy Stock Photo **146** - © Andriy Petryna/Shutterstock.com **149** - © Art Kowalsky / Alamy Stock Photo **150** - © Santi Rodriguez / Alamy Stock Photo **151** - © Vasanty/Shutterstock.com **153** - © JACQUES Pierre / hemis.fr **155** - © imageBROKER / Alamy Stock Photo **156** - © robertharding / Alamy Stock Photo **159** - © Karol Kozlowski / Alamy Stock Photo **160** - © Westend 61 / hemis.fr **163** - © imageBROKER / Alamy Stock Photo **4** - © nito / Alamy Stock Photo **165** - © JACQUES Pierre / hemis.fr **167** - © Jan Wlodarczyk / Alamy Stock Photo **168** - © Ian Shaw / Alamy Stock Photo **169** - © Jose Luis Mendez Fernandez / Alamy Stock Photo **171** - © F1online digitale Bildagentur GmbH / Alamy Stock Photo **172** - © Karol Kozlowski / Alamy Stock Photo **176** - © GUIZIOU Franck / hemis.fr **180** - bas © GUIZIOU Franck / hemis.fr, haut © imageBROKER/ hemis.fr **181** - © Samuel Rey **182** - © Westend 61 / hemis.fr **183** - bas © Westend 61 / hemis.fr, haut © imageBROKER/ hemis.fr **184** - DR **185** - © Unai Huizi Photography/Shutterstock.com **187** - © M Ramirez / Alamy Stock Photo **188** - © imageBROKER/ hemis.fr **191** - © Hes Mundt / Alamy Stock Photo **193** - © Saul Santos/Observatoire du roque de los Muchachos **195** - © imageBROKER / Alamy Stock Photo **196** - © imageBROKER / Alamy Stock Photo **100** © imageBROKER / Alamy Stock Photo **200** - © Tromp Willem van Urk / Alamy Stock Photo **202** - © Phil Crean A / Alamy Stock Photo **204** - © Westend61 / hemis.fr **208** - haut © imageBROKER/ hemis.fr, bas © imageBROKER/ hemis.fr **209** - © Westend 61 / hemis.fr **210** - © GUIZIOU Franck / hemis.fr **211** - bas © imageBROKER / Alamy Stock Photo, haut © GUIZIOU Franck / hemis.fr **212** - DR **213** - © ANSALONI Marco / hemis.fr **215** - © Westend61 GmbH / Alamy Stock Photo **216** - © imageBROKER / Alamy Stock Photo **219** - © GUIZIOU Franck / hemis.fr **220** - © imageBROKER / Alamy Stock Photo **223** - © A.J.D. Foto Ltd. / Alamy Stock Photo **225** - © Werner Dieterich / Alamy Stock Photo **227** - © robertharding / Alamy Stock Photo **229** - © imageBROKER / Alamy Stock Photo **231** - © Oliver Hoffmann / Alamy Stock Photo **232** - © Karol Kozlowski / Alamy Stock Photo **234** - © David Lyons / Alamy Stock Photo **236** - © Karol Kozlowski / Alamy Stock Photo **239** - © Jon Arnold Images/ hemis.fr **240** - © imageBROKER/ hemis.fr **242** - © Westend 61 / hemis.fr **244** - © BLANCHOT Philippe / hemis.fr **246** - © Jon Arnold Images/ hemis.fr **249** - © SOBERKA Richard / hemis.fr **251** - © GUIZIOU Franck / hemis.fr **253** - © JACQUES Pierre / hemis.fr **254** - © Jon Arnold Images/ hemis.fr **256** - © JACQUES Pierre / hemis.fr **270** - © Jon Arnold Images/ hemis.fr

Canaries

Auteurs Hélène Bienvenu
Jordi Canal, Isabelle de Coulibœuf, José Darroquy, Sandrine Favre, Jean-Marie Flores, Charlotte Pavard, Katia Pecnik, Marie-Claire Rodríguez, Lucas Thevenaut

Directrice éditoriale Hélène Firquet
Responsable éditoriale Christina Beckers
Responsable artistique Flora Monnin
Édition Anne-Valérie Cadoret, Florence Lagrange
Suivi éditorial Emmanuelle Fernandez
Maquette Delphine Guarino
Mise à jour Maria Mantelou

Conception graphique Elhadi Yazi
Infographie Stéphane Jungers
Cartographie EdiCarto

Gallimard Loisirs 5, rue Gaston-Gallimard 75328 Paris Cedex 07
Tél. 01 49 54 42 00 contact@geo-guide.fr guides-gallimard.fr/geoguide-coups-de-coeur/
La collection GEOGuide a été créée en association entre Prisma Presse/GEO et Gallimard Loisirs

Numéro d'édition 404506 - ISBN 978-2-74-246364-0
Impression Lego (Italie) **Photogravure** Nord Compo (Villeneuve-d'Ascq)

Avis aux GEOVoyageurs Entre l'enquête effectuée sur le terrain et la parution du guide, et compte tenu de l'épidémie de Coronavirus (Covid-19), les établissements mentionnés peuvent avoir fermé et certaines informations s'être périmées. Renseignez-vous auprès des prestataires pour organiser vos déplacements et votre séjour et pensez à réserver. N'hésitez pas à nous faire part de vos commentaires et de vos corrections à : contact@geo-guide.fr !

PEFC
PEFC/18-31-280

Cartes

- Aaa Ville ou site étape
- Autoroute et 2x2 voies
- Route principale
- Route secondaire
- Autre route
- Zone urbaine
- Dunes, plage
- Liaison maritime
- Parc naturel
- Site remarquable
- Sommet
- Point de vue

Altitude
(en mètres)

- De 0 à 200
- De 200 à 500
- De 500 à 1 000
- De 1 000 à 1 500
- De 1 500 à 2 000
- Plus de 2 000

Plans

- Axe urbain
- Espace vert
- Office de tourisme
- Aéroport
- Gare maritime
- Gare routière
- Plage
- Spot de surf
- Départ de randonnée
- Bâtiment